Hinter dem Sachregister befindet sich ein ausführliches Verzeichnis der

Guttentag'schen Sammlung

Deutscher Reichs- und Preußischer Gesetze

— Textausgaben mit Anmerkungen; Taschenformat —

die alle wichtigeren Gesetze in unbedingt zuverlässigem Abdruck und mit mustergültiger Erläuterung wiedergibt.

Guttentag'sche Sammlung
Nr. 50. Preußischer Gesetze. Nr. 50.
Textausgaben mit Anmerkungen.

Gesetz, betreffend die

Anlegung und Veränderung von Straßen und Plätzen in Städten und ländlichen Ortschaften.

Vom 2. Juli 1875.

Textausgabe mit Anmerkungen und Sachregister.

Von

O. Meyer,
Oberlandesgerichtsrat in Celle.

Berlin 1913.
J. Guttentag, Verlagsbuchhandlung,
G. m. b. H.

Inhaltsverzeichnis.

Abkürzungen.

Paragraphen ohne Zusatz sind Paragraphen des Fluchtliniengesetzes.

Ges. ohne Zusatz ist das Fluchtliniengesetz.

A. A. = Anderer Ansicht.

ALR. = Allgemeines Landrecht für die Preußischen Staaten.

BerlinZweckVG. = Zweckverbandsgesetz für Groß-Berlin.

BGB. = Bürgerliches Gesetzbuch.

EG. = Enteignungsgesetz.

EVBl. = Eisenbahn-Verordnungsblatt.

Erl. = Erlaß.

FranzR. = Französisches Recht.

GemR. = Gemeines Recht.

Gruch. = Gruchots Beiträge zur Erläuterung des deutschen Rechts.

JMBl. = Justizministerialblatt.

JW. = Juristische Wochenschrift.

KG. = Jahrbuch für Entscheidungen des Kammergerichts.

KommAbgG. = Kommunalabgabengesetz.

LStG. = (Preußisches) Landesstempelgesetz.

LVG. = Landesverwaltungsgesetz.

MBl. = Ministerialblatt für die gesamte innere Verwaltung.

Min. d. Inn. = Minister des Innern.

Min. d. ö. A. = Minister der öffentlichen Arbeiten.

Min. f. Hand. = Minister für Handel und Gewerbe.

OLG. = Mugdan-Falkmann, Rechtsprechung der Oberlandesgerichte.

OVG. = Entscheidungen des Oberverwaltungsgerichts.

PrGKG. = Preußisches Gerichtskostengesetz.

PrR. = Preußisches Recht.

PrVBl. = Preußisches Verwaltungsblatt.
Recht = Zeitschrift das Recht.
RG. = Entscheidungen des Reichsgerichts.
RStG. = Reichsstempelgesetz.
SeuffA. = Seufferts Archiv für Entscheidungen.
Warneyer = Ergänzungsband zu Warneyers Jahrbuch der Entscheidungen.
ZustG. = Zuständigkeitsgesetz.
ZweckVG. = Zweckverbandsgesetz.

Im übrigen entspricht die Art der Anführung den Vorschlägen des Deutschen Juristentages.

Die Anführungen aus PrVBl. beziehen sich auf Entscheidungen des Oberverwaltungsgerichts, soweit nichts anderes bemerkt oder aus der gleichzeitigen Anführung einer anderen Quelle für dieselbe Entscheidung ersichtlich ist.

Die Anführungen aus Gruch., JMBl., JW. und Recht beziehen sich auf Entscheidungen des Reichsgerichts, soweit nichts anderes bemerkt ist.

Einleitung.

Der Vorlegung des Gesetzentwurfs, aus dem das Fluchtliniengesetz hervorgegangen ist, waren verschiedene Versuche vorhergegangen, das durch das Gesetz geregelte Gebiet allgemein zu ordnen. Die ersten Anläufe dazu finden sich in den §§ 37, 38 des im Januar 1865 dem Landtage vorgelegten Entwurfs einer Wegeordnung (Herrenh. 1865 Drucks. Nr. 11). Nach Ablehnung der Wegeordnung wurden die Bestimmungen in einem besonderen Entwurf vereinigt und dem Landtage vorgelegt (Herrenh. 1866 Nr. 11). Der Entwurf wurde nur in der Kommission des Herrenhauses beraten (Herrenh. 1866 Drucks. Nr. 14) und, nachdem die Session geschlossen war, wiederum eingebracht (Herrenh. 1866 II. Sess. Drucks. Nr. 31). Nach seiner Annahme im Herrenhause (Herrenh. 1867 StenBer. 209) blieb er im Abgeordnetenhaus liegen. Der Entwurf zu dem jetzigen Gesetz ging im Januar 1875 dem Abgeordnetenhause zu (Abgeordh. 1875 Drucks. Nr. 23). Die Kommission des Abgeordnetenhauses änderte ihn in wichtigen Punkten ab (Abgeordh. 1875 Drucks. Nr. 279). Auch das Abgeordnetenhaus selbst nahm einige zum Teil erhebliche Abänderungen vor (Abgeordh. 1875 StenBer. 2027—2047 — zweite Beratung — und 2115—2128 — dritte Beratung). Im Herrenhause wurde der Entwurf unverändert angenommen.

Vor Erlaß des Gesetzes unterlag die Anordnung von Fluchtlinien im Gebiete des ALR. ausschließlich dem Ermessen der Polizei; die Polizei stützte sich dabei auf die §§ 65 ff. I 8 ALR., wonach Bauten der Erlaubnis der Obrigkeit bedürfen und diese darauf achten soll, daß die Bauten nicht zum Schaden des gemeinen Wesens oder zur Verunstaltung der Städte und der öffentlichen Plätze vorgenommen werden. Der Gemeindevorstand war ohne maßgebenden Einfluß. Gleiche oder ähnliche Vorschriften waren in den übrigen Rechtsgebieten in Geltung (vgl. wegen des französischen Rechts OVG. 59, 99).

Für die Aufstellung von Bebauungsplänen traf ein Erlaß des Min. f. Handel v. 12. 5. 55 (MBl. 100) besondere Anordnungen über die Beteiligung der Gemeinden und der Regierungen.

Dem Eigentümer, dessen Land zur Straße gezogen wurde, stand ein Entschädigungsanspruch zu. Ebenso wurde eine Entschädigung zugesprochen, wenn dem Eigentümer eines bebauten Grundstücks wegen der neuen Fluchtlinie der Wiederaufbau von Gebäuden oder der Ausbau innerhalb der alten Fluchtlinie untersagt wurde; den entsprechenden Anspruch hatte man ursprünglich dem Eigentümer eines unbebauten Grundstücks versagt; später hatte man aber auch dem Eigentümer eines unbebauten Grundstücks einen Entschädigungsanspruch gegeben, wenn sein Grundstück von der Fluchtlinie getroffen und er deshalb zu bauen gehindert wurde.

Die Heranziehung der Anlieger zu den Kosten der Straßenanlage bestimmte sich in Berlin nach dem Berliner Regulativ von 1838 (vgl. § 15), ähnlich wie heute; im übrigen waren die Verhältnisse örtlich sehr verschieden (vgl. die Anm. zu § 19).

Das Gesetz regelt in den §§ 1—10 das Verfahren. Grundsätzlich ist es der Entschließung der Gemeinden überlassen, ob sie Fluchtlinien festsetzen wollen. Der Satz ist vorangestellt (§ 1 Abs. 1); ausnahmsweise kann die Polizei auf die Festsetzung von Fluchtlinien dringen (§ 1 Abs. 2). Über die Bedeutung der Fluchtlinie gibt der Abs. 4 des § 1 die Norm.

Fluchtlinien können für einzelne oder mehrere Straßen, dann durch sog. Bebauungspläne festgestellt werden; über die Aufstellung von Bebauungsplänen, sog. Retablissementsplänen, muß sich die Gemeinde schlüssig machen, wenn es sich um die Wiederbebauung ganzer Ortsteile infolge von Brandschäden oder dgl. handelt (§ 2). Die bei Feststellung der Fluchtlinie besonders zu beachtenden Umstände hebt § 3 hervor. Über den notwendigen Inhalt der Fluchtlinienfestsetzung gibt § 4 Vorschriften. Die Stellung der Ortspolizeibehörde regelt § 5. Die Wahrung anderer staatlicher Interessen sichert § 6. Nach Zustimmung der Ortspolizeibehörde legt die Gemeinde den Plan zu dem Zweck offen, daß die Beteiligten ihre Interessen durch Einwendungen dagegen wahren können (§ 7). Nach Erledigung der Einwendungen wird der Plan von dem Gemeindevorstand förmlich festgestellt und nunmehr wiederum offen gelegt (§ 8). Bei Beteiligung mehrerer Ortschaften ist eine Einigung zwischen ihnen herbeizuführen (§ 9). Alte Fluchtlinien können nur nach Maßgabe des Gesetzes aufgehoben oder geändert werden. In Berlin, Potsdam und Charlottenburg und Umgebung bedarf es zur Festsetzung neuer oder Änderung alter Bebauungspläne Königlicher Genehmigung (§ 10). § 11 bestimmt die Wirkung der Fluchtlinie dahin, daß Neubauten, Um- und Ausbauten über die Fluchtlinie hinaus versagt werden können und schreibt vor, daß diese Wirkung mit der Offenlegung des Plans eintritt. Außerdem verleiht er den Gemeinden das Enteignungsrecht bezüglich der zu Straßen und Plätzen bestimmten Flächen, ohne Königliche Verordnung. Um das Bauen an unfertigen Straßen und den daraus hervorgehenden Zwang zur Herstellung sonst nicht notwendiger Straßen zu verhüten, kann durch statutarische Vorschrift der Bau von Wohnhäusern an solchen Straßen verboten werden (§ 12).

Die Entschädigungspflicht der Gemeinde gegenüber dem Eigentümer, der Land zur Straße hergeben oder sich eine Beschränkung gefallen lassen muß, und das Verfahren, betr. die Verfolgung der Entschädigungsansprüche ist in den §§ 13, 14 geordnet. Entschädigung wird grundsätzlich nur für die Entziehung des Eigentums, in einem Falle (§ 13 Abs. 1 Nr. 2 mit Abs. 2) auch für eine Beschränkung gewährt. Wird das Eigentum nicht auf Verlangen der Gemeinde abgetreten, so kann der Eigentümer Entschädigung nur verlangen, wenn er in der Absicht des Wiederaufbaus alte Gebäude bis zur Fluchtlinie niederlegt oder in der Fluchtlinie einer projektierten Querstraße, die sein unbebautes Grundstück an einer fertigen Straße schneidet, Gebäude errichtet. Die allgemeinen Grundsätze des Enteignungsgesetzes sind im übrigen anwendbar, das dort vorgeschriebene Verfahren ist ausdrücklich übernommen.

Durch Statut kann vorgeschrieben werden, daß die Anlieger bei der Anlegung einer neuen und bei dem Anbau an einer vorhandenen unbebauten Straße die Freilegung, erste Einrichtung, Entwässerung und Beleuchtung beschaffen oder die dafür aufgewendeten Kosten der Gemeinde ersetzen. Dabei kann jeder Eigentümer nur für die Hälfte der Straßenbreite, jedoch nicht für mehr als 13 m herangezogen werden. Die Kosten der ganzen Straßenanlage sind nach der Länge der Grenze, mit der die Grundstücke an die Straße stoßen, zu verteilen. Fällig wird die Abgabe erst mit der Errichtung eines Gebäudes an der Straße (§ 15). Die §§ 16—18 enthalten Vorschriften über Rechtsmittel und die zuständigen Behörden. Der § 19 verfügt die Aufhebung aller abweichenden Bestimmungen. Mit der Ausführung des Gesetzes ist der Min. f. Hand., an dessen Stelle jetzt der Min. d. Inn. getreten ist, beauftragt (§ 20).

Das Gesetz gilt im ganzen Umfange der Monarchie, in Lauenburg auf Grund des § 8 Nr. 6 des Ges. v. 25. 2. 78 (GS. 97); nur in Helgoland ist es noch nicht eingeführt.

Das Gesetz ist in den materiellen Sätzen bis heute im wesentlichen unberührt geblieben (vgl. aber § 12 Anm. III S. 87); nur ist durch den § 10 KommAbgG. — vgl. § 15 Anm. VI 5 S. 156 — ein anderer Verteilungsmaßstab für die im § 15 bezeichneten Kosten zugelassen; doch scheint die Bestimmung eine praktische Bedeutung nicht erlangt zu haben.

Durch die mit dem Inkrafttreten des LVG. und des ZustG. eingetretene Änderung der Behördenorganisation und die Ordnung des Verfahrens der Verwaltungsbehörden sind die §§ 16—18 des Ges. teils aufgehoben, teils ersetzt. An die Stelle des Bezirksrats ist der Bezirksausschuß getreten. Die Zuständigkeit regelt sich jetzt dahin:

Für Landgemeinden und für Stadtgemeinden bis zu 10000 Einwohnern beschließt in erster Instanz der Kreisausschuß, in zweiter der Bezirksausschuß; für Stadtkreise und für Stadtgemeinden mit mehr als 10000 Einwohnern beschließt in erster Instanz der Bezirksausschuß, in zweiter der Provinzialrat; für den Stadtkreis Berlin beschließt in den Fällen der §§ 5, 8 und 9 der Min. d. ö. A., in den Fällen der §§ 12 u. 15 der Min. d. Inn.

Das Verfahren bezüglich der Beiträge aus § 15 ist durch die §§ 69ff., 87, 88 KommAbgG. neu geordnet (vgl. § 15 Anm. VII 4, 7, 8 S. 163, 168ff.).

Hauptsächlich in formeller Beziehung ist schließlich eine Änderung eingetreten durch die Zweckverbandsgesetze. Nach dem ZweckVG. v. 19. 7. 11 (GS. 115) können Gemeinden und andere Kommunalverbände untereinander und auch mit Gutsbezirken zur gemeinschaftlichen Festsetzung und Durchführung von Straßen- und Baufluchtlinienplänen verbunden werden. In diesem Falle gehen die in den §§ 11—15 des Ges. den Gemeinden zugewiesenen Rechte und Pflichten auf den Zweckverband über. Gutsbezirke werden dabei den Gemeinden gleichgeachtet. Für das Einspruchs- und Klageverfahren finden die §§ 69, 70 KommAbgG. mit der Maßgabe Anwendung, daß für den Einspruch der Verbandsvorsteher zuständig ist. Nach dem BerlinZweckVG. ist die Festsetzung von Fluchtlinien und Bebauungsplänen in gewissen Fällen Sache des Zweckverbandes Groß-Berlin. Bei der Festsetzung durch den Verband Groß-Berlin bestehen für das Verfahren einige besondere Vorschriften (Mitteilung der Pläne an die Gemeinden und Kreise zur Äußerung, an den Min. d. ö. A. zur Zustimmung, Offenlegung in den einzelnen Gemeinden unter Bekanntmachung auch durch den Verbandsausschuß, Zuständigkeit der Beschlußbehörde für Groß-Berlin für die Entscheidung über die Einwendungen, endgültige Feststellung und Offenlegung durch den Verbandsausschuß). Stellen die Gemeinden oder Gutsbezirke die vom Verbande projektierten Straßen und Plätze her, so leistet der Verband einen Zuschuß zu den Kosten Übernimmt der Verband die Herstellung und Unterhaltung der betreffenden Straßen und Plätze, so gehen die nach den §§ 11 bis 15 des Ges. den Gemeinden zustehenden Rechte und Pflichten und das Besteuerungsrecht aus § 9 KommAbgG. auf den Verband über; Gutsbezirke stehen dabei den Gemeinden gleich. Die Bestätigung der Statuten ist Sache des Min. d. ö. A. Für das Einspruchs- und Klageverfahren gelten die §§ 69, 70 KommAbgG. mit der Maßgabe, daß für den Einspruch der Verbandsausschuß und für die Klage das Oberverwaltungsgericht zuständig ist.

Den Schwierigkeiten, welche durch die Zersplitterung des Grundbesitzes in der Umgebung großer Städte der praktischen Ausnutzung von Bebauungsplänen durch die Anlieger erwachsen, hat man in Frankfurt a. M. durch ein besonderes Gesetz, betr. die Umlegung von Grundstücken, v. 28. 7. 02, GS. 273, begegnen zu müssen geglaubt. Das Gesetz ist ausgedehnt auf Posen, Köln und Wiesbaden, Ges. v. 28. 7. 11, 28. 7. 11 und 3. 6. 12, GS. 1911 S. 159, 160; 1912 S. 179). Über die Brauchbarkeit des Gesetzes ist bisher Näheres nicht bekanntgeworden. Dagegen hat sich als ein völlig ausreichendes und sehr einfaches Mittel gegen den gedachten Übelstand die Anwendung der in den verschiedenen Landesteilen geltenden Gemeinheitsteilungsordnungen (Verkoppelungsgesetze) erwiesen, trotzdem diese Gesetze ursprünglich nur für landwirtschaftlich genutzte Grundstücke berechnet sind. Den Auseinandersetzungsbehörden ist es an andern Orten, z. B. auch in Hannover, ohne jede Schwierigkeit gelungen, mit diesen Vorschriften ohne die Umständlichkeiten des Frankfurter Umlegungsgesetzes den von diesem Gesetz erstrebten Zweck vollkommen zu erreichen. Allerdings bieten die Verkoppelungsgesetze etwa Widerstrebenden Handhaben, um das Verfahren lahmzulegen. In der Praxis machen die Beteiligten davon aber ihres eigenen Vorteils wegen keinen Gebrauch. Nach der Mitteilung Sachkundiger würde es auch nur ganz geringfügiger Änderungen bedürfen, um die betreffenden Gesetze zu einem vollkommenen Werkzeug für den gedachten Zweck zu machen.

Gesetz, betreffend die Anlegung und Veränderung von Straßen und Plätzen in Städten und ländlichen Ortschaften.

Vom 2. Juli 1875.

(GS. 1875 S. 561).

Wir Wilhelm, von Gottes Gnaden König von Preußen ꝛc. verordnen, mit Zustimmung beider Häuser des Landtages, für den ganzen Umfang der Monarchie, was folgt:

§ 1.

Für die Anlegung oder Veränderung von Straßen und Plätzen in Städten und ländlichen Ortschaften sind die Straßen- und Baufluchtlinien vom Gemeindevorstande im Einverständnisse mit der Gemeinde, bezüglich deren Vertretung, dem öffentlichen Bedürfnisse entsprechend unter Zustimmung der Ortspolizeibehörde festzusetzen.

Die Ortspolizeibehörde kann die Festsetzung von Fluchtlinien verlangen, wenn die von ihr wahrzunehmenden polizeilichen Rücksichten die Festsetzung fordern.

Zu einer Straße im Sinne dieses Gesetzes gehört der Straßendamm und der Bürgersteig.

Die Straßenfluchtlinien bilden regelmäßig zugleich die Baufluchtlinien, das heißt die Grenzen, über welche hinaus die Bebauung ausgeschlossen ist. Aus besonderen Gründen kann aber eine von der Straßenfluchtlinie verschiedene, jedoch in der Regel höchstens 3 Meter von dieser zurückweichende Baufluchtlinie festgesetzt werden.

§ 2.

Die Festsetzung von Fluchtlinien (§ 1) kann für einzelne Straßen und Straßenteile oder, nach dem voraussichtlichen Bedürfnisse der näheren Zukunft, durch Aufstellung von Bebauungsplänen für größere Grundflächen erfolgen.

Handelt es sich infolge von umfassenden Zerstörungen durch Brand oder andere Ereignisse um die Wiederbebauung ganzer Ortsteile, so ist die Gemeinde verpflichtet, schleunigst darüber zu beschließen, ob und inwiefern für den betreffenden Ortsteil ein neuer Bebauungsplan aufzustellen ist und eintretendenfalls die unverzügliche Feststellung des neuen Bebauungsplanes zu bewirken.

§ 3.

Bei Festsetzung der Fluchtlinien ist auf Förderung des Verkehrs, der Feuersicherheit und der öffentlichen Gesundheit Bedacht zu nehmen, auch darauf zu halten, daß eine Verunstaltung der Straßen und Plätze nicht eintritt.

Es ist deshalb für die Herstellung einer genügenden Breite der Straßen und einer guten Verbindung der neuen Bauanlagen mit den bereits bestehenden Sorge zu tragen.

§ 4.

Jede Festsetzung von Fluchtlinien (§ 1) muß eine genaue Bezeichnung der davon betroffenen Grundstücke und Grundstücksteile und eine Bestimmung der Höhenlage sowie der beabsichtigten Entwässerung der betreffenden Straßen und Plätze enthalten.

§ 5.

Die Zustimmung der Ortspolizeibehörde (§ 1) darf nur versagt werden, wenn die von derselben wahrzunehmenden polizeilichen Rücksichten die Versagung fordern.

Will sich der Gemeindevorstand bei der Versagung nicht beruhigen, so beschließt auf sein Ansuchen der Kreisausschuß.

Derselbe beschließt auf Ansuchen der Ortspolizeibehörde über die Bedürfnisfrage, wenn der Gemeindevorstand die von der Ortspolizeibehörde verlangte Festsetzung (§ 1 Alinea 2) ablehnt.

§ 6.

Betrifft der Plan der beabsichtigten Festsetzungen (§ 4) eine Festung, oder fallen in denselben öffentliche Flüsse, Chausseen, Eisenbahnen oder Bahnhöfe, so hat die Ortspolizeibehörde dafür zu sorgen, daß den beteiligten Behörden rechtzeitig zur Wahrung ihrer Interessen Gelegenheit gegeben wird.

§ 7.

Nach erfolgter Zustimmung der Ortspolizeibehörde, bezüglich des Kreisausschusses (§ 5), hat der Gemeindevorstand den Plan zu jedermanns Einsicht offenzulegen. Wie letzteres geschehen soll, wird in der ortsüblichen Art mit dem Bemerken bekanntgemacht, daß Einwendungen gegen den Plan innerhalb einer bestimmt zu bezeichnenden präklusivischen Frist von mindestens vier Wochen bei dem Gemeindevorstande anzubringen sind.

Handelt es sich um Festsetzungen, welche nur einzelne Grundstücke betreffen, so genügt statt der Offenlegung und Bekanntmachung eine Mitteilung an die beteiligten Grundeigentümer.

§ 8.

Über die erhobenen Einwendungen (§ 7) hat, soweit dieselben nicht durch Verhandlung zwischen dem Gemeindevorstande und den Beschwerdeführern zur Erledigung gekommen, der Kreisausschuß zu beschließen. Sind Einwendungen nicht erhoben oder ist über dieselben endgültig (§ 16) beschlossen, so hat der Gemeindevorstand den Plan förmlich festzustellen, zu jedermanns Einsicht offenzulegen und, wie dies geschehen soll, ortsüblich bekanntzumachen.

§ 9.

Sind bei Festsetzung von Fluchtlinien mehrere Ortschaften beteiligt, so hat eine Verhandlung darüber zwischen den betreffenden Gemeindevorständen stattzufinden.

Über die Punkte, hinsichtlich deren eine Einigung nicht zu erzielen ist, beschließt der Kreisausschuß.

§ 10.

Jede, sowohl vor als nach Erlaß dieses Gesetzes getroffene Festsetzung von Fluchtlinien kann nur nach Maßgabe der vorstehenden Bestimmungen aufgehoben oder abgeändert werden.

Zur Festsetzung neuer oder Abänderung schon bestehender Bebauungspläne in den Städten Berlin, Potsdam, Charlottenburg und deren nächster Umgebung bedarf es Königlicher Genehmigung.

§ 11.

Mit dem Tage, an welchem die im § 8 vorgeschriebene Offenlegung beginnt, tritt die Beschränkung des Grundeigentümers, daß Neubauten, Um- und Ausbauten über die Fluchtlinie hinaus versagt werden können, endgültig ein. Gleichzeitig erhält die Gemeinde das Recht, die durch die festgesetzten Straßenfluchtlinien für Straßen und Plätze bestimmte Grundfläche dem Eigentümer zu entziehen.

§ 12.

Durch Ortsstatut kann festgestellt werden, daß an Straßen- oder Straßenteilen, welche noch nicht gemäß der baupolizeilichen Bestimmungen des Orts für den öffentlichen Verkehr und den Anbau fertig hergestellt sind, Wohngebäude, die nach diesen Straßen einen Ausgang haben, nicht errichtet werden dürfen.

Das Ortsstatut hat die näheren Bestimmungen innerhalb der Grenze vorstehender Vorschrift festzusetzen und bedarf der Bestätigung des Bezirksrates. Gegen den Beschluß des Bezirksrates ist innerhalb einer Präklusivfrist von einundzwanzig Tagen die Beschwerde bei dem Provinzialrate zulässig.

Nach erfolgter Bestätigung ist das Statut in ortsüblicher Art bekannt zu machen.

§ 13.

Eine Entschädigung kann wegen der nach den Bestimmungen des § 12 eintretenden Beschränkung der Baufreiheit überhaupt nicht, und wegen Entziehung oder Beschränkung des von der Festsetzung neuer Fluchtlinien betroffenen Grundeigentums nur in folgenden Fällen gefordert werden:

1. wenn die zu Straßen und Plätzen bestimmten Grundflächen auf Verlangen der Gemeinde für den öffentlichen Verkehr abgetreten werden;
2. wenn die Straßen- oder Baufluchtlinie vorhandene Gebäude trifft und das Grundstück bis zur neuen Fluchtlinie von Gebäuden freigelegt wird;
3. wenn die Straßenfluchtlinie einer neu anzulegenden Straße ein unbebautes, aber zur Bebauung geeignetes Grundstück trifft, welches zur Zeit der Feststellung dieser Fluchtlinie an einer bereits bestehenden und für den öffentlichen Verkehr und den Anbau fertig gestellten anderen Straße belegen ist, und die Bebauung in der Fluchtlinie der neuen Straße erfolgt.

Die Entschädigung wird in allen Fällen wegen der zu Straßen und Plätzen bestimmten Grundfläche für Entziehung des Grundeigentums gewährt. Außerdem wird in denjenigen Fällen der Nr. 2, in welchen es sich um eine Beschränkung des Grundeigentums infolge der Festsetzung einer von der Straßenfluchtlinie verschiedenen Baufluchtlinie handelt, für die Beschränkung des bebaut gewesenen Teiles des Grundeigentums (§ 12 des Gesetzes über Enteignung von Grundeigentum vom 11. Juni 1874) Entschädigung gewährt.

In allen obengedachten Fällen kann der Eigentümer die Übernahme des ganzen Grundstücks verlangen, wenn dasselbe durch die Fluchtlinie entweder ganz oder soweit in Anspruch genommen wird, daß das Restgrundstück nach den baupolizeilichen Vorschriften des Ortes nicht mehr zur Bebauung geeignet ist.

Bei den Vorschriften dieses Paragraphen ist unter der

Bezeichnung Grundstück jeder im Zusammenhange stehende Grundbesitz des nämlichen Eigentümers begriffen.

§ 14.

Für die Feststellung der nach § 13 zu gewährenden Entschädigungen und die Vollziehung der Enteignung kommen die §§ 24ff. des Gesetzes über Enteignung von Grundeigentum vom 11. Juni 1874 zur Anwendung.

Streitigkeiten über Fälligkeit des Anspruchs auf Entschädigung gehören zur gerichtlichen Entscheidung.

Die Entschädigungen sind, soweit nicht ein aus besonderen Rechtstiteln Verpflichteter dafür aufzukommen hat, von der Gemeinde aufzubringen, innerhalb deren Bezirk das betreffende Grundstück belegen ist.

§ 15.

Durch Ortsstatut kann festgesetzt werden, daß bei der Anlegung einer neuen oder bei der Verlängerung einer schon bestehenden Straße, wenn solche zur Bebauung bestimmt ist, sowie bei dem Anbau an schon vorhandenen bisher unbebauten Straßen und Straßenteilen von dem Unternehmer der neuen Anlage oder von den angrenzenden Eigentümern — von letzteren, sobald sie Gebäude an der neuen Straße errichten — die Freilegung, erste Einrichtung, Entwässerung und Beleuchtungsvorrichtung der Straße in der dem Bedürfnisse entsprechenden Weise beschafft, sowie deren zeitweise, höchstens jedoch fünfjährige Unterhaltung, beziehungsweise ein verhältnismäßiger Beitrag oder der Ersatz der zu allen diesen Maßnahmen erforderlichen Kosten geleistet werde. Zu diesen Verpflichtungen können die angrenzenden Eigentümer nicht für mehr als die Hälfte der Straßenbreite, und wenn die Straße breiter als 26 Meter ist, nicht für mehr als 13 Meter der Straßenbreite herangezogen werden.

Bei Berechnung der Kosten sind die Kosten der gesamten Straßenanlage und beziehungsweise deren Unterhaltung zusammenzurechnen und den Eigentümern nach Verhältnis der Länge ihrer, die Straße berührenden Grenze zur Last zu legen.

Das Ortsstatut hat die näheren Bestimmungen innerhalb der Grenze vorstehender Vorschrift festzusetzen. Bezüglich seiner Bestätigung, Anfechtbarkeit und Bekanntmachung gelten die im § 12 gegebenen Vorschriften.

Für die Haupt- und Residenzstadt Berlin bewendet es bis zu dem Zustandekommen eines solchen Statuts bei den Bestimmungen des Regulativs vom 31. Dezember 1838.

§ 16.

Gegen die Beschlüsse des Kreisausschusses steht dem Beteiligten in den Fällen der §§ 5, 8, 9 die Beschwerde bei dem Bezirksrate innerhalb einer Präklusivfrist von einundzwanzig Tagen zu.

In den Fällen, in denen es sich um Wiederbebauung ganzer durch Brand oder andere Ereignisse zerstörter Ortsteile handelt, tritt an die Stelle dieser Präklusivfrist eine solche von einer Woche.

§ 17.

Die durch die §§ 5, 8 und 9 dem Kreisausschusse und in höherer Instanz dem Bezirksrate beigelegten Befugnisse und Obliegenheiten werden in den einem Landkreise angehörigen Städten mit mehr als 10000 Einwohnern, oder wenn unter mehreren beteiligten Gemeinden (§ 9) sich eine solche Stadt befindet, von dem Bezirksrate und in höherer Instanz von dem Provinzialrate, in den Stadtkreisen, oder wenn unter mehreren beteiligten Gemeinden (§ 9) sich ein Stadtkreis befindet, von dem Provinzialrate und auf Ansuchen der Gemeinde in höherer Instanz von dem Minister für Handel wahrgenommen.

In den Hohenzollernschen Landen tritt an die Stelle des Kreisausschusses der Amtsausschuß und steht auch diesem die Bestätigung der Ortsstatuten (§§ 12 und 15) zu. Die Beschwerdeinstanz bildet der Landesausschuß.

§ 18.

Bis dahin, daß in den verschiedenen Provinzen der Monarchie die Kreisausschüsse und die Bezirks- und Provinzialräte gebildet sind, hat die Bezirksregierung (Landdrostei) die denselben durch dieses Gesetz überwiesenen Geschäfte wahrzunehmen.

Die Beschlußfassung in der höheren Instanz steht in den Fällen der §§ 5, 8 und 9 dem Minister für Handel, im Falle der §§ 12 und 15 dem Oberpräsidenten zu.

Für die Stadt Berlin liegt bis zur Bildung einer besonderen Provinz Berlin die Wahrnehmung der in den §§ 5, 8 und 9 dem Kreisausschusse beigelegten Funktionen dem Minister für Handel usw., die Bestätigung der Statuten nach den §§ 12 und 15 dem Minister des Innern ob.

§ 19.

Alle den Bestimmungen dieses Gesetzes entgegenstehenden allgemeinen und besonderen gesetzlichen Vorschriften werden hierdurch aufgehoben.

Alle Bestimmungen der im Verwaltungswege erlassenen Bauordnungen, sonstigen polizeilichen Anordnungen und

Ortsstatuten, welche mit den Vorschriften dieses Gesetzes in Widerspruch stehen, treten außer Kraft.

§ 20.

Der Minister für Handel wird mit der Ausführung dieses Gesetzes beauftragt.

Urkundlich unter Unserer Höchsteigenhändigen Unterschrift und beigedrucktem Königlichen Insiegel.

Gegeben Bad Ems, den 2. Juli 1875.

(L. S.) **Wilhelm.**

Fürst v. Bismarck. Kamphausen.
Graf zu Eulenburg. Leonhardt. v. Kameke.
Achenbach.

§ 1.

Für die Anlegung oder Veränderung von Straßen und Plätzen in Städten und ländlichen Ortschaften sind die Straßen- und Baufluchtlinien vom Gemeindevorstande im Einverständnisse mit der Gemeinde, bezüglich deren Vertretung, dem öffentlichen Bedürfnisse entsprechend unter Zustimmung der Ortspolizeibehörde festzusetzen.

Die Ortspolizeibehörde kann die Festsetzung von Fluchtlinien verlangen, wenn die von ihr wahrzunehmenden polizeilichen Rücksichten die Festsetzung fordern.

Zu einer Straße im Sinne dieses Gesetzes gehört der Straßendamm und der Bürgersteig.

Die Straßenfluchtlinien bilden regelmäßig zugleich die Baufluchtlinien, das heißt die Grenzen, über welche hinaus die Bebauung ausgeschlossen ist. Aus besonderen Gründen kann aber eine von der Straßenfluchtlinie verschiedene, jedoch in der Regel höchstens 3 Meter von dieser zurückweichende Baufluchtlinie festgesetzt werden.

I. 1. Das Ges. gilt jetzt im ganzen Umfange der Monarchie mit Ausnahme von Helgoland, auf das es bisher nicht ausgedehnt ist (vgl. G. v. 18. 2. 91, GS. 131). In Lauenburg ist es eingeführt durch § 8 Nr. 6 des G. v. 25. 2. 78 (GS. 97).

2. Die Festsetzung von Fluchtlinien nach dem Ges. ist für Gutsbezirke ausgeschlossen, weil es für diese an einer Gemeinde und deren Organen, daher an der Möglichkeit der Aufstellung von Fluchtlinien- und Bebauungsplänen fehlt, OVG. 55 244. Gemäß der Verf. d. Min. d. ö. A. u. d. Inn. v. 3. 5. 10, MBl. 154, erfolgt daher eine Fluchtlinienfestsetzung in Gutsbezirken nach Bedürfnis durch die Polizeibehörde, die

in technischer Hinsicht als Anhalt die Anweisung v. 28. 5. 76, MBl. 131, benutzen, eine regellose, den öffentlichen Interessen widersprechende Bauweise aber auf Grund der Ansiedelungsgesetze, die jedoch im Rheinland und in Hohenzollern nicht gelten, entgegentreten soll. Vgl. auch hier Anm. II S. 35.

3. Straßen im Sinne des Ges. sind die für den Verkehr innerhalb der Ortschaft und in erster Linie zugleich für den Anbau bestimmten öffentlichen Wege, OVG. **24** 79 (= PrVBl. **14** 367), **23** 361 — daher fallen weder Kanäle noch Häfen darunter. Vgl. § 12 Anm. II 7 ff. S. 71 ff., § 15 Anm. II 1 ff. S. 122 ff.

Das Ges. kennt die Festsetzung von Fluchtlinien nur für Straßen, die als öffentliche gedacht sind. Das Ziel der Festsetzung ist, öffentliche Straßen zu schaffen, PrVBl. **29** 707, **27** 285, OVG. **20** 223. Eine Privatstraße im Rechtssinn ist nur da vorhanden, wo die Straße der Verfügungsgewalt des Eigentümers unterliegt und kraft dieser dem öffentlichen Verkehr entzogen ist oder entzogen werden kann, nicht eine solche Straße, die dem öffentlichen Verkehr und Anbau bestimmt, aber im Privatbesitz ist und noch von dem Eigentümer des Grund und Bodens unterhalten wird, OVG. **19** 367 (= PrVBl. **11** 359).

4. Plätze fallen unter § 1, nicht aber unter § 15, OVG. **45** 92. Ein Hafen ist kein öffentlicher Platz, OVG. **34** 401 (= PrVBl. **20** 48), **23** 361; auch kommen nur öffentliche Plätze in Betracht; soll ein Platz nicht der Verfügung der Polizei unterstehen, sondern der Gemeinde zur privatrechtlichen Nutzung dienen, so ist das Gesetz unanwendbar; dadurch, daß der Platz seinem Zweck entsprechend für das vorübergehende oder längere Lagern von Gütern, selbst gegen Gebühren, bestimmt ist, wird er der Eigenschaft eines öffentlichen Platzes aber nicht entkleidet, OVG. **34** 401 (= PrVBl. **20** 48). Über die Festsetzung einer Fluchtlinie am Wasser als landespolizeiliche Anordnung vgl. PrVBl. **3** 275 (Bezirksverwaltungsgericht).

5. Die Wirkungen der Fluchtlinienfestsetzung sind im § 1 Abs. 4 und hauptsächlich im § 11 bestimmt. Das in die Straße fallende Terrain ist nicht schon vor der Anlegung oder Veränderung rechtlich Straße, PrVBl. **16** 185, OVG. **33** 422. Die bloße Fluchtlinienfestsetzung — oder die hinzutretende Enteignung, OVG. **53** 436 — bringt weder eine öffentliche Straße zur Entstehung noch ändert sie, wenn sie einen vorhandenen Weg trifft, dessen rechtlichen Charakter oder bedeutet seine Übernahme in die Gemeindeunterhaltung, OVG. **54** 298. Sie ist auch nicht Bedingung der Anlegung (Entstehung) einer Straße, OVG. **19** 367, **14** 402. Zur Entstehung der in Aussicht genommenen Straße als öffentlichen bedarf es noch neben der Genehmigung des Fluchtlinienplanes der Zustimmung der Polizei zu ihrer Widmung für den öffentlichen Verkehr, OVG. **56** 339, **39** 216 (= PrVBl. **22** 569), RG. 21 C. 90. Die Gemeinden haben kein Recht, öffentliche Wege nach ihrem Belieben anzulegen und daher auch kein Rechtsmittel nach § 127 LVG., wenn die Polizei die Zustimmung versagt, daß eine hergestellte Straße dem öffentlichen Verkehr gewidmet wird, OVG. **39** 216 (= PrVBl. **22** 569).

Eine Straße, die ein Privatmann mit Erlaubnis der Gemeinde anlegt, wird durch die Befolgung des Fluchtlinienplanes nicht zum öffentlichen Wege, PrVBl. **27** 285. Dazu genügt auch nicht, daß die Beteiligten Einsprüche gegen den Plan nicht erheben, PrVBl. **26** 639, **29** 186, oder den öffentlichen Verkehr weiter dulden, PrVBl. **29** 186. Erst durch die Übernahme durch die wegebaupflichtige Gemeinde unter Zustimmung der Wegepolizeibehörde kann daraus eine öffentliche Straße werden; die Genehmigung der Gemeinde zum Ausbau genügt nicht, OVG. **56** 339. Von selbst versteht sich, daß zur Straße nur gehört, was dem gemeinen Gebrauch bereits überwiesen, der Aufsicht und Obhut der Wegepolizeibehörde unterstellt ist, nicht was dazu erst verwendet werden soll, PrVBl. **22** 360.

6. Die rechtliche Bedeutung der Fluchtlinie ist, zu kennzeichnen, welche Flächen für Straßen und Plätze vorbehalten werden, OVG. **40** 363, **8** 294. Die Bebaubarkeit eines Grundstücks ist daher von der vorgängigen Fluchtlinienfestsetzung ganz unabhängig, d. h. das Grundstück kann bebaut werden, auch wenn Fluchtlinien vorher nicht festgesetzt sind, OVG. **40** 363, **34** 401, **23** 361, **21** 375 (= PrVBl. **13** 229), **2** 362, PrVBl. **20** 48. Es ist deshalb auch unzulässig, Flächen, die nicht zu Straßen und Plätzen ausgewiesen werden, bei der Aufstellung von Bebauungsplänen von der Bebauung unter dem Vorbehalte künftiger Bestimmung über die Zulassung der Bebauung auszuschließen, OVG. **21** 375 (= PrVBl. **13** 229). Wird eine Fluchtlinie nur auf einer Seite einer Straße festgesetzt, so muß über die Straßengrenze auf der anderen Seite nach Lage des Falles entschieden werden, und es kann nicht alles straßenwärts gelegene Land als unbebaubar angesehen werden, OVG. **40** 363. Ebenso ist es Tatfrage, ob das zwischen zwei Fluchtlinien liegende Terrain ein oder zwei Straßen einschließt, und wo die Grenze einer an einen öffentlichen Platz stoßenden, nur an der anderen Seite durch eine Fluchtlinie begrenzten Straße zu finden ist, PrVBl. **33** 372, **23** 505, **16** 85. Vgl. § 2 S. 36. Sache der Festsetzung ist es nicht, die Einteilung der Wegeflächen zu regeln. Von der in der Fluchtlinienfestsetzung geschehenen Einteilung kann ohne weiteres abgegangen werden, PrVBl. **16** 85. Ein Teil der Fluchtlinienfestsetzung ist es auch nicht, wenn (in der Rheinprovinz) der Bürgermeister zugleich als Ortspolizeibehörde im Einverständnis mit den Stadtverordneten bei Festsetzung der Fluchtlinie über die bedingte Zulassung von Veranden vor der Baufluchtlinie Bestimmung getroffen hat; es stellt sich das nur als Programm dar, wonach sich die Mitwirknng der Gemeinde bei der Anwendung des § 11 richten soll, nicht als Polizeiverordnung, noch als ortsstatutarische Festsetzung. Den Eintritt der Wirkung der Fluchtlinienfestsetzung, wonach bestimmte Linien zu Straßen

oder Baufluchtlinien werden, kann weder die Polizei noch der Gemeindevorsteher ausschließen, OVG. **55** 440. Das Ges. befaßt sich auch nur mit der Anlegung von Straßen oder Plätzen, mit der Einziehung von Straßen nur insofern, als die Abänderung bestehender Fluchtlinien sie mit sich bringen kann; im übrigen richtet sich die Einwirkung der Anlegung neuer Straßen auf vorhandene Wege nach dem sonst geltenden Wegerecht; es können daher nicht etwa ohne weiteres alle zwischen den projektierten Straßen liegenden öffentlichen Wege als nicht existierend angesehen werden, OVG. **28** 268; vielmehr ist der Bebauungsplan nur insoweit wirksam, als er Fluchtlinien festsetzt; die sonst vorhandenen öffentlichen Wege, die im Lageplan — vgl. § 4 der Anweisung v. 28. 5. 76, S. 184 — dargestellt werden müssen, werden in ihren Rechtsverhältnissen nicht berührt, OVG. **21** 264. Auch ändert die bloße Fluchtlinienfestsetzung, durch die ein Straßenstreifen Vorgarten, die Straße also schmaler werden soll, nichts an der Straßeneigenschaft. Die Festsetzung bedeutet nur, daß künftig etwas Straße sein soll. Nur mit Zustimmung der Wegepolizeibehörde kann der Streifen die Straßeneigenschaft verlieren. Ein Einziehungsverfahren nach § 57 ZustG. ist unnötig, wenn es sich nur um eine geringfügige Regulierung handelt, OVG. **43**, 24. Die aus dem Fluchtlinienplan sich ergebende Geradelegung des Bürgersteiges ist keine Einziehung eines öffentlichen Weges; es ist deshalb für einen solchen Fall ein Beschluß der Wegepolizeibehörde nach § 57 ZustG. überflüssig, PrVBl. **19** 382. Stimmt die Polizei einem Fluchtlinienplan zu, durch den die Fluchtlinie in einen bestehenden Weg hineinverlegt, die Straße also schmaler wird, so kann darin die Genehmigung liegen, daß die Anlieger das Zwischenstück durch Bebauung dem öffentlichen Zweck entziehen, nicht aber die Ermächtigung für die Gemeinde, das der Straße entzogene Land so als ihr Privateigentum, z. B. durch Umzäunen, zu behandeln, daß das angrenzende Gebiet die Zugänglichkeit zur Straße verliert, Gruch. **45** 964 = JW. **00** 574 [24] u. [25]

= PrVBl. **22** 277. Bei der Prüfung eines Einziehungsplanes hat aber die Wegepolizeibehörde zu beachten, ob die Zwecke, die ein Bebauungsplan verfolgt, nicht beeinträchtigt werden, OVG. **44** 268. Vgl. auch § 10 Anm. I 4 S. 48.

7. Ohne die Beteiligung der Gemeindebehörde kann die Polizei nicht im Wege der Einzelverfügung, insbesondere nicht im Wege der Bauerlaubnis oder später nach ihrem Ermessen vorschreiben, daß ein Bau eine bestimmte Fluchtlinie einhalten müsse, OVG. **50** 425; PrVBl. **27** 805. Stimmen die Stadtverordneten einem Plane mit gewissen Einschränkungen zu, so bildet das in der Genehmigung liegende Einverständnis eine genügende Grundlage für die Feststellung des Plans, soweit er nicht von der Einschränkung betroffen wird, PrVBl. **2** 334. Nach RG. in JW. **99** 786[40] (= PrVBl. **21** 209) soll (in der Rheinprovinz) die Mitteilung der Festsetzung der Fluchtlinie auf Anfrage eines Baulustigen durch den Stadtbaurat, der im Einverständnis mit dem Oberbürgermeister und nach Anhörung der Gemeindebaukommission gehandelt hat, als gehörige Fluchtlinienfestsetzung anzusehen sein (?). Vgl. § 7 Anm. I 1 S. 44 und § 13 Anm. VII 2 S. 102.

Die Zustimmung der Polizei ist öffentlich rechtlicher Natur und kann daher weder vertraglich festgelegt, noch im Rechtswege erzwungen werden, RG. in PrVBl. **24** 698.

Der Anlieger einer projektierten Straße kann im Verwaltungsstreitverfahren nicht verlangen, daß die Straße in einer seinen Interessen entsprechenden Weise angelegt, insbesondere in bestimmter Breite von einem Platz abgegrenzt werde, PrVBl. **16** 85.

Gewährleistet die Gemeinde einem Eigentümer Baufreiheit für ein Grundstück, so entsteht dadurch doch kein privatrechtlicher Anspruch, daß die Gemeinde bei der künftigen Festsetzung von Fluchtlinien die bestimmte Grenze einhalte. Der Vertrag kann aber dahin gedeutet werden, daß die Gemeinde dem Eigentümer Ersatz leisten muß, wenn die Festsetzung der Fluchtlinie die Baufreiheit beschränkt, PrVBl. **24** 25.

8. Nach früherem Recht hatte gemäß § 66 I 8 ALR. die Polizei über die Festsetzung von Fluchtlinien zu befinden. Die Festsetzung hatte nur die negative Bedeutung einer Baubeschränkung, enthielt ein Verbot, über die Fluchtlinie hinaus und anders als in der Linie zu bauen. Der Zweck war ein ausschließlich polizeilicher, Bauten zu verhindern, die dem gemeinen Wesen Nachteil oder Unsicherheit bereiteten oder Straßen oder Plätze verunstalteten. Jetzt ist es eine Maßregel der Gemeinde, ihr Zweck die Straßenanlegung. Die Gemeinde bindet sich (§ 10) an den Plan und schafft sich im Enteignungsrecht (§ 11) die Möglichkeit der Ausführung. Deshalb ist sie heute der erste Schritt zu einer Veranstaltung im allgemeinen Interesse und zum Vorteil der Anlieger zu der Straßenanlegung. Der § 27 KommAbgG. bezieht sich daher nur auf Festsetzungen nach dem Ges., OVG. **30** 67 (= PrVBl. **17** 513), wenn sie auch schon vor dem Inkrafttreten des KommAbgG. erfolgt sind, OVG. **38** 109.

Ein Bebauungsplan nach altem Recht war keine Polizeiverordnung, nur eine polizeiliche Anordnung, bedurfte deshalb keiner allgemeinen Publikation, OVG. **24** 369 (= PrVBl. **14** 597), **21** 264, **5** 381; PrVBl. **26** 943; RG. **6** 295 (= PrVBl. **4** 7). Vgl. § 13 Anm. I S. 90.

9. Die Gesetzmäßigkeit der Festsetzung, d. h. ob sie mit dem Inhalt des Ges. und dem sonstigen materiellen Recht im Einklang, unterliegt der Prüfung des Verwaltungsrichters — so ist ein Plan wirkungslos, der nur Baufluchtlinien, keine Straßenfluchtlinien enthält, OVG. **33** 425; bei dem die Vorschriften des § 7 über die gehörige Auslegung nicht beachtet sind, PrVBl. **7** 69; der festgestellt und offengelegt wird, bevor über erhobene Einwendungen endgültig entschieden ist, OVG. **29** 371; der mit einem angefochtenen Planteil in untrennbarem Zusammenhange steht, OVG. **8** 319 (= PrVBl. **3** 134) —; im übrigen steht dem Verwaltungsrichter eine Prüfung nicht zu, insbesondere kann er nicht eine zu große Tiefe des Vorgartenlandes oder die schiefe Linie der Bauflucht zur Straßen-

fluchtlinie beanstanden. Einwendungen dieser Art sind nach §§ 7, 8 — siehe diese — zu erledigen, PrVBl. **32** 403, 418, **26** 149, **15** 371 (= OVG. **25** 387); OVG. **57** 479. Vgl. § 4 S. 40.

10. Eine Klage im Verwaltungsstreitverfahren gegen die Polizei, daß sie die ihr nach Abs. 2 zustehenden Befugnisse überhaupt oder in gewissem Sinn ausübe, insbesondere eine Änderuug der Fluchtlinie herbeiführe, ist nicht gegeben, PrVBl. **11** 411.

11. Nach Abs. 3 gehört begrifflich der Bürgersteig zur Straße, PrVBl. **13** 354. Auch bedeutet Abs. 3 nur, daß, wenn Straßendamm und Bürgersteig vorhanden sind, sie zur Straße gehören; zur Straße gehören aber auch Rinnsteine, Reitwege, selbst Treppen oder Fußwege in bergigem Gelände (im Anschluß an eine Rheinbrücke); die Fußwege (Treppen) können Teil einer Straße, aber auch eine selbständige öffentliche Verkehrsanlage sein, PrVBl. **27** 592. Vgl. § 15 Anm. II 1 S. 122 ff.

12. Unabhängig von der Fluchtlinienfestsetzung ist die Verwendung des hinter der Fluchtlinie liegenden Landes. Damit befaßt sich das Fluchtliniengesetz überhaupt nicht, PrVBl. **13** 165; OVG. **51** 396; Gruch. **45** 964 = JW. **00** 574[24] = PrVBl. **22** 277. Es ist daher an sich zulässig, daß ein Bau hinter die Fluchtlinie zurücktritt, PrVBl. **13** 165. Die Bestimmung über die Art und Möglichkeit der Bebauung des hinter der Fluchtlinie liegenden Landes fällt in das Gebiet der Polizeigesetzgebung im engern Sinn. Nach § 66 I 8 ALR. kann die Polizei bestimmen, daß ein Gebäude in der Baufluchtlinie errichtet werden muß, OVG. **51** 396. Dagegen kann im Gebiete des FranzR. nicht durch Polizeiverordnung vorgeschrieben werden, daß Bauten an der Straße in der Fluchtlinie errichtet werden, OVG. in JW. **07** 723.

13. Eine von der Straßenflucht abweichende Baufluchtlinie kann auch nachträglich — unter Aufrechterhaltung der bestehenden Straßenfluchtlinie — bestimmt werden, OVG. **59** 400.

Vorgärten liegen begrifflich vor dem durch die Baufluchtlinie begrenzten Baugrundstück, bilden ein Bindeglied zwischen der Straße und dem Baugrundstück, sind als eine dem Hofraum gleichstehende Nebenanlage Zubehör der Bauwerke, die auf dem Grundstücke errichtet werden, OVG. **57** 488, **41** 107, **33** 103, **25** 85, **18** 371 (= PrVBl. **11** 273). Was rechtlich und wirtschaftlich ein vom Baugrundstück verschiedenes selbständiges Grundstück ist, kann nicht dessen Vorgarten sein, OVG. **57** 488. Auch ist, was rechtlich noch Teil der Straße ist, nicht Vorgarten, PrVBl. **27** 396. Nach OVG. **41** 107, **33** 103 soll jedoch der Umstand, daß das Vorgartenland nicht dem Eigentümer des zugehörigen Baugrundstücks gehört und auch wirtschaftlich von diesem getrennt ist, für die Beitragspflicht nach § 15 bedeutungslos sein, und nach OVG. **43** 24 soll Vorgartenland, das im Eigentum der Gemeinde, nicht des Eigentümers des Baugrundstücks steht, das Baugrundstück nicht von der Straße trennen und zu dem angrenzenden Baugrund gehören, weil es seine Bestimmung ohne den Willen des Eigentümers durch die Behörde erhalte und von dieser zum Mittelgliede zwischen Straße und Baugrund gemacht werde. Vgl. § 15 Anm. IV 1 S. 129. Auch nach früherem Recht konnte ein Vorgarten im Rechtssinn entstehen, wenn Straßen- und Baufluchtlinie verschieden bestimmt waren. Hat nur die Polizei ohne solche Festsetzung eine andere Herstellung der Straße gestattet, so sind die dem Eigentümer belassenen Flächen rechtlich nicht Vorgarten, sondern künftiges Straßenland, PrVBl. **11** 572. In dem für Berlin und Vororte 1862 erlassenen Bebauungsplan war es dem Minister vorbehalten, eine von der Straßenfluchtlinie verschiedene Baufluchtlinie festzusetzen; soweit der Minister nicht tätig wurde, nur die Polizei von der Anlegung der Straße in der ganzen Breite absah und sog. provisorische Vorgärten zuließ, entstanden dadurch Vorgärten im Rechtssinn nicht; sie blieben vielmehr künftiges Straßenland, OVG. **34** 421.

Für eine nur tatsächlich durch Anbau entstandene Straße

gilt Abs. 4 nicht. Für Wege, die sich als Straßen historisch entwickelt haben, kann es vielmehr nur darauf ankommen, ob aus der Art der bisher tatsächlich vollzogenen Bebauung sich die Straßenfluchtlinie oder eine andere Linie erkennbar als Baufluchtlinie gebildet hat. Fehlt es an einer aus der Bebauung zu entnehmenden und daher als Ortsrecht anzusehenden Baufluchtlinie, so ist im Gebiete des ALR. eine Polizeiverordnung zulässig, die bei Neubauten einen gewissen Abstand vom Wegrand vorschreibt. Rechtlich entsteht dadurch kein Vorgarten (OVG. **26** 346 = PrVBl. **16** 63). Überhaupt kann, soweit Fluchtlinien nicht bestehen, durch Polizeiverordnung auch in Städten für Gebäude und feste Einfriedigungen die Einhaltung eines bestimmten Abstandes von dem Rande eines öffentlichen Weges vorgeschrieben werden. Dadurch entstehen Vorgärten im Rechtssinne aber nicht, PrVBl. **33** 422, 454, **25** 647; OVG. **50** 425, **39** 360, 364, **33** 422, **26** 338, 346 (= PrVBl. **16** 63); KG. **25** C 62; vgl. Wegeordn. für die Prov. Sachsen v. 11. 7. 91, GS. 311, § 40 Abs. 2, Westpreußen v. 27. 9. 05, GS. 357, § 37 Abs. 2, Posen v. 15. 7. 07, GS. 243, § 36 Abs. 2, Ostpreußen v. 10. 7. 11, GS. 99, § 36 Abs. 2. Vgl. aber KG. **15** 293 über die Gültigkeit einer Polizeiverordnung, wonach die Anlage einer Einfriedigung 3 m vom Rande eines öffentlichen Weges genehmigungsbedürftig sein sollte (FranzR.).

Abgesehen von Vorgärten, die auf einem Bebauungsplan alten Rechts beruhen, setzt die Entstehung von Vorgärten im Rechtssinn die Festsetzung von Fluchtlinien voraus. Durch Polizeiverordnung können sie nicht geschaffen werden, OVG. **46** 390, **33** 422, **8** 303. Solange eine Fluchtlinie nicht festgesetzt ist, kann die Polizei nicht verlangen, daß der Eigentümer den Vorplatz vor seinem Haus als Vorgarten unterhält, PrVBl. **27** 805. Die mit ihrer Bestimmung verbundene Beschränkung tritt aber erst ein, wenn die Festsetzung durchgeführt, die Straße also hergestellt und die Bebauung des Grundstücks erfolgt ist, OVG. **59** 400, **57** 488, **46** 390, **39** 103, **33** 422, **27** 396;

KG. 22 C 31. Wenn aber auch die Bebauung Voraussetzung ist, so braucht doch nicht, wie nach §§ 12, 15 das Haus an der neuen oder unfertigen Straße zu liegen; es genügt, daß das Gebäude, wenn es auch keinen Zugang zur Straße hat, doch in baulicher Hinsicht nicht ganz außer Beziehung zur Straße ist, OVG. **50** 422.

Über die Einrichtung und Benutzung von Vorgärten im Rechtssinne hat nur die Baupolizeibehörde zu befinden, OVG. **55** 436. Es kann die Nichtbenutzung zu gewerblichen Zwecken, OVG. **55** 436, **18** 371 (= PrVBl. **11** 273), Umwährung und Halten von Gartenanlagen, OVG. **59** 400, geboten werden. Danach kann z. B. verlangt werden, daß ein Reklameschild, das die gärtnerischen Anlagen wesentlich beeinträchtigt, beseitigt wird, OVG. **59** 400, auch dann, wenn das Schild nur an einer Stelle steht, die als Zugang oder Zufahrt über den Vorgarten von der Straße zum Hause dient, OVG. **49** 371; ferner daß ein Vorgartengitter hergestellt wird, OVG. **50** 422.

II. Die Vorschrift des § 1 ist geändert durch das BerlinZweckVG. v. 19. 7. 11, GS. 123, und das ZweckVG. v. 19. 7. 11, GS. 115.

Nach dem BerlinZweckVG. bleibt (§ 5 Abs. 2 aaO.) die Zuständigkeit der Gemeinden völlig unberührt, solange Verbandsfluchtlinien nicht festgesetzt sind. Der Verband Groß-Berlin kann aber durch seine Verbandsversammlung (§ 19 Nr. 10 aaO.) Fluchtlinien festsetzen, soweit es zur Schaffung und Ausgestaltung von Durchgangs- oder Ausfallstraßen, für die Herstellung von Bahnen, für die Ausgestaltung der Umgebung von Freiflächen, endlich aus wichtigen Gründen des Verkehrs, der Gesundheits- und Wohnungsfürsorge in sonstigen Fällen nötig ist (§ 5 Abs. 1 aaO.). Ob die Voraussetzungen dafür gegeben sind, entscheidet im Streitfall die Beschlußbehörde für Groß-Berlin (§ 39 aaO.), auf Beschwerde der Min. d. ö. A. Die Zustimmung der Ortspolizeibehörde ist ausgeschaltet, § 1 Abs. 2 damit beseitigt.

Wegen der Einzelheiten wird auf Brühl-Gordan-Ledermann, Kommentar zu dem bezeichneten Gesetz verwiesen.

Nach dem ZweckVG. kann ein Zweckverband, dem auch ein Gutsbezirk angehören kann, an Stelle der Gemeinde einen Fluchtlinienplan oder einen Bebauungsplan festsetzen. Im übrigen ist der § 1, insbes. Abs. 2, nicht berührt.

§ 2.

Die Festsetzung von Fluchtlinien (§ 1) kann für einzelne Straßen und Straßenteile oder, nach dem voraussichtlichen Bedürfnisse der näheren Zukunft, durch Aufstellung von Bebauungsplänen für größere Grundflächen erfolgen.

Handelt es sich infolge von umfassenden Zerstörungen durch Brand oder andere Ereignisse um die Wiederbebauung ganzer Ortsteile, so ist die Gemeinde verpflichtet, schleunigst darüber zu beschließen, ob und inwiefern für den betreffenden Ortsteil ein neuer Bebauungsplan aufzustellen ist und eintretendenfalls die unverzügliche Feststellung des neuen Bebauungsplanes zu bewirken.

1. Im Sinne des § 2 kann jeder beliebige Abschnitt, anders als nach §§ 12, 15 als Straßenteil gelten, OVG. **41** 143.

2. Die Festsetzung kann auch für ein einzelnes Grundstück erfolgen, JW. **99** 786[40]. Vgl. § 7; auch nur für eine Straßenseite; auch bei nicht öffentlichen Wegen, wenn sie zum Zweck der Anlegung einer öffentlichen Straße erfolgt, PrVBl. **26** 149.

3. Wird nur für eine Seite einer Straße eine Fluchtlinie festgesetzt, so ist es Tatfrage, wo die Grenze auf der anderen Seite zu ziehen ist, OVG. **40** 363. Ob das zwischen zwei Fluchtlinien liegende Land eine einzige Straße, ist gleichfalls Tatfrage, PrVBl. **33** 372 — zwei nebeneinander laufende, zum Teil durch eine Böschung getrennte Wege mit

entgegengesetztem Gefälle als zwei Straßen —; **23** 505 — je ein Weg neben der zwischen Fluchtlinien laufenden Bahn zwei Straßen —; **16** 85 — Abgrenzung einer Straße nach einem Platz zu.

4. Ein Bebauungsplan ist die Festlegung von Fluchtlinien im voraus nach einem einheitlichen Plan, OVG. **24** 369 (= PrVBl. **14** 597), **21** 264, **5** 381; RG. **6** 295 (= PrVBl. **4** 7).

5. Es kann auch für die ganze Ausdehnung eines Gemeindebezirks ein Bebauungsplan aufgestellt werden; neu projektierte Stadtteile brauchen dabei nicht räumlich mit der alten Stadt zusammenzuhängen. Ob der Bebauungsplan zweckmäßig ist und ob er dem Bedürfnis entspricht, unterliegt der Prüfung im Verfahren nach §§ 7, 8 und ist nicht vom Verwaltungsrichter zu entscheiden, OVG. **36** 412.

6. Grundsätze für die Aufstellung von Bebauungsplänen enthalten die nachstehend auszugsweise mitgeteilten Runderlasse des Min. d. ö. A. v. 24. 4. 06: „Es ist zur Erzielung einer gedeihlichen baulichen Entwickelung der an größere Städte grenzenden Landgemeinden erforderlich, daß die Bebauungspläne nach einheitlichen Gesichtspunkten aufgestellt werden. Es kommt vor allem darauf an, daß mit der Aufstellung der Bebauungspläne vorgegangen wird, noch bevor die bauliche Entwickelung so weit vorgeschritten ist, daß die Festlegung und Herstellung eines zweckentsprechenden Straßennetzes unmöglich gemacht oder erheblich erschwert wird. Auch in dieser Hinsicht müssen die Behörden der Vororte mit den städtischen und untereinander frühzeitig in Verhandlung treten und sich besonders über die Festsetzung von Fluchtlinien für durchgehende Straßenzüge, für Ringstraßen und wegen der Anordnung von Plätzen ins Einvernehmen setzen," und v. 20. 12. 06, MBl. **07** 65: „Für alle in rascher Entwickelung begriffenen Gebiete würde es nicht zweckentsprechend sein, die Festsetzung von Fluchtlinien von Fall zu Fall — d. h. für die einzelnen Grundstücke erst, wenn sie bebaut werden sollen —

zu bewirken. Vielmehr ist auf die Aufstellung allgemeiner Bebauungspläne aus großzügigen Gesichtspunkten Bedacht zu nehmen. Dabei aber ist der Bestimmung des § 2 des Gesetzes vom 2. Juli 1875 gemäß über das voraussichtliche Bedürfnis der näheren Zukunft nicht hinauszugehen. Die mit dieser Vorschrift gezogene Grenze ist flüssig und richtet sich nach den jeweiligen örtlichen Verhältnissen. Regelmäßig sind zunächst nur die Hauptverkehrsstraßen und zwar tunlichst unter der Berücksichtigung der vorhandenen Wege festzulegen. Auf die Möglichkeit einer angemessenen Unterbringung der Verkehrsmittel und Verkehrsgelegenheiten (neben Fahrdamm und Bürgersteigen auch Belassung von Raum zur Anlegung von Promenaden, Straßenbahnen, Reitwegen, Radfahrwegen u. dgl.) ist dabei zu berücksichtigen. Die Unterteilung des Straßennetzes, insbesondere die Festlegung der Nebenstraßen, kann in den Außenbezirken vielfach der Zukunft, je nach den eintretenden Bedürfnissen, überlassen werden. Die Anforderungen an die Beschaffenheit der Straße (Breite, Abmessung der Fahrbahn und des Bürgersteiges, Befestigung des Straßenkörpers, Bepflanzung usw.) haben sich nach den voraussichtlichen Bedürfnissen zu richten, ohne indessen die Rücksicht auf das finanzielle Interesse der Gemeinden und Anlieger außer acht zu lassen. Je nachdem die Bebauung der Straßen mit Geschäftshäusern, Fabriken, Mietgebäuden oder Eigenhäusern erfolgen wird, haben Abstufungen in der Beschaffenheit der Straßen bereits bei der Fluchtlinienfestsetzung einzutreten. Für Wohnstraßen sind nicht allein geringere Breiten, sondern auch einfachere Befestigungen als in Geschäftsstraßen zulässig. Die Maße des § 7 der ministeriellen Vorschriften für die Aufstellung von Fluchtlinien und Bebauungsplänen vom 28. Mai 1876 (MBl. 171) sind nicht als unter allen Umständen maßgebend zu betrachten. Insbesondere kann bei Wohnstraßen unter das Maß von 12 m hinabgegangen werden. Vorgärten werden zumeist nur in Wohnstraßen vorzusehen sein, indessen kann auch in Geschäfts- und Hauptverkehrsstraßen ihre Anlegung zweckmäßig erscheinen, zumal sie bei später wachsendem Verkehr die Verbreiterung der Straßen erleichtern. Die Breite der Vorgärten darf nicht zu groß bemessen sein, anderseits aber auch regelmäßig nicht weniger als 5 m betragen. Für die Freihaltung genügend großer Plätze in hinreichender Anzahl als Schmuckplätze, Spielplätze, Parkanlagen, sowie für später zu errichtende öffentliche Gebäude ist Sorge zu tragen. Wenn auch für die Festsetzung von Fluchtlinien in erster Linie Rücksichten der Zweckmäßigkeit entscheidend sein müssen, so ist doch auch das ästhetische Interesse dabei nicht außer acht zu lassen. Auf die Vermeidung zu großer Eintönigkeit bei der Gestaltung des Straßennetzes und auf die Erzielung einer gewissen Abwechselung im Straßenbilde ist Bedacht zu nehmen. Deshalb wird, wenn nicht das Verkehrsinteresse entgegensteht, bei der Linienführung der Straßen nicht grundsätzlich der gerade Verlauf anzustreben sein."

§ 3.

Bei Festsetzung der Fluchtlinien ist auf Förderung des Verkehrs, der Feuersicherheit und der öffentlichen Gesundheit Bedacht zu nehmen, auch darauf zu halten, daß eine Verunstaltung der Straßen und Plätze nicht eintritt.

Es ist deshalb für die Herstellung einer genügenden Breite der Straßen und einer guten Verbindung der neuen Bauanlagen mit den bereits bestehenden Sorge zu tragen.

1. Vgl. § 2 Anm. 6 S. 37.

2. Ästhetische Bedürfnisse können zwar mitbeachtet werden, dürfen aber nicht ausschließlich bestimmend sein, PrVBl. 27 454 (Provinzialrat Brandenburg).

3. Das G. gegen die Verunstaltung von Ortschaften und landschaftlich hervorragenden Gegenden v. 15. 7. 07 (GS. 260) läßt den Schlußsatz des Abs. 1 unberührt.

§ 4.

Jede Festsetzung von Fluchtlinien (§ 1) muß eine genaue Bezeichnung der davon betroffenen Grundstücke und Grundstücksteile und eine Bestimmung der Höhenlage sowie der beabsichtigten Entwässerung der betreffenden Straßen und Plätze enthalten.

I. 1. Ausführungsvorschriften enthält die Anweisung des Min. f. Hand. v. 28. 5. 76 (vgl. hier S. 182). Vgl. auch § 2 Anm. 6 S. 37. Von der Beachtung der Anweisung hängt die Gültigkeit der Festsetzung nicht ab; sie ist nur instruktionell, Gruch. **42** 1058 = JW. **98** 98[100] = PrVBl. **19** 230. Unschädlich ist daher, daß die vorhandenen Baulichkeiten in den Plan nicht eingetragen sind, daß er keine Längen- und Querprofile enthält, und daß er nicht von einem vereidigten Feldmesser — vgl. die Anweisung aaO. § 2 a. E. — aufgenommen und bescheinigt ist, OVG. **33** 428; daß die Grundbuchnummern und besondere Vermessungsregister fehlen, wenn die Grundstücke durch die Eintragung der Namen der Eigentümer sonst genügend bezeichnet sind, daß die „Bedingungen", in denen die nötigen Angaben über Höhenlage und Entwässerung enthalten sind, nicht besonders unterschrieben sind, PrVBl. **23** 761.

2. Entscheidend ist die Einhaltung der Vorschriften des § 4. Unverbindlich ist daher eine Festsetzung, die keine genaue Bezeichnung der davon betroffenen Grundstücke enthält, Gruch. **42** 1058 = JW. **98** 98[100] = PrVBl. **19** 230. Aber auch die Angabe der Höhenlage und der Entwässerung ist nicht unter allen Umständen nötig; sie ist insbesondere entbehrlich, wenn die Fluchtlinie eine alte Straße trifft, in deren Höhenlage nichts geändert und deren Entwässerung geregelt ist. Der Plan muß aber die Lage der Fluchtlinie klar und deutlich ergeben, PrVBl. **32** 403. Unwirksam ist der Plan insbes. dann, wenn er mit der Örtlichkeit nicht stimmt und nicht erkennbar ist, welche Fluchtlinie wirklich hat festgestellt werden sollen, OVG. **33** 428.

Der Mangel der Erkennbarkeit der Fluchtlinie kann auch nicht durch eine authentische Interpretation der Gemeindebehörden unter Zustimmung der Polizei, die nicht eine neue Festsetzung ist, geheilt werden, OVG. **48** 373. Unwirksam ist der Plan auch, wenn er nur eine Baufluchtlinie, nicht eine Straßenfluchtlinie enthält, OVG. **33** 425. Zulässig ist es aber, unter Aufrechterhaltung bereits festgesetzter Straßenfluchtlinien, also unter wiederholter Festsetzung nachträglich eine von der Straßenfluchtlinie abweichende Baufluchtlinie festzusetzen, OVG. **59** 400.

II. Nach § 6 Abs. 1 des BerlinZweckVG. (vgl. § 1 Anm. II S. 35) müssen die vom Verbande aufgestellten Pläne die durch sie bedingten Abänderungen der bestehenden Pläne angeben.

§ 5.

Die Zustimmung der Ortspolizeibehörde (§ 1) darf nur versagt werden, wenn die von derselben wahrzunehmenden polizeilichen Rücksichten die Versagung fordern.

Will sich der Gemeindevorstand bei der Versagung nicht beruhigen, so beschließt auf sein Ansuchen der Kreisausschuß.

Derselbe beschließt auf Ansuchen der Ortspolizeibehörde über die Bedürfnisfrage, wenn der Gemeindevorstand die von der Ortspolizeibehörde verlangte Festsetzung (§ 1 Alinea 2) ablehnt.

I. 1. Zu Abs. 1 vgl. § 1 besonders Anm. I 7 S. 30ff.

2. Die nach § 5 zuständigen Beschlußbehörden haben nur darüber zu entscheiden, ob die Polizei ihre Zustimmung mit Recht versagt hat (Abs. 2) und ob ein Bedürfnis zur Festsetzung von Fluchtlinien vorliegt (Abs. 3). Mit der Feststellung des Plans sind sie nicht befaßt.

3. An die Stelle des Kreisausschusses tritt in Hohenzollern der Amtsausschuß (§ 5 LVG.), im Stadtkreise Berlin

der Min. d. ö. A., in den übrigen Stadtkreisen und den zu einem Landkreise gehörigen Städten von mehr als 10000 Einwohnern der Bezirksausschuß (§ 146 Abs. 2 ZustG.). Wegen der zu dem Landespolizeibezirk Berlin gehörigen Städte und Landgemeinden Charlottenburg, Schöneberg, Neukölln, Lichtenberg, Boxhagen-Rummelsburg und Stralau vgl. außerdem das G. betr. die Polizeiverwaltung in den drei zuerst genannten Städten v. 13. 6. 00 (GS. 247), das G. über die Erweiterung des Landespolizeibezirks Berlin v. 7. 3. 08 (GS. 21) und v. 23. 6. 09 (GS. 533) und die Verfügungen des Min. d. Inn. v. 26. 6. 09 (GS. 534) und 1. 7. 09 (GS. 620).

II. Für die Festsetzung von Fluchtlinienplänen durch den Verband Groß-Berlin hat § 5 nach § 6 BerlinZweckVG. seine Bedeutung verloren, weil für diese Feststellung die Mitwirkung der Ortspolizeibehörde überhaupt beseitigt ist (vgl. § 1 Anm. II S. 35).

§ 6.

Betrifft der Plan der beabsichtigten Festsetzungen (§ 4) eine Festung, oder fallen in denselben öffentliche Flüsse, Chausseen, Eisenbahnen oder Bahnhöfe, so hat die Ortspolizeibehörde dafür zu sorgen, daß den beteiligten Behörden rechtzeitig zur Wahrung ihrer Interessen Gelegenheit gegeben wird.

I. 1. Die Vorschrift ist an sich nur instruktionell; ihre Nichtbeachtung hat die Nichtigkeit der endgültigen Festsetzung nicht zur Folge, PrVBl. **16** 109. In der Ministerialinstanz ist dies zunächst nicht anerkannt. Da die Ortspolizei und die Beschlußbehörden über Staatshoheitsrechte nicht zu entscheiden haben, soll die Ortspolizei sich mit den beteiligten Behörden ins Einvernehmen setzen und dementsprechend handeln (Erl. d. Min. d. ö. A. v. 15. 12. 82, MBl. 13). Nach dem Erl. v. 23. 12. 96, MBl. 237, ist ein Plan zur Offenlegung erst reif, wenn dem § 6 genügt ist, wenn insbesondere die aus §§ 4, 14 des G. über die Eisenbahnunternehmungen v. 3. 11. 38 geltend zu machenden Bedürfnisse des Eisenbahnbaues und -betriebes berücksichtigt sind. Die Ortspolizei soll erst dann zu einem Plan Stellung nehmen und dem Gemeindevorsteher eine zustimmende oder versagende Erklärung nach § 5 abgeben, wenn der Plan nach § 6 nicht beanstandet wird. Die beteiligten Behörden sollen von der Ortspolizeibehörde benachrichtigt werden, auch wenn zweifelhaft ist, ob die Voraussetzungen des § 6 vorliegen, und zwar wenn Eisenbahnen oder Bahnhöfe in den Plan fallen, die Direktionen bzw. bei Privateisenbahnen die Eisenbahnkommissare. In dem Erl. v. 29. 6. 02, MBl. 139, ist der Auffassung des OVG. mehr nachgegeben. Es wird dargelegt, daß die Offenlegung und förmliche Feststellung unzweckmäßig wäre, wenn der Plan der Ausübung von Staatshoheitsrechten widerspreche, weil er dann unausführbar sei. Seien Gegensätze in den nach § 6 zu führenden Verhandlungen nicht ausgeglichen und bestehe der Gemeindevorstand auf Abgabe der polizeilichen Erklärung über den Fluchtlinienplan, so habe die Ortspolizeibehörde eine ausdrücklich auf die von ihr wahrzunehmenden polizeilichen Rücksichten beschränkte Äußerung abzugeben, gleichzeitig aber den ungelösten Widerspruch mit Staatshoheitsrechten zu betonen, außerdem ihre Äußerung den beteiligten Staatsbehörden sofort mitzuteilen. Die von diesen etwa angerufenen Kommunalaufsichtsbehörden sollen an die zuständigen Ressortminister berichten. Im übrigen wird den Gemeindevorständen empfohlen, daß sie sich tunlichst zeitig mit den beteiligten Behörden in Verbindung setzen, um von vornherein eine Übereinstimmung herbeizuführen oder gegebenenfalls die Ausscheidung des kollidierenden Planteils zur besonderen Feststellung zu veranlassen.

2. Auch soweit nach § 6 eine Mitteilung an Staatsbehörden nicht erforderlich ist, soll die Ortspolizeibehörde, wenn fiskalische Grundstücke von der Fluchtlinienfestsetzung berührt werden, die Behörde, die das Grundstück verwaltet, rechtzeitig besonders benachrichtigen (ZirkVerf. d. Min. d. Inn. u. d. ö. A. v. 17. 7. 91, MBl. 156).

II. Bei der Fluchtlinienfestsetzung durch den Verband Groß-Berlin ist infolge der Ausschaltung der Ortspolizei der § 6 unanwendbar. Selbstverständlich ist in der Zentralinstanz das Nötige zu veranlassen (vgl. § 1 Anm. II S. 35).

§ 7.

Nach erfolgter Zustimmung der Ortspolizeibehörde, beziehungsweise des Kreisausschusses (§ 5), hat der Gemeindevorstand den Plan zu jedermanns Einsicht offen zu legen. Wie letzteres geschehen soll, wird in der ortsüblichen Art mit dem Bemerken bekannt gemacht, daß Einwendungen gegen den Plan innerhalb einer bestimmt zu bezeichnenden präklusivischen Frist von mindestens vier Wochen bei dem Gemeindevorstande anzubringen sind.

Handelt es sich um Festsetzungen, welche nur einzelne Grundstücke betreffen, so genügt statt der Offenlegung und Bekanntmachung eine Mitteilung an die beteiligten Grundeigentümer.

I. 1. Die Offenlegung hat nur den Zweck, die Erörterung aller zulässigen Einsprüche und Einwendungen zu ermöglichen, JW. **11** 338[46]. Die Notwendigkeit und Zweckmäßigkeit des Fluchtlinienplans kann nur in dem nach §§ 7, 8 stattfindenden Verfahren angegriffen werden, unterliegt aber nicht der Nachprüfung im Verwaltungsstreitverfahren, OVG. **57** 479; PrVBl. **33** 78, **32** 403, 418, **26** 149, **15** 371 (= OVG. **24** 25). Wegen der Prüfung der Gesetzmäßigkeit vgl. § 1 Anm. I 9, S. 31, wegen des Rechtswegs § 11 Anm. II 2 S. 60. Ist die gehörige Auslegung nicht erfolgt, so hat dies die Nichtigkeit des Plans zur Folge, PrVBl. **7** 69. Die öffentliche Auslegung genügt auch dann, wenn von dem Plan nur ein Eigentümer betroffen wird. Ein Anspruch auf besondere Mitteilung besteht nicht, PrVBl. **32** 418.

2. Die nach Abs. 2 zugelassene Mitteilung ersetzt die Offen-

legung und Bekanntmachung nach Abs. 1 nicht, wenn sie erfolgt, bevor die Zustimmung der Polizei und der Stadtverordneten zu dem Plan vorliegt, RG. **33** 233 = JW. **94** 329[62] = PrVBl. **15** 433. Ob es bei der nach Abs. 2 zugelassenen Mitteilung der Bestimmung einer Ausschlußfrist im Sinne des Abs. 1 bedarf, ist fraglich; die Bestimmung ist aber jedenfalls unnötig, wenn der Eigentümer, dem auf seine Anfrage die Festsetzung der Fluchtlinie mitgeteilt war, durch entsprechenden Vorschlag (im Baugesuch) sein Einverständnis mit der Fluchtlinie erklärt hatte, JW. **99** 786[10] (= PrVBl. **21** 209) (?).

II. Nach § 6 des BerlinZweckVG. (vgl. § 1 Anm. II S. 35) sind die Pläne des Verbandes den beteiligten Gemeinden und Kreisen zur Äußerung und dem Min. d. ö. A. zur Zustimmung vorzulegen. Erst nach erfolgter Zustimmung werden die Planteile je in den betroffenen Gemeinden (Gutsbezirken) zur Einsicht offen gelegt. Wie dies geschieht, veröffentlicht der Verband in den für seine Bekanntmachungen bestimmten Blättern und die betroffenen Gemeinden (Gutsbezirke) in der dort gültigen Form mit dem Bemerken, daß Einwendungen gegen den Plan binnen vier Wochen (Ausschlußfrist) beim Verbandsausschuß anzubringen sind. Eine Mitteilung an die beteiligten Grundeigentümer und Gemeinden genügt, wenn nur einzelne Grundstücke betroffen sind.

§ 8.

Über die erhobenen Einwendungen (§ 7) hat, soweit dieselben nicht durch Verhandlung zwischen dem Gemeindevorstande und den Beschwerdeführern zur Erledigung gekommen, der Kreisausschuß zu beschließen. Sind Einwendungen nicht erhoben oder ist über dieselben endgültig (§ 16) beschlossen, so hat der Gemeindevorstand den Plan förmlich festzustellen, zu jedermanns Einsicht offen zu legen und, wie dies geschehen soll, ortsüblich bekannt zu machen.

I. 1. An die Stelle des Kreisausschusses treten die Anm. I 3 zu § 5 S. 41 genannten Behörden.

2. Wird die Fluchtlinienfestsetzung auf erhobene Einwendung für unverbindlich erklärt, so ist sie rechtlich nicht mehr vorhanden; ihre Offenlegung hat keine Wirkung mehr, auch wenn die spätere Festsetzung mit ihr übereinstimmt. Das Fluchtlinienfestsetzungsverfahren ist zwar nicht ganz beseitigt, aber in das Stadium zurückversetzt, in dem es sich vor der ersten Offenlegung befand; es muß von da an alle Stadien von neuem durchlaufen, PrVBl. **8** 230; Gruch. **42** 1058 = JW. **98** 98[100] = PrVBl. **19** 230.

3. Der Plan gilt der Regel nach als einheitliches Ganze. Umfaßt er mehrere voneinander unabhängige Teile, so kann der Gemeindevorstand den unangefochtenen Teil herausgreifen und für sich allein feststellen, jedoch nur, wenn der noch nicht erledigte Teil auf den festzustellenden eine Rückwirkung nicht haben kann. Daher können z. B. nicht auf derselben Fläche Straßenanlagen festgestellt, Entwässerungsanlagen aber in der Schwebe gelassen werden, OVG. **8** 319 (= PrVBl. **3** 134). Die Feststellung und Offenlegung ist unwirksam, wenn Einsprüche erhoben und nicht endgültig über sie entschieden ist, OVG. **29** 371. Das Gleiche gilt, wenn nicht erkennbar ist, welche Fluchtlinie hat festgestellt werden sollen, OVG. **29** 371, 8 319 (= PrVBl. **3** 134).

4. Unter dem festgestellten Bebauungsplan des § 13 Abs. 2 des Ansiedelungsgesetzes v. 10. 8. 04, GS. 227, ist nur der förmlich festgestellte Plan zu verstehen, OVG. **48** 392.

II. Über Einwendungen gegen einen vom Verband Groß-Berlin ausgehenden Plan entscheidet nach § 6 des BerlinZweckVG., soweit sie nicht anderweit erledigt werden, die Beschlußbehörde für Groß-Berlin (vgl. § 39 aaO.); gegen ihren Beschluß ist die Beschwerde mit vier Wochen Frist an den Min. d. ö. A. gegeben. Sind Einwendungen nicht erhoben oder ist über sie entschieden, so setzt der Verbandsausschuß (§ 26 aaO.) die

Pläne förmlich fest, legt sie offen und macht bekannt, wie dies geschieht. Vgl. § 1 Anm. II S. 35.

§ 9.

Sind bei Festsetzung von Fluchtlinien mehrere Ortschaften beteiligt, so hat eine Verhandlung darüber zwischen den betreffenden Gemeindevorständen stattzufinden.

Über die Punkte, hinsichtlich deren eine Einigung nicht zu erzielen ist, beschließt der Kreisausschuß.

An die Stelle des Kreisausschusses treten die in Anm. I 3 zu § 5 S. 41 genannten Behörden.

Nach §§ 1, 3 des ZweckVG. können jetzt Gemeinden und auch Gutsbezirke einen Zweckverband zur Feststellung und Durchführung von Fluchtlinien bilden. Vgl. § 1 Anm. II S. 35.

§ 10.

Jede, sowohl vor als nach Erlaß dieses Gesetzes getroffene Festsetzung von Fluchtlinien kann nur nach Maßgabe der vorstehenden Bestimmungen aufgehoben oder abgeändert werden.

Zur Festsetzung neuer oder Abänderung schon bestehender Bebauungspläne in den Städten Berlin, Potsdam, Charlottenburg und deren nächster Umgebung bedarf es Königlicher Genehmigung.

I. 1. Nur die nach dem Ges. den Gemeinden zustehenden Befugnisse und das Verfahren sind ausgedehnt auf die Aufhebung oder Abänderung älterer Fluchtlinien; im übrigen ist der ältere Rechtszustand unverändert geblieben; aus alten Fluchtlinienfestsetzungen haben die Gemeinden nicht die Rechte und Pflichten, wie aus den nach dem Ges. erfolgten Festsetzungen, OVG. **30** 67 (= PrVBl. **17** 513).

Für eine nur tatsächlich durch Anbau entstandene Straße, also einen Weg, der sich als Straße historisch entwickelt hat, gilt § 10 nicht, es sei denn, daß sich aus der Art der seither tatsächlich vollzogenen Bebauung die Straßenfluchtlinie oder eine andere Linie als Baufluchtlinie erkennbar gebildet hat, OVG. **26** 346 (= PrVBl. **16** 63).

Alte Fluchtlinien können unverändert neu festgesetzt werden, um das Ges. anwendbar zu machen, OVG. **25** 387.

2. Die Anlieger haben kein wohlerworbenes Recht auf Beibehaltung der einmal festgestellten Linie, weder nach öffentlichem, noch nach bürgerlichem Recht, PrVBl. **33** 78; JW. **05** 151[37]. Tritt aber eine nach § 10 von der Gemeinde betriebene Änderung oder Aufhebung der Fluchtlinie bei bereits schwebendem Enteignungsverfahren ein, so kann die Gemeinde zwar die gestellten Enteignungsanträge zurücknehmen, haftet dann aber nach § 42 EG., Gruch. **53** 1178 (= PrVBl. **30** 817). Im übrigen vgl. über Anliegerrecht an städtischen Straßen RG. **78** 340, **66** 287 (= JW. **06** 20[19]) — FranzR. —, **70** 77 (= JW. **09** 63[36]), **66** 340 (= JW. 721[36]); JW. **09** 87[26]; Gruch. **52** 701; JW. **12** 868[27], **11** 956[32] — ALR. —; nicht an Kommunalwegen nach ALR., JW. **06** 163[7]; überhaupt nicht nach GemR., RG. **51** 251 (= SeuffA. **58** 266); JW. **03** Beil. 89. Über das Recht des Anliegers am Bürgersteig vgl. RG. **39** C 33.

3. Zur Abänderung bestehender Fluchtlinien genügt ein Magistratsbeschluß nicht, OVG. **24** 303.

4. Ist eine Fluchtlinienfestsetzung erfolgt, so muß das Verfahren zu ihrer Aufhebung dem Wegeeinziehungsverfahren nach § 57 vorangehen, PrVBl. **29** 186. Vgl. § 1 Anm. I 6 S. 29.

5. Das Verfügungsrecht der zur Festsetzung von Fluchtlinien berufenen Behörden ist beschränkt, soweit die Ausübung des dem Min. d. ö. A. durch § 4 des Eisenbahngeſ. v. 3. 11. 38 übertragenen Rechts die Aufhebung oder Änderung von

Straßen oder Fluchtlinien bedingt. Insoweit ist § 10 unanwendbar. Vgl. Erl. d. Min. f. Handel v. 8. 5. 76.

II. Nach dem BerlinZweckVG. hat § 10 Abs. 1 zum Teil seine Bedeutung verloren. Nach § 5 aaO. können Verbandsfluchtlinien von den einzelnen Gemeinden überhaupt nicht geändert werden. Anderseits hat die Festsetzung von Fluchtlinien nach § 6 Abs. 1 Satz 3 aaO. die Abänderung einer schon feststehenden Fluchtlinie ohne weiteres zur Folge. Vgl. § 1 Anm. II S. 35.

§ 11.

Mit dem Tage, an welchem die im § 8 vorgeschriebene Offenlegung beginnt, tritt die Beschränkung des Grundeigentümers, daß Neubauten, Um- und Ausbauten über die Fluchtlinie hinaus versagt werden können, endgültig ein. Gleichzeitig erhält die Gemeinde das Recht, die durch die festgesetzten Straßenfluchtlinien für Straßen und Plätze bestimmte Grundfläche dem Eigentümer zu entziehen.

I. 1. Das Verbot des Satz 1 soll die Werterhöhung verhindern, die durch solche bauliche Veränderungen eintritt, die eine Änderung der Zweckbestimmung des Gebäudes oder der von der Fluchtlinie geschnittenen Räume in sich schließen, OVG. **32** 367; es bezweckt, wie § 12, den Schutz kommunaler Interessen, § 11 die Verhütung größerer Ausgaben für Straßenbauten wegen Bauens vor der Fluchtlinie, § 12 den Schutz vor der Nötigung, eine Straße früher als gewollt oder unter Anpassung an vorhandene Bauten in bestimmter Gestalt auszubauen, OVG. **58** 423; PrVBl. **26** 60. Die Anwendung des Satz 1 setzt eine Festsetzung von Fluchtlinien nach dem Ges. voraus, PrVBl. **26** 943, **4** 182; OVG. **8** 303. Das Bestehen der Fluchtlinie muß natürlich bewiesen werden, OVG. **55** 241. Unter Fluchtlinie ist hier die Baufluchtlinie verstanden, OVG. **54** 429. Vgl. auch § 1 Anm. I 5 S. 27.

Die Wirkungen der Festsetzung, zum Unterschiede von der Anlegung, sind damit bestimmt. Weiter gehen sie nicht. Das in die Fluchtlinie fallende Land ist nicht schon vor der Anlegung oder Verlängerung rechtlich Straße. Ein unmittelbar an der Fluchtlinie gelegener Abort kann daher nicht deshalb verboten werden, weil er nach der Freilegung an der Straße selbst liegen würde, PrVBl. **16** 185. Der Eigentümer ist durch die bloße Festsetzung nicht gehindert, sein Grundstück, soweit es in die Straße fällt, zu vertiefen, selbst unter das Niveau der projektierten Straße, PrVBl **23** 728. Auf die Beschränkung des Satz 1 kann sich der Eigentümer berufen, wenn er zu den Kosten einer Veranstaltung (Anschluß an die Hauswässerkanalisation) herangezogen werden soll, weil es an den besonderen wirtschaftlichen Vorteilen (§ 9 KommAbgG.) für das der Beschränkung unterworfene Land fehlt, OVG. **53** 99.

2. a) Zur Errichtung von Bauwerken wird durchweg die polizeiliche Erlaubnis gefordert.

Die Bauerlaubnis ist nur der Ausspruch, daß dem Bauvorhaben Hindernisse des öffentlichen Rechts nicht entgegenstehen, OVG. **55** 436, **24** 362 (= PrVBl. **14** 405), JW. **92** 489[34]; RG. **34** 242 (= JW. **94** 561[49] = PrVBl. **17** 29). Die Polizei ist zur Erteilung der Erlaubnis auch da berufen, wo für die Erteilung der Genehmigung das Gesetz eine Rolle spielt. Nur die Baupolizei, nicht die Gemeinde kann die Bauerlaubnis auf Grund des § 11 versagen, OVG. **53** 403, **8** 281. Ist die Ortspolizeiverwaltung verschiedenen Behörden übertragen, so steht die Wahrnehmung der in den §§ 11, 12 fraglichen polizeilichen Interessen (Handhabung der Bauverbote) der Behörde zu, die die Baupolizei zu verwalten hat, in Schöneberg und Bochum also nicht dem Polizeipräsidenten bzw. dem Polizeidirektor, sondern der städtischen Polizeiverwaltung, OVG. **58** 405, 423.

b) Die Polizei ist nur befugt, nicht verpflichtet, Neu-, Um- und Ausbauten über die Fluchtlinie hinaus zu versagen, OVG. **53** 403, **50** 417, **31** 349, **25** 379; PrVBl. **26** 149, so feste Praxis nach Aufgabe der in OVG. **8** 299, **7** 327; PrVBl. **7** 196, **5** 168 vertretenen Meinung, wonach die Polizei nicht nur befugt, sondern auch verpflichtet sein sollte, die Genehmigung in jedem Falle zu versagen. Die Befugnis, von der Versagung aus § 11 abzusehen, ist auch nicht davon abhängig, daß nicht ausnahmsweise und in besonders gearteten Fällen die Versagung eine besondere Härte bedeuten würde, OVG. **57** 488.

c) Die Polizei kann die Bauerlaubnis von der Erfüllung von Bedingungen abhängig machen, die lediglich im kommunalen Interesse liegen, z. B. von der Zusicherung von Vorteilen an die Gemeinde. Über die Angemessenheit dieser Bedingungen kann bei einer aus § 127 LVG. erhobenen Klage nicht der Verwaltungsrichter entscheiden. Abhülfe kann nur im Aufsichtswege erfolgen, PrVBl. **26** 60. Bedingungen kann die Polizei natürlich nur stellen, wenn sie auch versagen könnte, daher nicht für ein Bauvorhaben innerhalb der Fluchtlinie. Ist in der baupolizeilichen Verfügung eine Inanspruchnahme für den öffentlichen Verkehr zu sehen, so kann darin eine wegepolizeiliche Anordnung gefunden werden, OVG. **54** 436. Die Bedingung unentgeltlicher Abtretung des Vorlandes ist zulässig, OVG. **57** 474. Die Eintragung einer Baubeschränkung zugunsten einer preußischen Polizeibehörde ist unzulässig; es kann aber sein, daß die Eintragung der Polizei nur eine falsche Bezeichnung des Fiskus oder der Gemeinde ist; dann ist sie zulässig, RG. **39** A 210.

d) Die Polizei ist in der Handhabung des § 11 unabhängig von dem Gemeindevorsteher und an dessen Zustimmung nicht gebunden, PrVBl. **7** 356. Sie kann auch gegen den Willen der Gemeinde den Bau erlauben und greift dadurch nicht in die Rechte der Gemeinde ein, OVG. **53** 403. Auch ist die von ihr erteilte Erlaubnis nicht deshalb ungültig, weil sie die Gemeinde vorher nicht gehört hat, PrVBl. **32** 92; OVG. **53** 406. Ein Abkommen zwischen der Gemeinde und der Polizei ist kein die Befugnis der Polizei einschränkendes Statut, dient nur als Richtschnur des polizeilichen Ermessens gemäß des Erlasses v. 15. 2. 87, OVG. **55** 436. Der Erlaß v. 15. 2. 87 (MBl. 70) weist die Polizei an, ein Baugesuch über die Fluchtlinie hinaus erst zu prüfen, wenn die Einwilligung der Gemeinde beigebracht ist. Wird diese Einwilligung nicht erteilt oder läuft die zu ihrer Beibringung gestellte Frist unbenutzt ab, so soll die Polizei die Erlaubnis nach § 11 versagen, andernfalls das Baugesuch nach polizeilichen Rücksichten prüfen. Meint die Polizei, daß die Einwilligung nur deshalb versagt sei, um der Gemeinde unbillige Vorteile zu verschaffen, so hat sie der vorgesetzten Behörde Anzeige zu machen, die sich ev. mit der Kommunalaufsichtsbehörde in Verbindung zu setzen hat.

e) Die Versagung ist schon zulässig vor der förmlichen Feststellung aus § 8, jedenfalls dann, wenn nur noch über Einwendungen gegen den nach § 7 offengelegten Plan zu entscheiden ist, PrVBl. **26** 60, **5** 318 (= OVG. **8** 319), **3** 134, 277; Gruch. **42** 1058 (= JW. **98** 98[100] = PrVBl. **19** 230); aber auch schon dann, wenn sich der Gemeindevorstand und die Gemeindevertretung über die Fluchtlinienfestsetzung einig sind, PrVBl. **33** 78, **26** 149, **14** 599 (= OVG. **24** 379), **11** 20, **8** 206 (= OVG. **14** 384); OVG. **40** 386, **33** 425, **31** 349; ohne daß eine Offenlegung aus § 7 stattgefunden haben muß, OVG. **57** 474. Die Einigung des Gemeindevorstandes und der Gemeindevertretung muß aber einen Teil des Festsetzungsverfahrens bilden; die bloße Deklaration eines nur scheinbar bestehenden, in Wahrheit wegen materieller Mängel unwirksamen Planes ist ohne Bedeutung. Dagegen genügt die Übereinstimmung von Gemeindevorstand und Polizei nicht. Ist die Einwilligung der Gemeindevertretung nachgesucht, aber noch nicht erteilt, so darf die Versagung aus § 11 nicht erfolgen, OVG. **14** 384 (= PrVBl. **8** 206). Kommt es nicht zur endgültigen Festsetzung der Fluchtlinie, so liegt in der polizeilichen Versagung der Bauerlaubnis während des schwebenden Festsetzungsverfahrens ein Eingriff in das Eigentum, für den die Gemeinde nach §§ 74, 75 Einl. ALR. entschädigungspflichtig ist, Gruch. **42** 1058 (= JW. **98** 98[100] = PrVBl. **19** 230). Der Entschädigungsanspruch ist aber ausgeschlossen, wenn der Bau auf Grund des § 12 hätte versagt werden können, PrVBl. **31** 262.

f) Das öffentliche Baurecht kann durch ein Abkommen oder einseitige Erklärungen der Beteiligten weder nach altem Recht noch nach dem Ges. geändert werden, OVG. **24** 369 (= PrVBl. **14** 597).

Neues Baurecht gilt der Regel nach nicht für Bauten, die mit polizeilicher Erlaubnis bereits in Angriff genommen sind. Die endgültige Planfeststellung schafft neues Baurecht. Ein mit polizeilicher Erlaubnis begonnener Bau kann daher nicht nachträglich aus dem Grunde verboten werden, weil nunmehr die Wirkung des § 11 Satz 1 Platz greife, OVG. **44** 395, **40** 380, **31** 349, **29** 371, **24** 362 (= PrVBl. **14** 405). A. A. RG. **34** 242 (= JW. **94** 561[49] = PrVBl. **17** 29) (?), das aber wieder für das Gebiet des § 12 die Rückwirkung des Bauverbots für einen mit polizeilicher Erlaubnis begonnenen Bau verneint, RG. **46** 282 (= JW. **00** 575[26]). Vgl. § 12 Anm. II 2 S. 64. Entsprechend ist, wenn die Fluchtlinie festgesetzt wird, während der Streit über die Versagung noch schwebt, die dadurch geschaffene Rechtslage zu berücksichtigen und über die Bauerlaubnis nach dem z. Zt. der Entscheidung geltenden Recht zu entscheiden, OVG. **44** 395, **40** 380, **33** 425, **5** 376; PrVBl. **24** 363, **10** 29, also z. B. die Versagung der Bauerlaubnis zu bestätigen, wenn der Bebauungsplan, während die Klage gegen die Versagung der Bauerlaubnis schwebt, festgestellt wird. Ist aber ein Bau ohne polizeiliche Erlaubnis vor der Fluchtlinienfestsetzung fertig errichtet, so kann die Wiederherstellung des früheren Zustandes nicht deshalb gefordert werden, weil es an der Bauerlaubnis fehlte und nunmehr § 11 Satz 1 wirksam geworden ist. Es ist vielmehr der z. Zt. des Wirksamwerdens der Baubeschränkung bestehende tatsächliche Zustand maßgebend und auf den bereits fertigen Bau findet § 11 nicht mehr Anwendung, OVG. **40** 380; PrVBl. **29** 393. Ist der Bau aber noch unvollendet z. Zt. des Wirksamwerdens des § 11 Satz 1, dann kann die Wiederherstellung des früheren Zustandes verlangt werden, OVG. **44** 395, **31** 349. Die maßgebende Zeit ist aber auch hier die Einigung von Gemeindevorstand und Gemeindevertretung über die Fluchtlinie, ohne daß eine Offenlegung aus § 7 stattgefunden haben müßte. Ist ein Bau nach dieser Einigung ohne polizeiliche Erlaubnis begonnen, dann braucht er nicht geduldet zu werden, OVG. **57** 474, **40** 386. Die Beseitigung des polizeilich unzulässigen Bauwerks kann nur verlangt werden, wenn anders der gesetzmäßige Zustand nicht zu erreichen ist. Ist ein solcher durch eine bloße Änderung des Bauwerks zu erreichen, so kann nur diese verlangt werden, vorausgesetzt, daß das bauliche Ergebnis der Rückgängigmachung im Vergleich zum ursprünglichen Zustand nur Reparatur, nicht etwa ein versagbarer Neubau, Umbau oder Ausbau ist, OVG. **54** 429.

g) Die Polizei kann eine vorbehaltlos erteilte Bauerlaubnis zurücknehmen, wenn sie im Widerspruch steht mit zwingendem, das Ermessen der Polizei ausschließenden Recht; ferner wenn sich die Polizei über das Vorliegen eines Baus über die Fluchtlinie und die Anwendbarkeit des § 11 irrte, z. B. annahm, nur vor der Fluchtlinie vorgenommene Bauarbeiten fielen unter § 11, oder wenn die allgemeinen der Polizei als Richtschnur dienenden Vorschriften des Polizeirechts (§ 10 II 17 ALR.) durch offenbar sach- und pflichtwidrige Handhabung so verletzt sind, daß das öffentliche Interesse unabweisbar Abhilfe erheischt — OVG. **40** 377; PrVBl. **32** 92 —; die Zurücknahme ist aber nicht deshalb zulässig, weil die Polizei sich nachträglich überzeugt, daß sie sich in dem ihr zustehenden freien Ermessen geirrt habe und die Verhältnisse anders zu beurteilen seien; es muß vielmehr ein erkennbares polizeiliches Motiv zugrunde liegen, das einer in den in Betracht kommenden Beziehungen veränderten Sach- und Rechtslage entspricht — OVG. **55** 436 —; alles dies gilt auch dann, wenn die Erlaubnis ausdrücklich und, weil sie versagt werden konnte, nur unter Widerruf erteilt ist, OVG. **57** 488. An eine nach pflichtmäßigem Ermessen erteilte Erlaubnis bleibt die Polizei gebunden, auch wenn die Gemeinde nicht gehört ist, PrVBl. **32** 92; OVG. **53** 406. Irrte sich die Polizei über den Inhalt des zwischen ihr und der Gemeinde getroffenen Abkommens, das ihr als Richtschnur nach dem Erlaß v. 15. 2. 87 dienen sollte, so kann sie widerrufen, wie sie dies auch dann kann, wenn sie sich nachträglich überzeugt, daß sie sich hinsichtlich des anzuwendenden materiellen Rechts geirrt hat, OVG. **55** 436.

h) Gegen die versagende Verfügung ist die Klage aus §§ 127, 128 LVG. gegeben; auch wenn die Versagung auf den Widerspruch der Gemeinde gestützt ist, kann nur diese Klage erhoben, nicht etwa gegen die Gemeinde auf Zurücknahme des Widerspruchs geklagt werden, PrVBl. **29** 914. Die Klage kann aber nur auf gänzliche oder teilweise Aufhebung der Verfügung gerichtet, es kann nie die versagte Erlaubnis vom Verwaltungsrichter erteilt werden, PrVBl. **28** 85; OVG. **40** 371. Natürlich ist die Klage aussichtslos, wenn die Voraussetzungen des § 11 vorliegen. Daran ändert nichts, daß die Polizei in Ausübung ihres Ermessens gehandelt hat; ebenso unangreifbar sind die Beweggründe der Polizei. Sie darf nur die Bauerlaubnis nicht versagen, um der Gemeinde einen widerrechtlichen Vorteil zuzuwenden. Um einen solchen Einwand zu begründen, genügt nicht, daß die Polizei in anderen Fällen die Erlaubnis erteilt hat, OVG. **50** 417. Die Versagung ist begründet und aufrecht zu erhalten, wenn sie im öffentlichen Baurecht ihre Stütze findet; auf die im versagenden Bescheid geltend gemachten Gründe kommt es nicht an, OVG. **58** 423; dagegen kann eine die Bauerlaubnis versagende Verfügung gegenüber der Klage aus § 127 LVG. nicht neu darauf gestützt werden, daß der einzufriedigende Platz Teil eines öffentlichen Weges sei, OVG. **58** 405. Die einer Bauerlaubnis beigefügten Bedingungen sind einer polizeilichen Verfügung über die Versagung der Bauerlaubnis gleichzuachten und so anzufechten. Eine Klage auf Aufhebung einzelner Gründe der versagenden Verfügung gibt es nicht, OVG. **40** 363. Im Verwaltungsstreitverfahren kann bei der Klage aus § 127 LVG. nicht geltend gemacht werden, die Gemeinde verzögere absichtlich die Feststellung oder beabsichtige gar nicht den Ausbau der Straße, OVG. **33** 425. Über die Zulässigkeit der Beschwerde und Klage, nachdem die Polizei selbst ihre versagende Verfügung aufgehoben hat, mit Rücksicht auf § 6 des Ges. v. 11. 5. 42 über die Zulässigkeit des Rechtswegs in Beziehung auf polizeil. Verf. vgl. OVG. **57** 480.

i) Abgesehen von der eintretenden Baubeschränkung geht die im Eigentum liegende Befugnis, von Besitz und Nutzung jeden anderen auszuschließen, durch den § 11 nicht verloren, OVG. **10** 298 (= PrVBl. **4** 321). Versagt werden können daher nur die auf Bebauung des Grundstücks abzielenden Bauwerke, nicht auch die nach ihrer Eigenart technisch sich als Bauwerke darstellenden Einfriedigungen zur Sicherung des Nutzungsrechts am Grund und Boden, OVG. **48** 369. So jetzt feste Praxis. Vgl. OVG. **58** 405, 408, **30** 281 (= PrVBl. **18** 31), **26** 349 (= PrVBl. **16** 149), **25** 379 (= PrVBl. **15** 77); PrVBl. **15** 432 im Gegensatz zu der aufgegebenen Auffassung in PrVBl. **13** 566 (= OVG. **22** 372), **12** 554 — Verkleidung eines auf einer Mauer stehenden Gitters mit Wellblechtafeln —; **8** 230, **6** 77, **2** 334; OVG. **7** 321, wonach auch Einfriedigungen u. dgl. versagt werden konnten. Durch § 11 ist die Polizei übrigens nicht gehindert, die Anlegung von die Fluchtlinie überschreitenden Kellerhälsen, Erkern, Wetterdächern, Schildern u. dgl. gemäß §§ 78—82 I 8 ALR. zu gestatten, PrVBl. **13** 246, 566 (= OVG. **22** 372).

Die Beschränkung ergreift den Luftraum über und unter der Oberfläche, PrVBl. **13** 259, 566 (= OVG. **22** 372); **11** 586, **8** 136, **6** 6.

(Neu-)Bau ist auch ein fundamentierter Pavillon, PrVBl. **32** 403; auch Bauten, die nur aus Glas und Eisen bestehen (Aquarium, Gewächshaus), PrVBl. **26** 149; dagegen nicht ein auf einem Grundstück aufgestellter und als solcher benutzter Wohnwagen, OVG. **54** 229.

Um- und Ausbau sind keine Gegensätze. Ausbau ist die Herstellung der inneren Einrichtung eines im Rohbau fertigen Baus für seine besonderen Zwecke, OVG. **29** 372 (= PrVBl. **18** 43), **8** 294, aber auch die Gestaltung von Bauresten durch Ergänzung zu einem vollendeten Bau, OVG. **41** 368; PrVBl. **26** 85. Der Gegensatz ist Reparatur, d. h. Ersatz oder Wiederherstellung abgängig gewordener Teile, PrVBl. **23** 396, **19** 92; OVG. **8** 294. Umbau ist angenommen, wenn das Wesen (die Substanz) des Bauwerks erheblich geändert und der Wert gesteigert wird, OVG. **55** 44, **40** 371, **38** 350, **8** 300, 309. Er ist definiert als ein eingreifender, das Gebäude teilweise umgestaltender und so eine wesentliche Substanzveränderung bedingender Bau, OVG. **54** 429, **50** 417, **38** 350, **8** 294; PrVBl. **28** 85, 969, **27** 432. Auf die Substanzveränderung ist besonderes Gewicht zu legen, wenn die Zweckbestimmung des Gebäudes nicht geändert wird, PrVBl. **18** 43 (= OVG. **29** 372), **15** 383 — Bau aus Schönheitsrücksichten. — Darin, daß die Substanzveränderung einigermaßen eingreifend und umfangreich sein muß, liegt der Gegensatz zur Reparatur. Welches Motiv der Eigentümer bei dem Bau hat, ist belanglos, insbesondere ob er nur reparieren und ob er freiwillig oder infolge eines Brandschadens wieder aufbauen will, PrVBl. **28** 85, **26** 60, **23** 396, **19** 92. Die Schwächung der Standfestigkeit des Gebäudes schließt den Begriff des Umbaues nicht aus, OVG. **50** 417. Die Änderung der Zweckbestimmung des Gebäudes ist, wie gesagt, kein notwendiges Merkmal des Umbaues, wenn sie auch häufig ist — vgl. OVG. **50** 417, **8** 294, 303 —, aber von wesentlicher Bedeutung, wenn es sich fragt, ob ein (größerer) Umbau hinter der Fluchtlinie die vor der Fluchtlinie gelegenen Teile der umzubauenden Anlage ergreift (Umbau eines Theaters), PrVBl. **33** 201. Ein dem Verbot unterliegender Umbau liegt nicht nur dann vor, wenn an Bauteilen, die vor der Fluchtlinie liegen, bauliche Änderungen vorgenommen werden, sondern auch dann, wenn die Einzelarbeiten zwar hinter der Fluchtlinie gemacht werden, der umzubauende oder durch Umbau zu schaffende Raum aber vor der Fluchtlinie geschnitten wird, insbesondere dann, wenn es sich um ein das ganze Gebäude umfassendes Bauprojekt handelt oder bauliche oder wirtschaftliche Veränderungen des Umbaus die Bauteile vor der Fluchtlinie erfassen, so daß sie als mitumgebaut anzusehen sind, PrVBl. **33** 201 — Umbau des Hinterhauses, nicht ohne weiteres solcher des Vorderhauses —; **32** 92, **28** 969, **26** 943; OVG. **54** 429, **40** 377, **32** 363.

Einzelne Fälle: Als unter das Verbot fallend sind angesehen: die Verlegung von Entwässerungsrohren, PrVBl. **6** 6; die Anlage einer Grube zur Beförderung von Fässern unter dem Straßenniveau, PrVBl. **11** 586; der Ausbau und die Vertiefung einer Brettergrube in Zement, PrVBl. **5** 18; die Untermauerung und der Ersatz von Fachwerkwänden durch stärkere massive, PrVBl. **5** 168; der Ersatz der ganzen Fachwerkgiebelwand durch eine neue massive, OVG. **38** 350; das Durchziehen russischer Rohre durch einen Lagerraum und eine Remise, die durch Ziehen von Wänden und Einziehen von Decken Wohngebäude werden sollen, OVG. **6** 325; die Anlage einer Feuerstätte und eines Schornsteins in einem von der Fluchtlinie geschnittenen Raum, PrVBl. **26** 943; die Verlängerung und Verbreiterung von einigen Fenstern, nicht nur zu Belichtungszwecken, etwa behufs Unfallverhütung, sondern um Schaufenster daraus zu machen, PrVBl. **27** 432; die Verwandlung eines Fensters in eine Ladeneingangstür bei gleichzeitiger Umwandlung von Wohnräumen in einen Laden, PrVBl. **5** 18; die Vergrößerung eines Schaufensters unter Einziehung von Eisenträgern zu diesem Zweck, OVG. **32** 367; die Wegnahme eines Trägers und der Ersatz durch Schaufenster unter Zurückverlegung der Haustür, OVG. **50** 417; der Ersatz von Rutenfenstern in einer sog. Auslucht durch Schaufenster, OVG. **55** 441; die Wegnahme einer Wand, die Beseitigung eines Fensters, die Verwandlung eines anderen in ein Schaufenster, um aus Wohnraum und Laden einen größeren Laden herzustellen, OVG. **57** 474; die erhebliche Erhöhung der Frontmauer und die Anbringung von Fenstern darin auch ohne Änderung der Zweckbestimmung, PrVBl. **15** 383; der Ersatz einer ganzen Außenwand durch eine stärkere, innen massive, welche die Zimmer des Hauses verkleinert, PrVBl. **23** 396; die Vertiefung und Verbreiterung des Fundaments einer umgestürzten Frontmauer und der Ersatz der Mauer durch eine unten stärkere, OVG. **8** 303; der Wiederaufbau eines abgebrannten Sudhauses und einer Mälzerei, PrVBl. **26** 60; die Umschaffung einer aus Umfassungswänden bestehenden Brandruine in eine Abortanlage, PrVBl. **32** 403; der Wiederaufbau eines abgebrannten gemauerten Melassebassins auf den Bauresten nur mit Brettern und Pappdach, OVG. **41** 368; die Wegnahme einer Treppe und einer Wand und das Ziehen einer neuen Wand unter Verwendung von Eisenkonstruktionen hinter der Fluchtlinie zur Vergrößerung des von der Fluchtlinie getroffenen Ladens, PrVBl. **28** 969; die Entfernung einer Zwischenwand und die Umwandlung eines Fensters in einen Durchgang hinter der Fluchtlinie zwecks Vergrößerung und besserer Nutzbarmachung der von der Fluchtlinie durchschnittenen Räume, PrVBl. **32** 92; die Wegnahme einer Zwischenwand hinter der Fluchtlinie zwischen Vorder- und Hinterzimmer zur Vergrößerung des Ladens, OVG. **40** 377; der Ersatz von Holzbalkendecken durch Betondecken unter Höherlegung des Daches, PrVBl. **28** 85; der Ausbau zwecks Umwandlung eines Dienstlokals in eine Speiseanstalt, eines Kasinos in eine Dienstwohnung, OVG. **8** 294; die Umschaffung einer Backsteinlaube in eine solche aus Glaswänden auf Mauersockeln und der Ersatz der Dachträger durch eiserne, in der Glaswand liegende, OVG. **54** 429; die Erhöhung eines steinernen Torpfeilers um einige Steinlagen, PrVBl. **9** 382.

Dagegen ist angenommen, daß nicht versagt werden könne: die Erneuerung von Vorderwand und Dach eines in die Fluchtlinie fallenden Vorbaus bei Unversehrtheit von Fundament, Keller und Seitenwänden, OVG. **23** 345 (= PrVBl. **12** 247); der Ersatz eines angefaulten Schwellenstücks und der angrenzenden Gefache ohne Fundamentverstärkung, PrVBl. **19** 92; die Erneuerung einer teilweise eingestürzten Giebelwand, OVG. **29** 372 (= PrVBl. **18** 43); der Ersatz eines zweiflügeligen Fensters durch eine Schaufensterscheibe, OVG. **50** 417.

II. 1. Das Enteignungsrecht ist nur bei Fluchtlinienfestsetzungen nach dem Ges., nicht bei älteren Fluchtlinienfestsetzungen gegeben, OVG. **8** 303; PrVBl. **26** 943.

2. In dem Verfahren nach dem Ges. bedarf es zur Enteignung nicht mehr einer Königlichen Verordnung gemäß § 2 EG. Diese ersetzt das Ges. Satz 2 verleiht das Enteignungsrecht nicht erst in jedem Einzelfall nach geschehener Offenlegung (§ 8); er besagt, daß den Gemeinden kraft Gesetzes ein für allemal das Recht der Enteignung für die im Ges. angegebenen Zwecke zustehen soll, RG. **69** 68 (= JW. **08** 355[46]). Das Recht zur Entziehung des Grundeigentums tritt schon mit der Offenlegung nach § 8, nicht erst mit dem Beschluß über den Ausbau der Straße ein, OVG. **34** 193. Es steht aber der Gemeinde frei, wann sie zur Enteignung schreiten will, PrVBl. **21** 59. Mit dem Umfang der Beitragspflicht der Anlieger nach § 15 deckt sich das Enteignungsrecht nicht; die Beitragspflicht gilt nur für Straßen, nicht für Plätze, und auch für Straßen nur, wenn sie zur Bebauung bestimmt sind, OVG. **34** 94.

Eine Feststellungsklage, daß das Enteignungsrecht nicht zustehe, ist nicht zugelassen. Die Grundlage der Entscheidung über die Entschädigung ist der Fluchtlinienplan. Über das Vorhandensein dieser Grundlage entscheidet nur — falls sie nicht Inzidentpunkt, wie in PrVBl. **21** 209 — die Verwaltungsbehörde im Enteignungsverfahren, RG. **62** 193 (= JW. **06** 127[34]).

3. Die Stempelbefreiung aus § 4e LStG. gilt für freiwillige Veräußerungen der in einem Fluchtlinienplan zu Straßen und Plätzen bestimmten Grundstücke an die Gemeinde von dem Zeitpunkt der vorläufigen Planfeststellung (§ 7) an, RG. **69** 68 (= JW. **08** 355[46]); ebenso KG. **38** B 11, **36** B 12 — die Stempelfreiheit beginne, wenn die vom Gemeindevorstand im Einvernehmen mit der Gemeindevertretung vorgenommene Festsetzung der Fluchtlinie die Zustimmung der Ortspolizeibehörde gefunden habe — unter Aufgabe der in KG. **33** B 27 vertretenen Meinung, wonach der Zeitpunkt der förmlichen Planfeststellung (§ 8) entscheiden soll. Der Zeitpunkt ist maßgebend auch für die Gebührenfreiheit aus § 7 Satz 2 PrGKG. i. d. Fassg. d. Bekanntm. v. 6. 8. 10, GS. 183, KG. **38** B 11, **36** B 12. Die Stempelfreiheit tritt auch dann ein, wenn die Eintragung des Eigentumswechsels in das Grundbuch erst nach jenem Zeitpunkt erfolgt, mag auch die Auflassung schon vor der Zustimmung der Ortspolizeibehörde geschehen sein, KG. **38** B 11.

Die Befreiung erstreckt sich auf die Übernahme eines nur teilweise zur Straße bestimmten Grundstücks, das die Gemeinde ohne weiteres Verfahren gegen Entschädigung übernimmt, und zwar in seinem ganzen Umfange, wenn das Grundstück zufolge der der Gemeinde obliegenden Entschädigungspflicht übernommen ist, KG. **14** 208.

Die Befreiung vom Reichsstempel, Tarif Nr. 11 des RStG., erfolgt auf Antrag gemäß § 70 Nr. 2 des ZuwachssteuerG. v. 14. 2. 11, RGBl. 33.

4. Die auf Observanz beruhende Pflicht des Anliegers zur Anlegung des Bürgersteigs ist durch § 11 nicht berührt, PrVBl. **18** 232.

III. Für die auf dem früheren Recht beruhenden Fluchtlinien gilt § 11 nicht. Materiell gilt für sie dasselbe, was Satz 1 vorschreibt, PrVBl. **26** 943, **12** 554, **4** 182 — Reparaturen waren erlaubt —; OVG. **8** 303. Das Bestehen einer Fluchtlinie muß natürlich bewiesen werden, und zwar von der Gemeinde, wenn das lange (200jährige) Bestehen eines Hauses dieses als legal bestehend erscheinen läßt, OVG. **55** 441. Dagegen gilt Satz 2 für die Bebauungspläne des früheren Rechts nicht. Es bedarf der Verleihung des Enteignungsrechts, PrVBl. **21** 59.

IV. Verkauft die Gemeinde ein Grundstück als Bauplatz und entzieht ihm dann die Eigenschaft der Bebaubarkeit durch Fluchtlinienfestsetzung, so kann der Käufer die Auflösung des Vertrages fordern (FranzR.), RG. **8** 298; vgl. jetzt §§ 459 ff., 242, 826 BGB.

Die Beschränkung der Bebauungsfähigkeit des Grundstücks ist eine öffentliche Last im Sinne des § 436 BGB. Der Verkäufer haftet daher gesetzlich nicht dafür, OLG. **22** 319; über das frühere Recht und §§ 175 ff. I 11 ALR. vgl. Gruch. **36** 974; JW. **92** 44[23] (= PrVBl. **13** 342). Vgl. auch § 12 Anm. II 15 S. 87.

Ein Vertrag, durch den der Eigentümer des Grundstücks der Gemeinde verspricht, für den Fall der Entziehung von Land sich mit einer bestimmten Entschädigung zu begnügen, ist gültig. Ein gegenwärtiges dingliches Recht hat dadurch die Gemeinde nicht; es kann daher auch nicht in das Grundbuch eingetragen werden; gesetzliche Beschränkungen sind nicht eintragungsfähig. Zulässig ist eine Vormerkung zur Erhaltung des Rechts auf Übertragung des Eigentums, KG. **25** A 147 (= PrVBl. **24** 507). Vgl. KG. **15** 404 über das frühere FranzR. in dieser Hinsicht.

Gibt die Gemeinde den Widerspruch gegen einen Umbau auf gegen das Versprechen des Eigentümers, eine Sicherheitshypothek einzutragen, daß bei einer späteren Enteignung der Mehrwert aus dem Umbau zu einem bestimmten Betrage außer Ansatz bleibe, so ist damit ein Forderungsrecht der Gemeinde entstanden, für das gültig eine Sicherungshypothek eingetragen werden kann, JW. **12** 351[16].

Wird die für einen Bau erteilte Erlaubnis nachträglich zulässigerweise auf Grund des § 11 widerrufen, so kann —

bei begonnenem Bau — zwar als Schaden nicht das verlangt werden, was der Kläger hätte, wenn der Bau ausgeführt wäre, wohl aber nach § 75 ALR. die Aufwendungen, die der Kläger vor dem Widerruf der Bauerlaubnis gemacht hat und die infolge des Widerrufs ihren Zweck verfehlt haben, JW. **94** 561[49] (= PrVBl. **17** 29) (identisch mit RG. **34** 242). Vgl. auch hier Anm. I 2e a. E. S. 52.

V. Stellt der Verband Groß-Berlin die nach seinen Fluchtlinienplänen auszuführenden Straßen selbst her, so tritt er nach § 7 Abs. 5 des BerlinZweckVG. an die Stelle der sonst beteiligten Gemeinde. Er hat also das im § 11 verliehene Enteignungsrecht. Dabei werden Gutsbezirke den Gemeinden gleichgeachtet, d. h. der Verband hat die Rechte aus § 11 auch in Gutsbezirken.

Entsprechendes gilt für einen nach §§ 1—3 ZweckVG. gebildeten Zweckverband gemäß § 4 aaO. Vgl. § 1 Anm. II S. 35.

§ 12.

Durch Ortsstatut kann festgestellt werden, daß an Straßen oder Straßenteilen, welche noch nicht gemäß der baupolizeilichen Bestimmungen des Orts für den öffentlichen Verkehr und den Anbau fertig hergestellt sind, Wohngebäude, die nach diesen Straßen einen Ausgang haben, nicht errichtet werden dürfen.

Das Ortsstatut hat die näheren Bestimmungen innerhalb der Grenze vorstehender Vorschrift festzusetzen und bedarf der Bestätigung des Bezirksrates. Gegen den Beschluß des Bezirksrates ist innerhalb einer Präklusivfrist von einundzwanzig Tagen die Beschwerde bei dem Provinzialrate zulässig.

Nach erfolgter Bestätigung ist das Statut in ortsüblicher Art bekannt zu machen.

1. Das Bauverbot des § 12 bezweckt den Schutz kommunaler Interessen. Es soll verhindern, daß die Gemeinde genötigt wird, eine Straße früher, als sie es selbst will, oder unter Anpassung an vorhandene Bauten in bestimmter Gestalt auszubauen, OVG. **58** 423; PrVBl. **26** 60; es soll die Gemeinde vor der Überlastung schützen, daß an Straßen, für deren Ausbau z. B. kein Bedürfnis besteht, gebaut wird, während § 15 dafür sorgt, daß für Straßen, für deren Anlegung ein Bedürfnis vorliegt, Beiträge erhoben werden können, Gruch. **30** 1037 (= JW. **86** 205[46] = PrVBl. **8** 175). Das Ziel des § 12 ist eben, daß die Fertigstellung der Straße der Bebauung vorausgehen soll; der § 15 soll in diesem Falle der Gemeinde den Ersatz der Kosten der Fertigstellung sichern, RG. **23** 284 (= JW. **89** 216[43]).

II. 1. Für das Inkrafttreten des im § 12 zugelassenen Verbotes des Anbaus an noch nicht fertig hergestellten Straßen oder Straßenteilen bedarf es des Erlasses des im § 12 vorgesehenen Ortsstatuts. Die Bestätigung des Statuts erfolgt jetzt durch den Bezirksausschuß, der durch § 153 Abs. 1 LVG. an die Stelle der aufgehobenen Bezirksräte getreten ist; für den Stadtkreis Berlin erfolgt sie durch den Min. d. Inn. (§ 146 Abs. 2 ZustG.). Auch bei Landgemeinden liegt die Bestätigung des Statuts dem Bezirksausschuß ob, PrVBl. **22** 32. An die Stelle der Beschwerdefrist von 21 Tagen ist nach § 51 LVG. (vgl. § 42 des OrgG. v. 26. 7. 80) eine Frist von zwei Wochen getreten.

In einem Gutsbezirk kann ein solches Statut nicht erlassen werden, Verf. d. Min. d. ö. A. u. d. Inn. v. 3. 5. 10 (MBl. 154).

2. Der Erlaß des Statuts ist nicht davon abhängig, daß Fluchtlinien nach dem Ges. festgesetzt sind. Das Bauverbot greift auch dann Platz, wenn ältere Bebauungspläne bestehen, OVG. **36** 412; RG. **42** 287 (= JW. **98** 691[10]), **23** 279 (= JW. **88** 416[30] = PrVBl. **10** 97). Nur öffentliche Straßen kommen für das Ges. in Betracht, d. h. die Straßen müssen als öffentliche mindestens in der Anlegung

begriffen sein, RG. **42** 287 (= JW. **98** 691[10]); PrVBl. **26**, 219, **15** 581; OVG. **36** 412. Das Statut hat zwar die näheren Bestimmungen für das Verbot festzusetzen, kann dies aber nur in den Schranken des Ges. Das Bauverbot darf sich nur auf Wohn-, nicht auf andere Gebäude beziehen, darf nicht auf fertige Straßen und auf Häuser ohne Ausgang nach der Straße ausgedehnt werden, OVG. **57** 487; PrVBl. **20** 192; RG. **67** 240 (= JW. **08** 83[20]), **56** 4 (= JW. **03** 438[18]). Das Statut darf den Aufbau neuer Räume auf einem vorhandenen Gebäude nicht dem Errichten des Gebäudes gleichstellen, OVG. **52** 424. Es kann einen Anspruch auf Sicherstellung der Straßenanliegerbeiträge nicht begründen, KG. **34** A 271. Nur durch privatrechtliche Verträge kann eine solche Sicherstellung erfolgen, PrVBl. **18** 342. Vgl. auch hier Anm. II 7 S. 71. Das Statut wird übrigens nicht dadurch ganz ungültig, daß es das Bauverbot in unzulässiger Weise ausdehnt, z. B. auf andere als Wohngebäude oder auf alle Wege in der Feldmark. In dem zulässigen Umfange bleibt es gültig, OVG. **34** 16; PrVBl. **32** 121. Das Statut kann die Bedingungen bestimmen, unter denen eine Ausnahme von dem Verbot gemacht werden soll. Die Gemeinde hat dabei völlig freie Hand, welche Bedingungen sie stellen will, PrVBl. **33** 78, 284, **26** 486, **16** 124, **10** 29, 387; OVG. **40** 387, **39** 355; Gruch. **54** 1092 (= JW. **10** 766[40]); insbesondere kann das Statut die polizeimäßige Herstellung des Weges unbeschadet der Ansprüche aus § 15 zur Bedingung machen, OVG. **44** 94, wie überhaupt die Gemeinde an den Rahmen des § 15 bei ihren Bedingungen nicht gebunden ist, OVG. **39** 355. Wird im Statut festgestellt, unter welchen Bedingungen Ausnahmen vom Bauverbot bewilligt werden sollen, so haben die Bedingungen, unter denen die Bauerlaubnis erteilt wird, privatrechtliche Natur. Wer auf Grund der ihm so gestellten Bedingungen einen Teil der Straße ausbaut, ist deshalb nicht Unternehmer im Sinne des § 15, PrVBl. **24** 104.

Das statutarische Bauverbot ist ein Bestandteil des für die Gemeinde geltenden öffentlichen Baurechts, OVG. **58** 408, **34** 409, **24** 362 (= PrVBl. **14** 405); RG. **63** 105 (= JW. **06** 407[40]), **46** 282 (= JW. **00** 575[26]); Gruch. **54** 1092 (= JW. **10** 766[40]). Es gilt nicht für Bauten, die vor seinem Inkrafttreten mit baupolizeilicher Erlaubnis begonnen sind, RG. **46** 282 (= JW. **00** 575[26]). Vgl. § 11 Anm. I 2 f S. 53. Das Ausschachten der Baugrube bedeutet den Beginn der Bauausführung, OVG. **24** 362 (= PrVBl. **14** 405). Für den Verwaltungsrichter ist das zur Zeit der Entscheidung, nicht etwa das zur Zeit der Versagung der Bauerlaubnis geltende Statut maßgebend, PrVBl. **11** 161. Vgl. § 11 Anm. I 2 f S. 53.

Das örtliche Geltungsgebiet des Verbots wird mangels einschränkender Vorschriften durch die Grenzen des Gemeindebezirks bestimmt. Die Anbaufähigkeit eines Weges entscheidet sich also nach dem Recht des Orts, in dem der Weg liegt; das Bauverbot ist zu beachten, auch wenn das zu bebauende Grundstück in einem anderen Ort liegt. Die Beitragspflicht nach § 15 richtet sich freilich nach dem in diesem Orte geltenden Recht (Statut). Das Grundstück kann also dem Bauverbot unterliegen, obwohl der Eigentümer zu den Straßenbaukosten nach § 15 nicht beizutragen haben würde, OVG. **40** 387. Bei der Abänderung des Statuts müssen die Formen des Gesetzes beachtet werden; ein einfacher Beschluß des Gemeindeausschusses genügt nicht, OVG. **28** 364.

3. Das Vorhandensein baupolizeilicher Bestimmungen ist Voraussetzung für die Wirksamkeit des Bauverbots. Erst mit ihrem Erlaß — wenn das Statut schon gilt — beginnt seine Wirksamkeit. Das Ortsstatut allein kann das Bauverbot nicht schaffen, auch nicht, wenn es Bestimmungen über die Beschaffenheit der Straße enthält, OVG. **44** 94, **36** 412, **3** 286; PrVBl. **26** 486, 962, **22** 467, **12** 184, **6** 84. Die Bestimmungen können von der Ortspolizei oder der höheren zum Erlaß von Polizeiverordnungen berufenen Instanz

erlassen werden, OVG. **47** 388. Aber, wie gesagt, ist nur die Polizei dafür zuständig. Unzulässig würde es sein, wenn darin dem Gemeindevorstand überlassen wäre, Abweichungen von den Bestimmungen zuzulassen, weil die Polizei die ihr zustehenden Rechte nicht übertragen kann. Eine solche Übertragung liegt nicht in der Bestimmung, daß Abweichungen von den allgemeinen Anforderungen auf Antrag des Gemeindevorstandes und der Gemeindevertretung von der Polizei genehmigt werden können. Diese Vorschrift ist also zulässig. Die so genehmigte Straße ist eine fertige. In dem bloßen Genehmigungsvermerk des Amtsvorstehers auf einem Regulierungsprojekt ist aber nur die Genehmigung der Bauausführung, nicht die Ausnahmebewilligung zu finden, OVG. **58** 423. Finden sich die fraglichen Bestimmungen nur im Ortsstatut, so sind sie als baupolizeiliche anzusehen, wenn der Gemeindevorstand (Magistrat in Lüneburg) auch die Bau- und Straßenpolizei verwaltet, PrVBl. **32** 121. Weichen Statut und baupolizeiliche Bestimmungen voneinander ab, so ist das Statut maßgebend, d. h. eine nach dem Programm der Gemeinde fertige Straße unterliegt nicht dem Verbot, auch wenn sie den baupolizeilichen Bestimmungen nicht oder nicht vollständig entspricht, OVG. **51** 74, **34** 421, **26** 359 (= PrVBl. **16** 101). Hat die Polizei statt nur baupolizeiliche Bestimmungen zu geben, ein Verzeichnis fertiger Straßen angelegt, so liefert die Aufnahme in das Verzeichnis den vorläufigen Beweis für die Eigenschaft der Straße und gibt einen Anhalt für die zur Zeit der Aufstellung des Verzeichnisses herrschende Anschauung über fertige Straßen. Der Gegenbeweis gegen die Nichtaufnahme in das Verzeichnis steht offen, OVG. **42** 365. Die Bestimmungen dürfen vorschreiben, daß die Auflassung des Straßenterrains erfolgt sein muß, weil dieser Vorschrift möglicherweise polizeiliche Motive zugrunde liegen können. Verlangen sie das Vorhandensein von Bürgersteigen, so kann davon nicht deshalb abgesehen werden, weil die Anlieger vermöge Observanz dazu polizeilich gezwungen werden können, OVG. **34** 416; vgl. hier

Anm. II 8 a. E. S. 73. Schreiben die Bestimmungen vor, daß die Straße mit einem „dem Bedürfnis entsprechenden Trottoir" versehen sein soll, so ist es Tatfrage, was darunter zu verstehen ist, OVG. **42** 365.

Eine Form ist für den Erlaß der Bestimmungen nicht vorgeschrieben; es fallen unter den Begriff daher alle polizeilichen Maßnahmen, seien es Verordnungen, Bekanntmachungen oder Reglements, seien es andere Anordnungen im weitesten Sinne, OVG. **8** 341; PrVBl. **12** 299.

4. Straßenteile sind hier — anders § 2 Anm. 1 — nur solche Abschnitte, die für sich genommen äußerlich eine Straße darstellen, OVG. **42** 365, **26** 359 (= PrVBl. **16** 101); RG. **23** 284 (= JW. **89** 216[43]). Daher kann nicht das an einem Baugrundstück liegende Stück der Straßenseite als fertige, das gegenüberliegende als unfertige Straße angesehen werden, OVG. **42** 365; RG. **23** 284 (= JW. **89** 216[43]); anderseits kann ein zwischen zwei fertigen Querstraßen liegender Teil als Straßenteil in Betracht kommen, OVG. **26** 359 (= PrVBl. **16** 101). Soweit es sich aber um eine historische Straße handeln soll, können erst projektierte Querstraßen keinen Abschnitt bilden. Das ist zwar nicht ohne weiteres anwendbar auf die Frage, ob nach dem Inkrafttreten des Verbots ein selbständiger Straßenteil fertig gestellt ist; aber auch in solchen Fällen muß mindestens eine Entschließung des Gemeindevorstandes vorliegen, die Straße bis zur projektierten Querstraße auszubauen, OVG. **41** 145.

Für den Begriff des Straßenteils ist wesentlich der Zusammenhang mit dem bestehenden Straßennetz. Der Sinn der Bestimmung des Ges. ist, den Anbau an jedem regulierten Straßenteil zuzulassen, der irgendwohin mit dem übrigen regulierten Straßennetz in Verbindung steht, OVG. **26** 359 (= PrVBl. **16** 101); als städtische Straße ist daher eine längere Wegestrecke, obwohl sie ausgebaut, nicht angesehen, weil es an der straßenmäßigen Verbindung des Weges mit dem übrigen Straßennetz fehlte, und weil aus der örtlichen Lage und den Verkehrsverhältnissen Gründe für die selbständige Bedeutung dieser Straße nicht zu ersehen waren, PrVBl. **28** 364. Vgl. auch § 15 Anm. VI 2 S. 149.

5. Ob ein Gebäude ein Wohngebäude ist, darüber entscheidet nicht die objektive Beschaffenheit, sondern die Bestimmung des Gebäudes; daher kann die Polizei für ein Gebäude, das nach seiner objektiven Beschaffenheit auch als Wohngebäude benutzt werden kann, nicht von vornherein die Bauerlaubnis versagen; sie kann nur die Benutzung als Wohngebäude verbieten, auch wenn bauliche Änderungen nicht vorgenommen werden, OVG. **53** 418. Ausschließlich zum Gewerbebetrieb bestimmte Fabrik- und Geschäftsräume fallen nicht unter den fraglichen Begriff; anders, wenn eine Portierwohnung darin eingerichtet wird, PrVBl. **3** 93; Wohngebäude sind auch nicht ein Kessel- und Schmiedehaus, PrVBl. **9** 421; Lagerschuppen und Kontorräume, OVG. **57** 487; eine Druckerei, OVG. **8** 351; eine Fabrik, in der für den ständigen Aufenthalt einer Nachtwache gesorgt ist, PrVBl. **12** 299. Dagegen ist ein Tattersall mit einem Wohnraum für den Futtermeister ein Wohngebäude, PrVBl. **28** 158; ebenso eine Druckerei mit Portierwohnung, OVG. **8** 315; eine Fabrik mit der Direktorwohnung, PrVBl. **17** 10. Ebenso ist ein Wohngebäude vorhanden, wenn ein zu anderen Zwecken genutztes Haus in ein Wohnhaus verwandelt wird. War es schon vor dem Inkrafttreten des Bauverbots zu Wohnzwecken bestimmt, so ist das Verbot unwirksam, PrVBl. **6** 84.

Unter Errichten eines Gebäudes wird in den §§ 12 und 15 dasselbe verstanden, PrVBl. **30** 715, OVG. **52** 424. Vgl. § 15 Anm. IV 3, 4, 5 u. 7 S. 133ff., 139. Die Veränderung eines vorhandenen Gebäudes ist in der Regel der Errichtung eines Gebäudes nur dann gleich, wenn dabei die Bebauung einer bisher unbebauten Fläche erfolgt. Eine Veränderung im Erdgeschoß und der Bau eines Obergeschosses ist nicht das Errichten eines Gebäudes, PrVBl. **30** 715. Der Aufbau neuer Wohnräume auf einem Stallgebäude steht dem

Errichten eines Wohngebäudes nicht gleich, OVG. **52** 424. Die Vergrößerung des Empfangszimmers einer Villa um eine Kleinigkeit und der Ersatz einer hölzernen Veranda durch eine aufgemauerte aus Glas und Eisen ist nicht das Errichten eines Wohngebäudes, weil die Erweiterung nach Art und Umfang und nach Verhältnis zu Art und Umfang des vorhandenen Gebäudes nicht als Errichten eines Wohngebäudes erscheint, der Charakter der Villa hinsichtlich ihrer Bestimmung und Benutzung und ihres Verhältnisses zur Straße nicht verändert wird; die Erweiterung könnte vielleicht dann Errichtung sein, wenn die neu geschaffenen Räume für sich betrachtet, nach Größe und Einrichtung als Wohnung ausreichen könnten, was nicht der Fall, OVG. **32** 363. Ein Wohngebäude wird auch dann errichtet, wenn es an ein bestehendes angeschlossen wird und mit diesem einzelne Teile gemeinsam erhält, OVG. **9** 315. Als Errichten eines Wohngebäudes ist der Umbau eines Stalles und Lagerschuppens zu Wohnzwecken behandelt in PrVBl. **12** 184.

6. Vgl. auch § 15 Anm. IV, 4 u. 5 S. 135 ff. Dafür, ob ein Gebäude als an der unfertigen Straße errichtet anzusehen ist, sind nicht die Verhältnisse zur Zeit des Baues, sondern diejenigen zur Zeit der Herstellung des Ausganges entscheidend. Denn das Verbot des § 12 bezieht sich wesentlich auf die Herstellung von Ausgängen nach unfertigen Straßen. Daher steht das nachträgliche Herstellen eines Ausganges nach der unfertigen Straße der Errichtung eines Gebäudes daran mit einem Ausgang nach ihr gleich. Zwei Voraussetzungen müssen dabei erfüllt sein, einmal die Herstellung des Ausganges als eine Tätigkeit des Eigentümers, durch welche die Verbindung mit der Straße geschaffen wird, und dann die Herstellung solcher Beziehungen zur Straße durch die Verbindung, daß das Haus, wenn es nicht schon an der Straße selbst liegt, als an ihr errichtet gelten kann. Für eine Gastwirtschaft, für die ein 100 m entfernter Ausgang nach einer unfertigen Straße geschaffen war, ist das verneint, OVG. **49** 379. Als an der

Straße errichtet kann ein Gebäude auch dann gelten, wenn das Baugrundstück nicht an die Straße grenzt, aber durch einen Weg, der auf einer Grundgerechtigkeit beruht, mit ihr verbunden wird. Ein Gebäude kann auch an zwei Straßen errichtet sein. Sind aber die wirtschaftlichen Beziehungen eines Gebäudes zu der einen Straße ganz überwiegend, liegen nach dieser alle Bauwerke und Hauptausgänge, und wird es von der anderen durch vorgelagerte Grundstücke getrennt, so gilt es nur als an der ersteren errichtet, PrVBl. **28** 158. Ein Wohnhaus, das seinen einzigen Ausgang durch einen Privatweg nach der Straße hat, gilt als an dieser errichtet, PrVBl. **17** 10. Auch Hinterhäuser an einer Straße, die nach Fluchtlinienplan und Bauprojekt an der noch unfertigen Parallelstraße errichtet werden sollen, unterliegen dem Bauverbot, auch wenn sie vorläufig, bis die unfertige Straße benutzbar ist, nach der fertigen Parallelstraße ihren Ausgang nehmen müssen, PrVBl. **12** 62.

Auch der Wiederaufbau eines durch Brand zerstörten Gebäudes an der unfertigen Straße unterliegt dem Verbot. Der daraus entspringenden Härte kann nur durch eine einschränkende Fassung des Statuts begegnet werden, PrVBl. **11** 161. Das „Ausganghaben" ist erfüllt, wenn ein unbebautes, mit einem Ausgang versehenes Grundstück bebaut wird oder beides gleichzeitig oder der Ausgang nachträglich hergestellt wird, PrVBl. **10** 337; OVG. **9** 315. Ausgang ist auch ein solcher, der nicht unmittelbar nach der Straße, sondern nach einem an die Straße grenzenden Hofe führt, PrVBl. **8** 69. Ausgang ist nicht jede Durchbrechung einer Mauer, nur eine solche, die für den Verkehr des Hauses nach außen bestimmt ist, PrVBl. **20** 192. Wird ein Wohngebäude mit polizeilicher Erlaubnis an einer fertigen Straße oder auf einem Grundstück, das von einer unfertigen Straße völlig abgeschlossen ist, errichtet, so ist die nachträgliche Anlage eines Ausganges nach einer unfertigen Straße zu versagen, OVG. **8** 341, **5** 385.

7. Das Verbot darf nicht auf alle Wege in der Feldmark, auch solche, die mit der geschlossenen Ortslage nicht im

Zusammenhange stehen, ausgedehnt werden, OVG. **40** 371, **28** 364. Es trifft nur projektierte Straßen, d. h. Straßen, deren Herstellung begonnen, aber noch nicht vollendet ist oder deren Ausbau noch nicht begonnen ist, die aber für den Anbau bestimmt und als städtische Straßen in Aussicht genommen sind, PrVBl. **7** 399. Dazu sind zunächst die in einen Fluchtlinienplan aufgenommenen Straßen zu rechnen, OVG. **40** 387; PrVBl. **22** 467. Vgl. auch RG. **67** 240 = JW. **08** 83[20]. Auch Straßen, die nach dem Statut gemäß § 15 als sog. Unternehmerstraßen gebaut werden sollen, gehören dahin. Übernimmt die Gemeinde eine solche Straße in unfertigem Zustande, so kann darin gegenüber dem Unternehmer ein Verzicht oder ein Anerkenntnis liegen; es ist aber nicht ohne weiteres der Schluß zulässig, daß das Bauverbot nicht gelten solle, PrVBl. **33** 284. Auch ein Privatweg, dessen Ausbau als Straße nach dem Bebauungsplan beschlossene Sache, ist eine projektierte Straße, RG. **42** 287 = JW. **96** 691[100]; selbst dann, wenn der Unternehmer auf die Übernahme verzichtet hat, wenn er nur in der Absicht angelegt ist, daß er später öffentliche Straße werden soll, OVG. **36** 412, **19** 367 (= PrVBl. **11** 359). Daß Vorarbeiten schweben oder Vorentwürfe aufgestellt sind, genügt aber nicht zur Annahme einer projektierten Straße, wenn in den Einzelheiten bezüglich der Führung des Straßenzuges bestimmte Festsetzungen noch fehlen. Im übrigen genügt für die Annahme einer projektierten Straße auch ohne Aufnahme in den Bebauungsplan und ohne Fluchtlinienfestsetzung, daß anderweit klar erkennbar ein Wegezug in näherer oder fernerer Zukunft als Straße in Aussicht genommen ist, OVG. **59** 416; PrVBl. **22** 467 — z. B. durch Zulassung fortgesetzter Bebauung —; **12** 525. Eine projektierte, in der Entstehung begriffene Straße ist ferner ein solcher Weg, bei dem der weitere Anbau wahrscheinlich ist und auf dem sich bei fortschreitendem Anbau ein straßenmäßiger Verkehr so entwickeln würde, daß die Gemeinde gegen ihren Willen eine Straße anzulegen und herzurichten gezwungen wäre, OVG. **59** 416, **40** 371, 376; PrVBl. **32** 121, **29** 364, 1032, **26** 219, 429, **25** 850, **22** 467, **8** 30, **5** 86; auch ein sonst nicht angebauter Kommunikationsweg, an dem jemand nicht eine vereinzelte Ansiedlung errichtet, an dem er vielmehr das Land planmäßig der Bebauung erschließen und zu dem Zweck den Weg ausbauen will, OVG. **28** 364. Steht umgekehrt fest, daß der Gemeindevorstand (Magistrat) nicht für ratsam hält, eine Straße in der Gegend zuzulassen, so kann der Anbau an dem betreffenden Feldweg nicht untersagt werden, OVG. **10** 309 = PrVBl. **5** 86. Entspricht eine erst in der Entstehung begriffene Straße den baupolizeilichen Bestimmungen, so unterliegt sie nicht dem Verbot, OVG. **47** 388. Beim Fehlen einer Fluchtlinienfestsetzung ist die Eigenschaft einer projektierten Straße verneint für eine schmale, ungepflasterte, von offenen Gräben gekreuzte Gasse, an der nur wenige Häuschen lagen, PrVBl. **29** 1032; desgleichen für eine Sackgasse, die Privatstraße war, PrVBl. **7** 399.

8. Eine einmal fertiggestellte Straße kann nicht durch Änderung oder Erweiterung des Straßenanlegungsplanes oder Verschärfung der polizeilichen Anforderungen an anbaufähige Straßen oder durch Eingemeindung wieder zu einer noch nicht fertigen werden, OVG. **58** 423, **47** 388, **40** 246, **34** 421, **26** 359 (= PrVBl. **16** 101), PrVBl. **26** 429, 486; RG. **78** 427 = JW. **12** 531[9]. Wohl aber können die Anforderungen von der Polizei ermäßigt werden. Dann fällt danach die fertige Straße trotz früheren mangelhaften Ausbaus doch nicht unter das Verbot, selbst wenn für sie nachträglich Fluchtlinien festgesetzt werden, wobei es einerlei ist, ob die Straße in der Unterhaltspflicht der Gemeinde oder der Provinz steht und nicht für den Verkehr und Anbau bestimmt war (Trothaer Straße in Halle), OVG. **47** 388.

Maßgebend sind die Vorschriften z. Zt. der Ausführung, nicht diejenigen z. Zt. der Aufstellung des Regulierungsplans. Eine im Herbst 1893 abgenommene Straße unterliegt daher den polizeilichen Bestimmungen der unmittelbar vorher erlassenen Polizeiverordnung von 1893, nicht derjenigen von 1887; genügt die Straße auch nur in einem untergeordneten Punkt (Bürgersteig) nicht den baupolizeilichen Bestimmungen, so ist sie noch nicht fertig, OVG. **58** 423, PrVBl. **26** 429; anders für den Fall, daß zur Fertigstellung der Straße nur noch die Bandsteine vor einem Hause fehlen, wenn der Anlieger zur Herstellung verpflichtet und anzunehmen ist, daß mit der Fertigstellung des Hauses auch der Bürgersteig fertig werde, OVG. **26** 359 = PrVBl. **16** 101.

9. Das Verbot gilt nicht für sog. historische Straßen. Feste Praxis der höchsten Gerichtshöfe seit der Entsch. OVG. **3** 304. Wer sich auf eine Ausnahme vom Bauverbot beruft, indem er behauptet, daß es sich um eine sog. historische Straße handele, muß das Vorliegen dieser Voraussetzung beweisen, OVG. **58** 401, **55** 446, **40** 387. Unter einer historischen Straße ist zu verstehen eine Straße, die vor dem Inkrafttreten des Bauverbots als eine für den Anbau und Verkehr innerhalb der Ortschaft bestimmte und in der Entwickelung abgeschlossene Ortsstraße bestand, OVG. **58** 423, **41** 145, **29** 377; PrVBl. **26** 219, 429, **17** 10; ähnlich OVG. **5** 341, **3** 304; PrVBl. **12** 184, **9** 193 — eine Straße, die von der Gemeinde zur Pflasterung, Beleuchtung und sonstigen kommunalen Verpflichtungen schon zur Zeit des Inkrafttretens des Bauverbots ohne Widerspruch übernommen und ein ebenbürtiges Glied des gesamten Straßennetzes gewesen ist —; PrVBl. **5** 178 — eine als fertige zu jener Zeit ausdrücklich ausgebaute.

Sie muß damals in ihrer Entwickelung bezüglich ihres Ausbaus und straßenmäßigen Verkehrs im wesentlichen ihren Abschluß gefunden haben, so daß von einer Weiterentwickelung in wesentlichen Beziehungen keine Rede mehr sein kann. Ob sie in diesem Sinne abgeschlossen ist, entscheidet sich nach dem — eventuell stillschweigenden — Willen der Gemeinde, sie als fertige anzusehen, OVG. **53** 446; PrVBl. **23** 745.

Die Straße muß eine öffentliche sein, PrVBl. **26** 219,

15 581; OVG. **36** 412. Daß auf ihr Wagenverkehr stattfand und daß die an ihr liegenden Häuser nach ihr einen Ausgang hatten, ist bei alten Straßen nicht unbedingt nötig, PrVBl. **12** 524.

Zu unterscheiden sind Straßen, die ursprünglich nicht dem städtischen Straßennetz angehörten, erst durch die Ausdehnung der Stadtlage usw. Straßen wurden, von solchen, die von jeher ungetrennte Glieder des städtischen Straßennetzes waren und dem städtischen Verkehr dienten. Bei ersteren ist von Bedeutung, ob die äußere Beschaffenheit, der Anbau und Verkehr so weit fortgeschritten sind, daß die Straße in dieser Hinsicht den übrigen gleicht; bei letzteren sind diese Momente belanglos, PrVBl. **26** 102. Zunächst sind nicht allgemeine Grundsätze, sondern die besonderen Verhältnisse maßgebend, unter denen sich die dem inneren Verkehr und Anbau dienende Straße entwickelt hat; dabei kann es auf den Anbau und die Beschaffenheit des Straßenkörpers ankommen; auf den Anbau ist entscheidendes Gewicht zu legen, wo ältere, die Merkmale fertiger Straßen festsetzende Normen fehlen, und der Straßenkörper sich von demjenigen der Verbindungswege nicht unterscheidet, wie z. B. in ländlichen Orten und Vorstädten. Solche Straßen müssen dem Anbau tatsächlich gedient haben und wesentliche Verbindungsglieder innerhalb des Straßennetzes für den inneren Verkehr geworden sein, PrVBl. **15** 298.

Es soll entscheidend sein, einerseits ob die Straße dem allgemeinen städtischen Verkehr gedient hat und ein ebenbürtiges Glied des gesamten Straßennetzes gewesen ist, anderseits ob sie zwecks Anbau angelegt ist und ihm gedient hat, PrVBl. **16** 611. Wenn Polizeivorschriften über die polizeimäßige Beschaffenheit von Straßen fehlten, so ist zu fragen, welche Anforderungen damals an eine Straße nach allgemeiner Anschauung der beteiligten Kreise erhoben wurden und wie damals die anerkannten Straßen der Gemeinde beschaffen waren, deren ebenbürtiges Glied die Straße sein würde, OVG. **24** 79 (= PrVBl. **14** 367); PrVBl. **14** 25. Dabei ist in ländlichen Ortschaften, wenn die unbezweifelten Straßen sich von gewöhnlichen Wegen nicht unterscheiden oder ihre Beschaffenheit wie bei durchgehenden Chausseen nicht für den inneren, sondern für den durchgehenden Verkehr hergestellt ist, in der Regel nicht die Beschaffenheit des Straßenkörpers, sondern Art und Umfang der Bebauung maßgebend, PrVBl. **22** 560. Überhaupt ist bei Straßen, die nicht dem ursprünglichen Straßennetz angehören, sondern erst durch Ausdehnung des Ortes Straßen wurden, eine der Entwicklung des Orts und den in ihm herrschenden Anschauungen Rechnung tragende, individuelle Beurteilung am Platze; die Straße braucht nicht allen Anforderungen zu genügen, die moderne Bedürfnisse und Anschauungen in größeren Städten an Straßen stellen, Gruch. **51** 1158. Zu beachten ist, daß vor Einführung des Bauverbots das Bauen an unfertigen Straßen nicht verhindert werden konnte. Die Herstellung einer anbaufähigen Straße in diesem Sinne (in einem Gutsbezirk) schafft darum noch nicht eine fertige Ortsstraße, und die frühere Baufreiheit hindert nicht die spätere Anwendung des Bauverbots. Daher sind auch keine Schlüsse aus früheren Baugenehmigungen zu ziehen, PrVBl. **27** 341, **26** 486, **22** 560, **5** 78. Die tatsächliche, im wesentlichen abgeschlossene Bebauung mit Wohnhäusern und der damit hergestellte innere Verkehr lassen auf die stillschweigende Billigung der beteiligten Gemeinde- und Polizeiorgane schließen, daß eine Straße als fertige gelten soll, OVG. **47** 388; PrVBl. **26** 486. Auch die Übernahme in die Unterhaltung der Gemeinde bildet ein Anzeichen für die Überahme eines Weges als städtische Straße, PrVBl. **9** 193, **5** 78. Ist die Übernahme unter der Bedingung des Ausbaues geschehen, so muß diese erfolgt sein, PrVBl. **5** 78. Aber auch eine in die Verwaltung der Gemeinde noch nicht übernommene, im Privateigentum stehende sog. Privatstraße kann eine historische Straße sein, wenn die Voraussetzungen dafür, insbes. der straßenmäßige Verkehr, vorliegen, PrVBl. **4** 140. Ist erkennbar eine provisorische Einrichtung an der Straße getroffen oder sind Ausnahmen vom Bauverbot bewilligt, so kann von dem Willen der Gemeinde, die Straße als fertige gelten zu lassen, keine Rede sein, PrVBl. **23** 745; OVG. **53** 446. Fehlt es an einer geschlossenen Ortslage, so kann nicht gesagt werden, der Weg habe keine schlechtere Beschaffenheit als die des geschlossenen Ortsberings, PrVBl. **26** 486, **22** 560; OVG. **32** 260. Wird aber ein Weg von der Gemeinde für den Anbau und inneren Verkehr bestimmt und hergerichtet, dann ist es eben die erste für den Anbau und inneren Verkehr bestimmte Straße, sollte es auch an einer geschlossenen Ortslage fehlen und noch kein Haus an der Straße stehen. Das gilt auch für einen Gutsbezirk, PrVBl. **26** 486, **22** 560. So ist eine historische Straße ein als Straße ausgebauter Wegzug, auch wenn er keine Wohnstraße, sondern hauptsächlich für Fabriken und ähnliche Bauten bestimmt ist und wenn er ganz außerhalb des Ortsberings liegt, falls nur durch straßenmäßigen Ausbau die Verbindung mit der inneren Stadt hergestellt werden sollte und hergestellt ist. Daß dies erst unmittelbar vor dem Inkrafttreten des Bauverbots geschehen, ist einerlei, PrVBl. **26** 962. So auch OVG. **58** 401 — ein vor Inkrafttreten des Bauverbots als Straße völlig ausgebauter Feldweg ist fertig ohne Rücksicht auf den Anbau; das gilt aber nicht, wenn z. B. wegen fehlenden Bedürfnisses die eine Straßenseite unausgebaut geblieben ist.

Chausseen können historische Straßen werden — abgesehen von einer ausdrücklichen Umwandlung durch die beteiligte Behörde und den Wegebaupflichtigen — nur durch eine im wesentlichen abgeschlossene Bebauung, OVG. **47** 388. Auch eine in der Unterhaltung der Provinz stehende Chaussee kann eine historische Straße sein, wenn sie dem städtischen Straßennetz angegliedert, dem straßenmäßigen Verkehr gewidmet und entsprechend angebaut ist, OVG. **48** 96. Bei einer sich zur Ortsstraße entwickelnden Chaussee (Berlin-Cöpenick in Rummelsburg) ist die Befestigung des Straßenkörpers nicht ausschlaggebend; entscheidend ist, wieweit die abgeschlossenene Dorflage sich entwickelt hat, OVG. **29** 377. Ein längerer Weg (Chaussee), der eine historische Straße geworden sein soll, kann selbstverständlich einen verschiedenen Charakter haben, teils Straße, teils Kommunikationsweg sein, PrVBl. **15** 298; OVG. **29** 377.

10. Durch neuere baupolizeiliche Bestimmungen kann eine zur Zeit des Inkrafttretens des Bauverbots bestehende historische Straße nicht nachträglich zur projektierten werden, OVG. **29** 377; RG. **78** 427 = JW. **12** 531[9]; z. B. nicht durch Eingemeindung infolge höherer Anforderungen der aufnehmenden Gemeinde, OVG. **34** 397 (= PrVBl. **19** 403), **32** 360; PrVBl. **15** 496; auch nicht durch Erweiterung mittelst neuer Regelung der bis dahin festgehaltenen Linien. Dabei ist es auch einerlei, ob die Straße an beiden Seiten — an einer Seite lag ein Wall — bebauungsfähig ist, OVG. **53** 41, **34** 397 (= PrVBl. **19** 403), **32** 360, **5** 341; insbes. nicht durch Einbeziehung einer historischen Straße in eine bisher von ihr durch Stadtmauern getrennte, OVG. **18** 382 (= PrVBl. **11** 284); PrVBl. **26** 102. Erhält aber das Straßenbild durch die Anlegung einer neuen Straße, die eine alte in sich aufnimmt, eine ganz veränderte Gestalt, ist die neue Straße nach ihrer Ausdehnung, Richtung und ihrer Bedeutung für den Verkehr und den Anbau von der alten ganz verschieden, geht sie über die alte hinaus und sind Teile der alten, die sie in der Diagonale schneidet, nicht zur Straße gezogen, so kann — Tatfrage! — die Anlegung einer neuen Straße trotz Aufnahme der alten angenommen werden, OVG. **48** 110.

11. Das Vorhandensein einer historischen Straße ist z. B. verneint wegen Lückenhaftigkeit des Anbaus, Fehlen einer geschlossenen Dorflage und einer Verbindung mit einer solchen durch eine fertige Straße (Frankfurter Chaussee in Lichtenberg), OVG. **34** 397 = PrVBl. **19** 403; bei einer sog. Privatstraße wegen fehlenden straßenmäßigen Verkehrs, PrVBl. **4** 140; bei einem als Privatweg zu servitutischen Zwecken entstandenen Weg, der schmal, ohne straßenmäßige Bezeichnung und unvermögend war, dem straßenmäßigen Ver-

kehr zu dienen, PrVBl. **12** 71; für Straßen im Villenviertel von Wiesbaden, die im übrigen abgeschlossen, weil auf einer Seite der Bürgersteig und die Entwässerung fehlte, PrVBl. **26** 429; desgl. für eine Straße in Frankfurt a. M., PrVBl. **16** 611; für einen nur 7 m breiten, nicht einmal in ganzer Breite chaussierten, nur durch Gräben entwässerten Weg ohne Bürgersteig, PrVBl. **24** 363; wegen mangelnder Befestigung, Entwässerung und Beleuchtung trotz geringen Anbaus, PrVBl. **4** 126; ebenso für einen solchen Kommunikationsweg, OVG. **40** 387; für eine Straße in Aachen mit unabgegrenzten Banketts und Chausseegräben zur Entwässerung, PrVBl. **12** 518; für einen gewöhnlichen, von der geschlossenen Ortslage weit entfernten Feld- und Kommunikationsweg, der wenig bebaut und nur mit Kohlenasche befestigt war, PrVBl. **22** 467; wegen fehlender Pflasterung und Befestigung auf dem Bürgersteig, wegen mangelnder Beleuchtung und ungenügender Breite, PrVBl. **12** 184.

Bejaht ist die Eigenschaft einer historischen Straße z. B. für eine innerhalb der alten Berliner Ringmauer gelegene, mit dem übrigen städtischen Straßennetz unmittelbar verbundene, entwässerte Straße, trotzdem sie nur halbseitig, nicht an der Mauer gepflastert war, OVG. **18** 382 = PrVBl. **11** 284; für eine seit Jahrhunderten bestehende Gasse innerhalb der alten Cölner Stadtmauer, die mit dem städtischen Straßennetz verbunden war und dem städtischen Verkehr diente, trotzdem sie zeitweilig für den Fuhrverkehr gesperrt und der Verkehr überhaupt nur sehr gering war, PrVBl. **26** 102; für eine von der Gemeinde zur Unterhaltung (Pflasterung und Beleuchtung) übernommene, schon lange chaussierte und dem städtischen Verkehr dienstbare Straße trotz mangelnden Anbaus, PrVBl. **9** 193; für einen ganz schmalen, seit Jahrhunderten dem Fußgängerverkehr dienenden, wichtige Stadtgegenden verbindenden Durchgang, der von der Gemeinde unterhalten und beleuchtet wurde und nach dem die Fenster der Häuser gingen, obwohl Wagen nicht verkehren konnten und die angrenzenden (nur Eck-) Häuser nach der Gasse einen Ausgang nicht hatten, PrVBl. **12** 524; für eine an der Stadtgrenze liegende, chaussierte, durch Rinnsteine entwässerte, beleuchtete Straße trotz unbedeutenden Personen- und Wagenverkehrs, geringer Breite, fehlender Bürgersteige, die dort auch sonst fehlten, PrVBl. **8** 69.

12. Vgl. § 11 Anm. I 2a im Eing. u. a. E. S. 50, und ebenda Anm. I 2f. S. 53.

Die Polizei ist, selbstverständlich unbeschadet ihrer Befugnis, den Bau aus anderen polizeilichen Gründen zu versagen — PrVBl. **32** 533 —, an das Verbot gebunden, ebenso an die Bedingungen, unter denen die Gemeinde Ausnahmen machen will, OVG. **59** 277, **34** 409; PrVBl. **33** 78, 284, **26** 486, **25** 850; Gruch. **54** 1092 (= JW. **10** 766[40]); vgl. auch Abs. 2 des Erl. d. Min. d. Inn. u. d. ö. A. v. 9.11.87, MBl. 274; insbesondere kann gegen die Versagung nicht eingewendet werden, daß der äußere Eindruck der Straße, der einer anbaufähigen sei, daß die Polizei in anderen Fällen eine Ausnahme gemacht habe, PrVBl. **33** 78, **26** 486; daß die Straße für den Anbau und Verkehr bestimmt sei, daß die Gemeinde arglistig handele, indem es von ihr abhänge, wann sie die Straße ausbauen und fertig herrichten wolle, PrVBl. **33** 78.

Anderseits kann die Polizei das Verbot nicht über das Ges. ausdehnen, also einer Druckerei nicht deshalb die Bauerlaubnis versagen, weil durch ihre Anlage ein Weg zur Straße würde, OVG. **8** 351.

Die Gemeinde ist an die in gültiger Weise dem Baulustigen gegenüber einmal erklärte Ausnahmebewilligung gebunden. Die Polizeibehörde darf die Bauerlaubnis wegen eines nachträglich erklärten Widerrufs der Ausnahmebewilligung nicht versagen — a. M. die ausdrücklich aufgegebene Entscheidung, PrVBl. **25** 850 —. Wird das Baugesuch nach Erteilung der Ausnahmebewilligung aus polizeilichen Gründen beanstandet und dann sachlich dasselbe Baugesuch, nur gemäß den baupolizeilichen Bestimmungen berichtigt, angebracht, so gilt die Ausnahmebewilligung, die zu dem ersten Baugesuch erteilt ist, im Zweifel — es ist das aber Auslegungsfrage — auch für das zweite Baugesuch; ist die Ausnahme vorbehaltlos bewilligt, so ist eben anzunehmen, daß sie schlechthin für einen Bau dieser Art und dieses Umfanges bewilligt ist, unbeschadet etwaiger Änderungen, die sich durch die polizeiliche Prüfung als nötig herausstellen sollten, OVG. **60** 458. Eine programmatische Erklärung der Gemeinde, Ausnahmen vom Bauverbot zulassen zu wollen, ändert nichts; sie ist rechtlich bedeutungslos, OVG. **58** 423. Das Gleiche gilt, wenn die Gemeinde, ohne die Anforderungen an fertige Straßen zu mindern, beschließt, gewisse Kosten der polizeimäßigen Herstellung der Straßen selbst zu tragen und den Anliegern nicht aufzulegen, PrVBl. **25** 886. In der freiwilligen Übernahme einer unfertigen Unternehmerstraße durch die Gemeinde liegt nicht, daß für sie das Bauverbot nicht gelten soll, PrVBl. **33** 284.

Gegen eine polizeiliche Verfügung, durch welche die Bauerlaubnis für Wohngebäude mit einem Ausgang nach der Straße trotz Widerspruchs der Gemeinde entgegen dem § 12 erteilt ist, kann die Gemeinde nur die Aufsichtsbehörde anrufen; Beschwerde oder Klage im Verwaltungsstreitverfahren steht ihr nicht zu, wie auch sonst nicht wegen Verletzung des öffentlichen Baurechts, PrVBl. **15** 509, **12** 570.

Ermöglicht die objektive Beschaffenheit des Gebäudes, es nachträglich zum Wohnen zu benutzen, so darf die Polizei die Bauerlaubnis wegen dieser Möglichkeit nicht von vornherein versagen, kann aber, auch wenn bauliche Änderungen nicht vorgenommen werden, die Benutzung zum Wohnen verbieten, OVG. **53** 418.

Die Polizei kann die Erlaubnis an Bedingungen knüpfen, deren Erfüllung im kommunalen Interesse liegt. Sie handelt dabei doch aus eigenem Recht und Pflicht, weil das Statut ein Bestandteil des öffentlichen Baurechts ist, und vermittelt nicht etwa damit dem Baulustigen ein Vertragsangebot der Gemeinde, RG. **63** 105 = JW. **06** 407[40]. Die zu stellenden Bedingungen stehen ganz im Ermessen der Gemeinde. Vgl. hier Anm. II 2 S. 64. Fällt der Weg unter das Verbot, so kann sich die Gemeinde darauf beschränken, den Bau zu versagen und dem Gesuchsteller zu überlassen, Ausnahmen zu erwirken OVG. **39** 355. Wegen der unmittelbaren Erzwingbarkeit der Bedingungen ist zu unterscheiden. Stellt die von der Gemeinde gemachte Bedingung sich als Einschränkung der Ausnahmebewilligung selbst dar, so daß bei Nichterfüllung die Ausnahmebewilligung als versagt zu gelten hat, oder ist die Ausnahmebewilligung der Gemeinde nicht für ein Wohnhaus schlechthin, sondern nur für ein solches von bestimmter Beschaffenheit (Größe und Bewohnbarkeit) erteilt, so ist sie als Bestandteil des öffentlichen Baurechts von der Polizei zu beachten und durch Versagung der Bauerlaubnis, Widerruf oder Zwangsanordnung ein mit der durch die Bedingung geschaffenen Rechtslage übereinstimmender Zustand herbeizuführen, OVG. **58** 408; insbes. darf die Polizei, wenn die Gemeinde derartige Bedingungen allgemein oder für den speziellen Fall gestellt hat, den Bau nicht genehmigen und kann die Beseitigung eines dem Recht widersprechenden Gebäudes selbst trotz erteilter Erlaubnis und einerlei, ob der Bau ausgeführt ist oder nicht, verlangen. OVG. **34** 409. Handelt es sich aber um Leistungen oder Verpflichtungen anderer Art, an deren Erfüllung die Gemeinde die Ausnahmebewilligung knüpft, so ist es nicht die Aufgabe der Polizei, die Erfüllung dieser Bedingungen unmittelbar zu erzwingen. Daran ändert auch nichts, daß die Bedingung den künftigen Ausbau der Straße sichern soll. War daher der Anbau an der unfertigen Straße unter der Bedingung, daß der Baulustige keinen Zaun vor seinem Hause errichte, genehmigt, so kann die Polizei die Bauerlaubnis nicht widerrufen, wenn der Baulustige die Bedingung nicht anerkennt oder sie nicht erfüllt, OVG. **58** 408. Auch kann sie nicht die Beseitigung des Gebäudes verlangen, nur verbieten, daß es als Wohngebäude benutzt werde oder einen Ausgang nach der Straße erhalte oder behalte; die Wegräumung des Zaunes, also die unmittelbare Erfüllung der Bedingung, kann sie nicht verlangen, OVG. **58** 408, ebenso OVG. **59** 404 — es kann nur gefordert werden, daß der Ausgang beseitigt oder das Gebäude seiner Eigenschaft als Wohngebäude entkleidet wird —; **59** 277 — die Bedingung, daß die Straße vor dem Hause zu pflastern sei, ist eine eigentliche Bedingung, deren Ausfall die Bebaubarkeit hinfällig macht. Macht die Polizei daraus irrtümlich eine Auflage und droht sie die Zwangsausführung an, so ist der auf Einspruch des Baulustigen erteilte Bescheid als neue anfechtbare Verfügung anzusehen —; PrVBl. **15** 432 — wird die Bauerlaubnis nur unter einer Bedingung erteilt und die Bedingung nicht erfüllt, so kann die Erlaubnis zurückgezogen werden. Gegen die Versagung der Baugenehmigung stehen Klage oder Beschwerde nach §§ 127f. LVG. zu, aber nur gegen die Polizei, nicht gegen die Gemeinde, auch wenn die Genehmigung nur unter der Bedingung erteilt ist, daß die Gemeinde ihren Protest zurückziehe, PrVBl. **4** 126. Auch kann, wenn die Bauerlaubnis unter einer Bedingung erteilt ist, das Rechtsmittel keinen Erfolg haben, falls das Bauverbot Platz greift, weil ja dann die Bauerlaubnis unbedingt hätte versagt werden können, OVG. **39** 355. Die Unzulässigkeit der von der Gemeinde gestellten Bedingungen kann im Verwaltungsstreitverfahren nicht geltend gemacht werden, OVG. **40** 387, **39** 355; PrVBl. **26** 486, **16** 124, **10** 29, 387. Gegen die Gemeinde kann auch nicht unter Berufung darauf geklagt werden, daß es sich um die Mitbenutzung öffentlicher Gemeindeanstalten handele. Denn Straßen sind polizeiliche Anstalten, OVG. **44** 100.

Hat das Rechtsmittel Erfolg, so kann nur auf Außerkraftsetzung der polizeilichen Verfügung erkannt, nie aber die versagte Genehmigung erteilt werden, OVG. **40** 371. Die Beschwerdefrist läuft nicht von der Behändigung der Bedingungen der Gemeinde, sondern von der Behändigung des bedingten Konsenses ab, OVG. **29** 395.

13. Das Statut kann Ausnahmen vom Bauverbot vorsehen; es kann dabei die Bedingungen, unter denen eine Ausnahme bewilligt werden soll, näher bezeichnen oder in das Ermessen der Gemeindebehörden stellen. Dies führt dazu, daß wer an einer dem Verbot unterliegenden Straße bauen will, darauf angewiesen ist, mit der Gemeinde einen Vertrag über die Bewilligung der Ausnahmen zu schließen, weil ihm sonst die Bauerlaubnis versagt wird. Vgl. hier Anm. II 12 S. 80ff. Durch den Vertrag kann auch die der wegebaupflichtigen Gemeinde obliegende öffentlich-rechtliche Pflicht zur Herstellung des Bürgersteigs vertraglich übernommen werden. Soweit diese Pflicht übernommen, ist der Erstattungsanspruch nach § 56 Ziff. 6 ZustG. ausgeschlossen, OVG. **56** 339.

Im Grundbuch kann das Bauverbot selbst nicht eingetragen werden, wohl aber kann die vertraglich übernommene Pflicht zur Sicherstellung die Grundlage einer Eintragung bilden, RG. **34** A 271. Hat der Eigentümer, weil die Polizei sonst die Erlaubnis versagen würde, in Höhe der künftigen Anliegerbeiträge eine Hypothek zugunsten einer erst zu gründenden Gemeinde eintragen lassen, so hat er gegen die später entstandene Gemeinde einen Anspruch auf Löschung, weil es an einem Vertrage mit dieser fehlte, RG. **51** 418.

Hat die Gemeinde nicht die freiwillige Leistung abgewartet, vielmehr die zur Befreiung vom Verbot zu machenden Leistungen von dem angeblich Pflichtigen wie eine Gemeindelast unter Androhung zwangsweiser Einziehung gefordert, so stehen Einspruch und Klage gemäß §§ 69ff. KommAbgG. zu, PrVBl. **16** 262. Der Rechtsweg vor den ordentlichen Gerichten ist auch dann ausgeschlossen, wenn der Baulustige im Verwaltungszwangsverfahren unter Vorbehalt eine für den Erwerb von Straßenland bestimmte Kaution bezahlt, die Gemeinde das Land erworben und die Kaution bestimmungsgemäß verwendet hat, Gruch. **31** 1060. Auch kann, wenn unter der Bedingung der Zahlung von Kanalbaubeiträgen an die Gemeinde die Bauerlaubnis bewilligt ist, nach Zahlung dieses Beitrages gegen die Gemeinde nicht auf Rückzahlung geklagt werden; denn es handelt sich dabei um eine Anfechtung der polizeilichen Verfügung (der bedingten Bauerlaubnis), die dem ordentlichen Rechtsweg entzogen ist, RG. **63** 105 = JW. **06** 407[40]. Ist aber in dem Bauerlaubnisschein dem Baulustigen zur Bedingung gemacht, daß er Land zur Straße freilege und abtrete, so ist der Entschädigungsanspruch für das Land gemäß § 4 des G. v. 11. 5. 42 (GS. 192) im Rechtswege zu verfolgen.

Ein Vertrag, durch den die Gemeinde den ihr nach § 12 zustehenden Widerspruch aufgibt und verspricht, die Polizei von der Bewilligung der Ausnahme vom Bauverbot in Kenntnis zu setzen, wogegen der Baulustige gewisse Leistungen übernimmt, z. B. seine Beitragspflicht aus § 15 des Ges. anerkennt und sicherstellt oder verspricht, das erforderliche Land zur Straße freizulegen, abzutreten und aufzulassen, sog. Baudispensvertrag, ist wesentlich privatrechtlicher Natur, unbeschadet der Frage der Erzwingbarkeit des Verzichts auf das Verbot. Es steht daher der Rechtsweg offen für Klagen der Gemeinde auf die ihr versprochene Leistung, wie für Klagen des Baulustigen auf Rückgabe der Sicherheit oder dgl. oder auf Feststellung der Ungültigkeit wegen Vorliegens von Willensfehlern (Irrtum) oder anderen Ungültigkeitsgründen, RG. **78** 427 (= JW. **12** 531[9]), **56** 4 (= JW. **03** 438[18]); Gruch. **54** 1092 (= JW. **10** 766[40]); RG. in PrVBl. **27** 736, **18** 342, **7** 246; OVG. in PrVBl. **24** 104. Für das Verwaltungsstreitverfahren ist in solchen Fällen kein Raum, PrVBl. **14** 630, **13** 289, 290, **10** 209. Auch wenn die Gemeinde sich nachträglich aus der Kaution befriedigt, hat das nicht die Unzulässigkeit des Rechtsweges, sondern höchstens, wenn der Baulustige nicht nach §§ 69 ff. KommAbgG. eine Änderung erreicht, Abweisung der Klage zur Folge. Auch ist es einerlei, ob der Kläger durch die polizeiliche Verfügung zum Vertragsschluß veranlaßt ist, Gruch. **54** 1092 (= JW. **10** 766[40]); RG. in PrVBl. **27** 736. Darauf, daß nach öffentlichem Recht von einer solchen Bedingung, deren Erfüllung der Baulustige zur Abwendung des Bauverbots vertraglich übernommen hat, die Erteilung der Bauerlaubnis nicht hätte abhängig gemacht werden dürfen, kann sich der Baulustige zur Begründung seines Anspruchs auf Rückgewähr nicht mit Erfolg berufen, RG. in PrVBl. **27** 736.

Materiell ist ein Bereicherungsanspruch für den Baulustigen gegeben, wenn beide Teile die Straße für eine solche, die dem Bauverbot unterliegt, gehalten haben, während dies in Wahrheit nicht der Fall ist, und der Baulustige in diesem Irrtum befangen geleistet hat, RG. **78** 427 (= JW. **12** 531[9]); ferner, wenn der Baulustige auf Grund eines solchen Vertrages die künftig fälligen Beiträge im voraus zahlt und später die Anlegung der Straße aufgegeben wird, RG. **75** 145 (= JW. **11** 292[35]); ebenso wenn der Baulustige sich zu Leistungen in dem Irrtum verpflichtet hat, daß er zum Errichten eines Lagergebäudes einer Ausnahmebewilligung bedürfe. Der Bereicherungsanspruch kann aber weggefallen sein, wenn die Verpflichtung auf Freilegung und Abtretung von Land zur Straße ging und hierzu der Baulustige nunmehr auch nach § 15 verpflichtet ist, RG. **67** 240 (= JW. **08** 83[20]).

Über die Anfechtbarkeit ähnlicher Verträge wegen Irrtums nach ALR. und das Bestehen eines Entschädigungsanspruchs aus § 75 Einl. ALR., vgl. RG. in PrVBl. **25** 133.

Eine Klage, daß der Gemeindevorsteher eine die Befreiung von dem Bauverbote betreffende Erklärung der Polizei gegenüber abgebe, ist ausgeschlossen und wird auch nicht dadurch zulässig, daß die Gemeinde entgegen einer privatrechtlich übernommenen Verpflichtung schikanös und, um einen Druck auszuüben, ihre Einverständniserklärung zurückgenommen hat, JW. **96** 383[73 u. 74].

Wird die polizeiliche Verfügung, durch die auf Grund des

§ 12 die Bauerlaubnis versagt ist, im Verwaltungsstreitverfahren aufgehoben, weil ein Verbot für die Straße nicht gilt, so ist die Gemeinde entschädigungspflichtig (FranzR.), RG. **46** 282; RG. in PrVBl. **8** 415.

15. Die Baureife eines Grundstücks kann insofern als Eigenschaft anzusprechen sein, als darunter die Tatsache verstanden ist, daß der Bebauung des Grundstücks öffentlich-rechtliche Hindernisse, insbesondere solche aus § 12 des Ges. nicht entgegenstehen. Als eine die Gewährleistungspflicht des Verkäufers begründende zugesicherte Eigenschaft kann sie nur dann in Betracht kommen, wenn der Verkäufer sich dafür eingesetzt hat, daß sie z. Zt. des Vertragsschlusses bzw. des Gefahrüberganges bestehe, JW. **11** 322[13]. Sollen aber nach der Erklärung des Verkäufers erst in Zukunft die Voraussetzungen erfüllt werden, unter denen ein Grundstück bebaubar ist, so liegt ein Mangel im Sinne des § 459 BGB. nicht vor; die Haftung dafür kann natürlich in Gestalt einer Garantie oder durch das Setzen einer Bedingung (§§ 158ff. BGB.) übernommen oder auferlegt werden, RG. **52** 429.

Liegt eine zugesicherte Eigenschaft im oben erörterten Sinn nicht vor, ist aber das Grundstück dem Bauverbot aus § 12 unterworfen und unterliegt die Errichtung eines Gebäudes auf ihm der Beitragspflicht aus § 15, so haftet zwar der Verkäufer nicht für die Freiheit von den bezeichneten öffentlichen Lasten (§ 436 BGB.); die öffentlich-rechtlichen Lasten bilden aber im Sinne des § 119 Abs. 2 BGB. eine im Verkehr als wesentlich angesehene Eigenschaft des Grundstücks. Der Käufer, der die Freiheit von diesen Lasten irrtümlich vorausgesetzt hat, kann deshalb den Kaufvertrag anfechten, auch wenn der Irrtum dem Verkäufer nicht erkennbar geworden ist, JW. **12** 850[3] (= Warneyer **5** 402).

III. Der § 12 ist modifiziert durch den § 23 des Frankf. UmlegG. v. 28. 7. 02, GS. 273, das auch in Posen, Köln und Wiesbaden gilt (vgl. G. v. 28. 7. 11, GS. 159 u. 160 und v. 3. 6. 12, GS. 179).

Danach kann die zur Durchführung des Umlegungsverfahrens berufene Kommission (§ 8 aaO.) die Zeit bestimmen, innerhalb welcher die Straßen und Plätze des Umlegungsgebietes für den Verkehr und Anbau herzustellen sind. Dabei kann eine nur vorläufige Herstellung zugelassen und als ausreichend anerkannt werden. Die Frist kann für verschiedene Teile des Umlegungsgebiets verschieden bemessen werden. Nach Ablauf der Frist kann die Bauerlaubnis deshalb, weil die Herstellung noch nicht erfolgt ist, nicht versagt werden. In dem Falle des § 3 Abs. 1 Nr. 1 aaO. darf die Frist unbeschadet einer abweichenden Einigung zwischen der Gemeinde und den beteiligten Eigentümern höchstens vier Jahr betragen.

IV. Liegt dem Verband Groß-Berlin selbst die Herstellung der nach seinen Fluchtlinienplänen auszuführenden Straßen ob, so ist er zum Erlaß eines Ortsstatuts, durch welches der Bau an den von ihm projektierten, noch nicht fertig hergestellten Straßen gemäß § 12 verboten wird, allein berechtigt. Er hat dann auch allein das Recht, Ausnahmen von diesem Verbot zu bewilligen und sog. Baudispensverträge mit den Eigentümern abzuschließen. Das gilt auch, soweit die Straßen für Gutsbezirke projektiert sind (§ 7 Abs. 5 BerlinZweckVG.).

Entsprechendes gilt für einen nach §§ 1—3 ZweckVG. gebildeten Zweckverband nach § 4 aaO. Vgl. § 1 Anm. II S. 35.

§ 13.

Eine Entschädigung kann wegen der nach den Bestimmungen des § 12 eintretenden Beschränkung der Baufreiheit überhaupt nicht, und wegen Entziehung oder Beschränkung des von der Festsetzung neuer Fluchtlinien betroffenen Grundeigentums nur in folgenden Fällen gefordert werden:

1. wenn die zu Straßen und Plätzen bestimmten

Grundflächen auf Verlangen der Gemeinde für den öffentlichen Verkehr abgetreten werden;

2. wenn die Straßen- oder Baufluchtlinie vorhandene Gebäude trifft und das Grundstück bis zur neuen Fluchtlinie von Gebäuden freigelegt wird;
3. wenn die Straßenfluchtlinie einer neu anzulegenden Straße ein unbebautes, aber zur Bebauung geeignetes Grundstück trifft, welches zur Zeit der Feststellung dieser Fluchtlinie an einer bereits bestehenden und für den öffentlichen Verkehr und den Anbau fertig gestellten anderen Straße belegen ist, und die Bebauung in der Fluchtlinie der neuen Straße erfolgt.

Die Entschädigung wird in allen Fällen wegen der zu Straßen und Plätzen bestimmten Grundfläche für Entziehung des Grundeigentums gewährt. Außerdem wird in denjenigen Fällen der Nr. 2, in welchen es sich um eine Beschränkung des Grundeigentums infolge der Festsetzung einer von der Straßenfluchtlinie verschiedenen Baufluchtlinie handelt, für die Beschränkung des bebaut gewesenen Teiles des Grundeigentums (§ 12 des Gesetzes über Enteignung von Grundeigentum vom 11. Juni 1874) Entschädigung gewährt.

In allen oben gedachten Fällen kann der Eigentümer die Übernahme des ganzen Grundstücks verlangen, wenn dasselbe durch die Fluchtlinie entweder ganz oder soweit in Anspruch genommen wird, daß das Restgrundstück nach den baupolizeilichen Vorschriften des Ortes nicht mehr zur Bebauung geeignet ist.

Bei den Vorschriften dieses Paragraphen ist unter der Bezeichnung Grundstück jeder im Zusammenhange stehende Grundbesitz des nämlichen Eigentümers begriffen.

§ 14.

Für die Feststellung der nach § 13 zu gewährenden Entschädigungen und die Vollziehung der Enteignung kommen die §§ 24ff. des Gesetzes über Enteignung von Grundeigentum vom 11. Juni 1874 zur Anwendung.

Streitigkeiten über Fälligkeit des Anspruchs auf Entschädigung gehören zur gerichtlichen Entscheidung.

Die Entschädigungen sind, soweit nicht ein aus besonderen Rechtstiteln Verpflichteter dafür aufzukommen hat, von der Gemeinde aufzubringen, innerhalb deren Bezirk das betreffende Grundstück belegen ist.

I. Die §§ 13, 14 gelten in der Entschädigungsfrage nur für Fluchtlinienfestsetzungen, die nach Maßgabe des Ges. erfolgt sind, RG. **69** 64, **68** 135 (= JW. **08** 318[31]), **46** 282 (= JW. **00** 575[26]), **55** 70 (= JW. **03** 301[38]), **32** 202; Gruch. **41** 994 (= PrVBl. **18** 218), **31** 1061 (= PrVBl. **9** 342). Um Fluchtlinien im Sinne des Ges. handelt es sich auch dann, wenn sie sich örtlich mit älteren Fluchtlinien genau decken, RG. **23** 283 = JW. **89** 216[41] = Gruch. **33** 1089. Für Baubeschränkungen, die auf einem Bebauungsplan oder der Festsetzung von Fluchtlinien nach früherem Recht beruhen, erwächst ein Entschädigungsanspruch aus § 75 Einl. ALR. Die Belastung des betroffenen Grundstücks tritt nach dem früheren Recht mit der Publikation des Planes oder der Festsetzung ein. Damit entsteht zugleich die Wertminderung des Grundstücks. Ist eine Bekanntmachung nicht erfolgt, so wird die Belastung und damit die Wertminderung erst wirksam, wenn die zuständige Behörde die Bauerlaubnis versagt, also durch amtliche Anwendung, d. h. durch eine Willenskundgebung der Polizei, die auf Verwirklichung der Fluchtlinie und die dadurch herbeigeführte Baubeschränkung gerichtet ist. Eine amtliche Mitteilung des Bebauungsplans ohne diesen Charakter, z. B. infolge von Auskunft auf Erkundigung, hat die gedachte Rechtsfolge nicht, RG. **55** 70 (= JW. **03** 301[38]), **32** 202, **6** 295 (= PrVBl. **4** 7); Gruch. **41** 994 (= PrVBl. **18** 218), **39** 412, 442, **36** 954, **35** 1118 (= JW. **91** 404[51] = PrVBl. **12** 520), **34** 1038, **30** 1042 (= JW. **86** 169[25] = PrVBl. **8** 181); JW. **01** 318[31 u. 32], **98** 304[79] (= PrVBl. **19** 437), **96** 618[51], **95** 71[21]; PrVBl. **26** 943, **22** 170, **21** 589, **7** 304. Entschädigungsberechtigt ist daher, wer Eigentümer z. B. der Auferlegung der Servitut der Unbebaubarkeit im obigen Sinne ist; ihm steht eine persönliche Entschädigungsforderung zu, so daß, falls später eine Enteignung aus dem Ges. stattfindet, nur der durch die Servitut geminderte Wert in Betracht zu ziehen ist, RG. **55** 70 (= JW. **03** 301[38]), **32** 202; Gruch. **41** 994 (= PrVBl. **18** 218); der Eigentümer kann auch Zinsen verlangen, aber erst von der Mahnung an, JW. **11** 995[41], **02** 374[51]. Hat der Eigentümer freiwillig von vornherein für ein Bauprojekt in der Fluchtlinie des alten Plans die Bauerlaubnis nachgesucht und ist ihm bei der Erteilung der Bauerlaubnis der Plan amtlich eröffnet, so bedarf es des Nachweises, daß der Eigentümer sich, wenn die Baubeschränkung nicht bestanden hätte, zu einer anderen Bebauung entschlossen haben würde, JW. **02** 374[51], **02** 43[51] (= Gruch. **47** 1113); PrVBl. **24** 8. Der in der polizeilichen Verfügung (Versagung der Bauerlaubnis) angegebene Versagungsgrund ist die Grundlage des Anspruchs. Nur wenn aus anderen Gründen jede Bebauung ausgeschlossen gewesen wäre, besteht keine Entschädigungsforderung. Dabei kommt es auch nicht darauf an, auf welche Gründe sonst sich der versagende Bescheid gründet. Ist nur das spezielle Projekt unzulässig, so hat das lediglich zur Folge, daß es der Schadensberechnung nicht zugrunde gelegt werden kann, Gruch. **38** 1099 (= PrVBl. **16** 5 = JW. **94** 485[55]), **35** 1118 (= JW. **91** 404[51] = PrVBl. **12** 520), **30** 1042 (= JW. **86** 169[25] = PrVBl. **8** 181); RG. **28** 278 (= JW. **93** 434[77] = PrVBl. **12** 537). Daß bei der Versagung der

Bauerlaubnis auch auf § 66 I 8 ALR. Bezug genommen ist, hindert die Entstehung des Entschädigungsanspruches nicht, wenn jede Motivierung für die Anwendung dieser Vorschrift fehlt, JW. **95** 71 [25]. Ein aus der Anwendung eines alten Planes erwachsener, unbefriedigter Entschädigungsanspruch wandelt sich in einen Anspruch auf Rente für die Zwischenzeit, wenn durch die Festsetzung neuer Fluchtlinien die geschmälerte Benutzungsfähigkeit des Grundstücks wieder hergestellt wird, Gruch. **35** 1118 (= JW. **91** 404 [51] = PrVBl. **12** 520), **35** 1104 (= JW. **91** 403 [49] = PrVBl. **12** 521). Die Einschränkung der Entschädigungspflicht, die § 13 in Beziehung auf die Beschränkung des Eigentums enthält, gilt selbstverständlich nicht für Entschädigungen gemäß § 75 Einl. ALR., Gruch. **31** 1061 = PrVBl. **9** 342. Vgl. auch § 1 Anm. I 8 S. 31.

Ein Entschädigungsanspruch nach § 75 Einl. ALR., § 31 I 8 ALR. ist auch dann gegeben, wenn eine nicht unter das Gesetz fallende Beschränkung der Baufreiheit auferlegt wird, die einen Eingriff in das Eigentum enthält und durch sonstige Rechtsvorschriften nicht gedeckt wird (baupolizeiliche Beschränkung zum Schutze des Nationaldenkmals auf dem Kreuzberg) Gruch. **26** 935. Auch wenn ohne Fluchtlinienfestsetzung Land zur Straße gezogen wird, sei es auf Grund eines alten Bebauungsplans, sei es ohne solchen, richtet sich die Entschädigung nach § 75 Einl. ALR., RG. **69** 64, **68** 135 (= JW. **08** 318 [31]); insbesondere wenn dies durch polizeilichen Zwang geschieht, ohne Rücksicht darauf, daß eine Fluchtlinienfestsetzung vorhergegangen war und der Eigentümer sich bereit erklärt hatte, das Land für einen bestimmten Preis abzutreten, RG. **69** 50 (= JW. **08** 255 [28]). Vgl. auch RG. in PrVBl. **13** 354.

Auf Grund eines Bebauungsplans des früheren Rechts kann übrigens die Gemeinde nicht ohne weiteres die Enteignung beantragen, soweit sie Land zur Straße braucht. Sie bedarf dazu einer Königlichen Verordnung.

II. Die §§ 13, 14 finden keine Anwendung, bevor die Offenlegung aus § 7 stattgehabt hat, RG. **28** 278 (= JW. **93** 434[77] = PrVBl. **12** 537); Gruch. **38** 1099 (= JW. **94** 485[55] = PrVBl. **16** 5); JW. **92** 108[40]. Versagt die Polizei bei solcher Sachlage die Bauerlaubnis, so liegt ein Eingriff in das Eigentum vor, für den die Gemeinde nach §§ 74, 75 Einl. ALR. und § 31 I 8 ALR. Entschädigung leisten muß. Dasselbe gilt, wenn zwar die Offenlegung aus § 7 erfolgt ist, es zur endgültigen Planfeststellung aber nicht kommt, weil der Plan definitiv ungültig wird, RG. **21** 212 (= JW. **88** 237[23, 24] = PrVBl. **9** 343); Gruch. **42** 1058 (= JW. **98** 98[100] = PrVBl. **19** 230). Ist die Bauerlaubnis vor der Offenlegung aus § 7 versagt und erfolgt die Offenlegung dann, so bleiben die Entschädigungsansprüche — bis zur Offenlegung solche aus § 75 Einl. ALR., von da an einstweilen solche nach §§ 13, 14 des Ges. — ungewiß, bis die Festsetzung endgültig oder definitiv ungültig geworden ist. Eine Feststellungsklage ist wegen keiner der beiden Ansprüche prozessual zulässig, JW. **06** 183[33] = PrVBl. **27** 648.

Wegen der Einwendung, daß der Bau doch hätte versagt werden müssen, vgl. hier Anm. I S. 91.

III. Die bloße Festsetzung von Fluchtlinien, die in die bestehende Straße hineinverlegt werden, die Straße also schmaler machen, gibt keinen Anspruch auf Entschädigung aus dem Ges., weder unter dem Gesichtspunkt daß das Grundstück dadurch die Zugänglichkeit zur Straße verlieren könne, noch unter dem, daß die Polizei möglicherweise einen Neubau hinter der Fluchtlinie verbieten werde, Gruch. **45** 964 (= JW. **00** 574[24, 25] = PrVBl. **22** 277). Die Anliegerschaft an einer bloß festgesetzten, nicht ausgeführten Fluchtlinie gibt kein wohlerworbenes Recht. Wird daher durch Änderung oder Verschiebung einer Fluchtlinie eine Baumaske verlegt, so hat der Anlieger einen gesetzlichen Entschädigungsanspruch nicht, Gruch. **38** 1103 (= JW. **94** 445[81] = PrVBl. **15** 513).

Auf die Entschädigung des Unternehmers für die Anlegung der von ihm ausgeführten Straßenanlage beziehen sich die §§ 13, 14 nicht, RG. **55** 132 = JW. **03** 302[39]. Vgl. § 15 Anm. IX S. 174.

Ebensowenig hat einen Entschädigungsanspruch, wer entsprechend der im Fluchtlinienplan vorgesehenen Tieferlegung der Straße und entsprechend den baupolizeilichen Bedingungen einen Neubau tiefer als die alte Straßenkrone errichtet hat, wenn die Gemeinde die Straße nicht in angemessener Frist tiefer legt, RG. **66** 340 (= JW. **07** 721[36]).

Der in § 185 I 8 ALR. — vgl. AG.BGB. Art. 89 Ziff. 1b — dem Anlieger gegebene Entschädigungsanspruch für die Tieferlegung einer Straße ist durch § 13 nicht berührt, der nur die Entschädigung für die Entziehung oder Beschränkung der Baufreiheit gibt, JW. **99** 31[12] (= PrVBl. **20** 231).

IV. Die §§ 13, 14 sind schon dann anwendbar, wenn die Offenlegung aus § 7 erfolgt ist und der Fluchtlinienplan demnächst endgültig festgestellt wird, RG. **28** 278 (= JW. **93** 434[77] = PrVBl. **12** 537), **21** 212 (= JW. **88** 237[23, 24] = PrVBl. **9** 343); Gruch. **42** 1058 (= JW. **98** 98[100] = PrVBl. **19** 230), **38** 1099 (= PrVBl. **16** 5 = JW. **94** 485[55]); JW. **11** 338[46], **06** 183[33] (= PrVBl. **27** 684); auch die nach § 7 Abs. 2 zugelassene besondere Mitteilung an den Eigentümer steht der Offenlegung aus § 7 Abs. 1 gleich, wenn deren Voraussetzungen im übrigen vorliegen, RG. **33** 233 (= JW. **94** 329[62] = PrVBl. **15** 433).

V. Der im § 13 gegebene Anspruch geht darauf, daß die Gemeinde den Antrag auf Einleitung des Enteignungsverfahrens im Verwaltungswege stelle; darauf ist auch die Klage zu richten; eine Feststellungsklage ist nicht gegeben, wie auch nicht unmittelbar auf Entschädigung geklagt werden kann, RG. **21** 212 (= JW. **88** 237[23, 24] = PrVBl. **9** 243), **1** 171 (= PrVBl. **1** 247); Gruch. **51** 1156; RG. in PrVBl. **27** 49, **17** 465; JW. **11** 338[46], **08** 23[31], **06**

183[33] (= PrVBl. **27** 648), **96** 383[71, 72], **94** 249[34]. Der Anspruch auf Einleitung des Enteignungsverfahrens wird dadurch kein anderer, daß der Berechtigte glaubt, die Übernahme seines Grundstücks verlangen zu können. Darüber ist erst im Enteignungsverfahren zu entscheiden, Gruch. **35** 1116 (= JW. **91** 403[48] = PrVBl. **12** 520); es kann daher auch die Klage nicht auf die Übernahme gerichtet werden; die Übernahme kann erst im Enteignungsverfahren geltend gemacht werden, RG. **63** 174 (= JW. **06** 445[34]).

Der Enteignungspflicht der Gemeinde (§ 13) entspricht ihr Enteignungsrecht (§ 11), RG. **63** 174 (= JW. **06** 445[34]). Einer Königlichen Verordnung (§ 2 EG.) bedarf es nicht. Das Planfeststellungsverfahren (§§ 15 ff. EG.) wird hier durch die Feststellung der Fluchtlinie ersetzt. Die Grundlage für die sich nach §§ 24 ff. EG. regelnde Entschädigungsfeststellung und Enteignung ist der Fluchtlinienplan. Über das Vorhandensein dieser Voraussetzung hat nur die Verwaltungsbehörde, nicht das Gericht zu befinden. Daher ist eine Klage, daß die Gemeinde das Enteignungsverfahren nicht betreiben dürfe, oder auf Ersatz des Schadens, der auf der Ausnutzung eines angeblich ungültigen Fluchtlinienplans beruhen soll, unzulässig. Inzidenter kann selbstverständlich auch über die Gültigkeit eines Fluchtlinienplanes entschieden werden, RG. **62** 193 (= JW. **06** 127[34]).

In dem Prozeß über die Pflicht der Gemeinde, die Einleitung des Enteignungsverfahrens zu beantragen, wird über diese Pflicht endgültig entschieden; es müssen deshalb auch alle Einwendungen, die sich gegen diese richten, vorgebracht werden. Ist daher die Gemeinde rechtskräftig verurteilt, die Einleitung des Enteignungsverfahrens zu betreiben, dann kann im Prozeß über die Höhe der Entschädigung die Entschädigungspflicht der Gemeinde nicht mehr in Zweifel gezogen und nicht etwa noch eingewendet werden, der Eigentümer habe sich zur unentgeltlichen Hergabe von Straßenland verpflichtet, JW. **12** 593[14].

Ändert die Gemeinde die Fluchtlinie nach § 10 oder hebt sie sie auf, während das Enteignungsverfahren noch schwebt, dann muß sie nach § 42 Abs. 1 EG. Entschädigung leisten, Gruch. **53** 1178 (= PrVBl. **30** 817). Vgl. aber JW. **97** 218[64], wonach die Gemeinde von dem Unternehmen der Straßenanlage nicht zurücktreten kann.

Die nach § 24 EG. nötige Bescheinigung über die Einleitung des Enteignungsverfahrens zwecks Eintragung der Vormerkung im Grundbuch ist von der Gemeindebehörde selbst auszustellen, KG. **10** 315.

Wegen der Gebühren- und Stempelfreiheit vgl. § 11 Anm. II 3 S. 61.

VI. Im Falle des Abs. 1 Ziff. 1 ist die maßgebende Zeit für die Ermittelung des Werts einer zu enteignenden Fläche die Zeit der Enteignung. Dabei sind die Fluchtlinienfestsetzung und die Ausführung der Straßenanlage als ein einheitliches Unternehmen anzusehen, und es hat einerseits die Baubeschränkung aus § 11, anderseits eine etwa durch die Fluchtlinienfestsetzung eingetretene Wertsteigerung außer Betracht zu bleiben. So jetzt feste Praxis: RG. **74** 18 (= JW. **10** 766[39]), **55** 70 (= JW. **03** 301[38]), **53** 133 (= JW. **03** 38[58] = PrVBl. **24** 489), **53** 406 (= JW. **03** 55[34]); JW. **11** 995[41], **03** 55[33] (= PrVBl. **24** 587); Gruch. **37** 125 (= PrVBl. **12** 536), **37** 1124; unter Aufgabe der früheren abweichenden Ansicht in RG. **48** 336 (= JW. **01** 267[40, 41] = PrVBl. **22** 434), wonach die Zeit der Fluchtlinienfestsetzung entscheiden sollte.

Es ist das enteignete Land trotz der Fluchtlinienfestsetzung und der dadurch nach § 11 eintretenden Baubeschränkung als Bauland zu schätzen, wenn es diese Eigenschaft zur Zeit der Fluchtlinienfestsetzung gehabt hat oder ohne die Baubeschränkung bis zur Enteignung erlangt haben würde, wenn auch das Land tatsächlich nicht bebaut werden durfte. Vgl. die angeführten Entscheidungen und RG. **28** 271, **8** 237; JW. **92** 284[51]

(= PrVBl. **13** 345). Dadurch wird aber nicht ausgeschlossen, den Wert des durch die Baubeschränkung nach § 11 betroffenen Landes nach den Erträgen eines fingierten Neubaus zu berechnen, RG. **74** 18 (= JW. **10** 766[39]). Kommen mehrere Fluchtlinienfestsetzungen in Betracht, so ist die ältere maßgebend. Spätere, die frühere Baubeschränkung ausdehnende Fluchtlinienfestsetzungen dürfen für die von der älteren schon betroffenen Teile nicht als entscheidend angesehen werden, RG. in PrVBl. **29** 71. Auch das Bauverbot aus § 12 hat keinen Einfluß auf die Bewertung des für die Straße zu enteignenden Baulandes, RG. **53** 406 (= JW. **03** 55[34]), **48** 336 (= JW. **01** 267[40] = PrVBl. **22** 434); Gruch. **31** 113 (= JW. **86** 363[60] = PrVBl. **8** 122). Die Baubeschränkungen aus §§ 11, 12 haben auch dann außer Betracht zu bleiben, wenn die Gemeinde nicht selbst das Enteignungsrecht geltend macht, die Enteignung vielmehr in ihrem vertragsmäßigen Einverständnis von einem Dritten (Kleinbahn), und zwar zu dem Zweck betrieben wird, die nötige Verbreiterung der Straße zu beschaffen, JW. **98** 149[33].

Im Falle des Abs. 1 Ziff. 2 wird der Entschädigungsanspruch fällig mit der Freilegung, JW. **95** 134[29], im Falle des Abs. 1 Ziff. 3 mit dem Beginne des Baues, RG. **70** 12 (= JW. **08** 757[29]). Dieselben Zeiten müssen für die Wertermittelung maßgebend sein.

Nach dem Ges. kann der Eigentümer eine Erhöhung der Entschädigung nicht deshalb beanspruchen, weil er infolge der Straßenanlage Beiträge nach § 15 zu leisten hat, RG. **57** 242 (= JW. **04** 187[41]); JW. **10** 592[38] (= PrVBl. **32** 11); JW. **88** 47[109] (= Gruch. **32** 717 = PrVBl. **9** 158). Ebenso wie die Veranlagung nach § 15 zu beurteilen ist die Heranziehung aus § 9 KommAbgG. zu den Kosten einer Straßenverbreiterung, Gruch. **55** 1179; JW. **12** 94[51]; desgl. die auf Observanz beruhende Last der Anlieger, den Bürgersteig anzulegen, zu unterhalten und zu reinigen, JW. **94** 189[38]. Dagegen sind die Erhöhung der Pflastersteuer und die

Vermehrung der Straßenreinigungspflicht bei Bemessung der Entschädigung berücksichtigt in Gruch. **37** 1124.

Abgesehen von dem Fall des Abs. 1 Ziff. 2 in Verbindung mit Abs. 2 Satz 2 wird für die durch das Gesetz auferlegte Baubeschränkung des Vorgartenlandes ein Ersatzanspruch nicht gewährt; insbesondere bezieht sich Abs. 1 Satz 1 nicht bloß auf die Versagung von Wohngebäuden, sondern auch auf die von gewerblichen Bauten, Gruch. **45** 964 (= JW. **00** 574[24, 25] = PrVBl. **22** 277), JW. **03** 37[50], RG. **48** 336. Die durch die Beschränkung entstehende Wertminderung kann abgesehen von dem hervorgehobenen Fall, auch dann nicht verlangt werden, wenn gleichzeitig ein Teil dem Eigentum nach enteignet wird und im übrigen die Wertminderung des Restgrundstücks beansprucht werden kann, RG. **70** 10 (= JW. **08** 756[23]). Der § 8 Abs. 2 EG. ist im übrigen selbstverständlich anwendbar, JW. **03** 348[14], RG. **57** 215.

Anders liegt es, wenn die Gemeinde die Baufreiheit gewährleistet hat. In diesem Falle muß sie, auch abgesehen davon, ob die Voraussetzungen des § 13 Ziff. 1—3 vorliegen, den aus dem Verlust der Baufreiheit erwachsenen Nachteil ersetzen. Die Entschädigung dafür kann auch im Enteignungsverfahren verlangt werden, RG. in PrVBl. **24** 25.

Trotzdem an sich im Enteignungsverfahren auch der Nachteil zu ersetzen ist, den der Enteignete dadurch hat, daß das Grundstück gerade für Straßenzwecke enteignet wird, kann er doch nicht Entschädigung dafür verlangen, daß infolge Vorschiebens der bisher bestehenden Fluchtlinie die Nachbargärten mehr als bisher bebaut werden und ihm bis zu einem gewissen Grade Licht und Luft genommen wird, RG. in PrVBl. **26** 253. A. M. RG. in PrVBl. **27** 522. Vgl. auch hier im Eing. S. 96 über die Einheitlichkeit von Fluchtlinienfestsetzung und Straßenanlage.

Ist die Fluchtlinie zur sofortigen Ausführung bestimmt, verfolgt sie offensichtlich den Zweck, die für die Straßenanlage erforderlichen Enteignungen unmittelbar herbeizuführen, dann gelten als Nachteile, die durch die Enteignung herbeigeführt sind, schon diejenigen, die infolge der ersten Aufstellung und Vorlage des Planes durch den Gemeindevorstand entstanden sind, RG. **43** 356.

Bei allmählicher Durchführung eines mehrere Straßen umfassenden Bebauungsplanes sind als neue Anlage im Sinne des § 10 EG. weder jede Straße für sich noch alle Straßen zusammen anzusehen. Es ist vielmehr Tatfrage, ob die „neue Anlage" eine oder mehrere Straßen umfaßt. Der zeitliche Zusammenhang der Ausführung ist dafür bedeutsam, RG. **63** 1. Vgl. JW. **08** 23[31].

Wird durch die Fluchtlinie ein bebautes Grundstück betroffen und nach Abbruch des Gebäudes ein Neubau in der Fluchtlinie errichtet, so ist außer der Vergütung für die entzogene Bodenfläche auch Entschädigung für den Minderwert des neuen Gebäudes zu leisten, RG. **57** 215, in Abweichung von RG. **5** 214, das nur Vergütung für die Bodenfläche gewähren will.

Auch für Enteignungen nach dem Ges. gilt der Satz, daß die für das Restgrundstück erwachsenen allgemeinen Vorteile der Straßenanlage auf die Entschädigung nicht angerechnet werden, und zwar auch nicht auf die Wertminderung, die durch die Enteignung oder die neue Anlage für das Restgrundstück herbeigeführt wird, RG. **57** 242 (= JW. **04** 187[41]). Davon unabhängig ist die Frage, ob ein Grundstück nach seiner bisherigen Bestimmung zweckmäßig genutzt werden kann, unter Berücksichtigung der Vorteile der neuen Anlage zu prüfen. Bei Enteignungen aus dem Ges. ist aber zu beachten, daß zur Zeit der Enteignung ungewiß war, wann die Straße fertig hergestellt sein würde, während sich der Eigentümer wegen des für die Klage drohenden Fristablaufs entschließen muß, welche Ansprüche er erheben will, RG. **42** 394.

Soweit das Fluchtliniengesetz keine besonderen Vorschriften enthält oder seine Grundsätze zu einem anderen Ergebnis führen, kommen die materiellen Sätze des Enteignungsgesetzes auch im Bereiche des Ges.' zur Anwendung, RG. **31** 273, Gruch. **45** 964 (= JW. **00** 574[24, 25] = PrVBl. **22** 277), **41** 997, **38** 1096 (= JW. **94** 381[66, 67]), JW. **91** 227[20].

VII. In den Ziff. 1—3 des Abs. 1 werden die Fälle erschöpfend geregelt, in denen auf Grund des Ges. die Einleitung des Enteignungsverfahrens, d. h. die Entschädigung, verlangt werden kann.

Der Anspruch ist begründet:

1. wegen Abtretung eines Grundstücks auf Verlangen der Gemeinde.

Der Eigentümer hat keinen Anspruch darauf, daß die Gemeinde von ihrem Recht Gebrauch macht; ihr steht es frei, den Zeitpunkt zu wählen, wann sie Abtretung verlangen will, JW. **12** 593[14]. Vgl. auch hier 2 und 3.

Auch die Inbesitznahme eines nach Abs. 1 Ziff. 2 erst freizulegenden Grundstücksteils begründet den Anspruch, JW. **03** 37[57]. Die Abtretung setzt nicht voraus, daß das Eigentum schon übergegangen ist, RG. **61** 322 (= JW. **05** 703[32]), JW. **03** 37[57], **97** 218[54].

Das Verlangen der Abtretung kann stillschweigend gestellt werden, RG. **69** 159 (PrVBl. **31** 532 = JW. **08** 569[35]). In der Offenlegung nach § 7 ist es nicht enthalten, JW. **11** 338[46]. Das Verlangen der Abtretung liegt vor, wenn die Gemeinde eine Reihe sich als umfassende Besitzergreifung darstellende Handlungen vornimmt, Gas- und Wasserleitung legt, die Straße ausbaut, sie also tatsächlich in eine öffentliche Straße umwandelt. Es ist einerlei, ob sie dies auf polizeiliche Anordnung getan hat. Das würde nur ein Beweggrund ihres Vorgehens sein. Außerdem kann die Gemeindeverwaltung sich nicht darauf berufen, daß sie in ihrer Eigenschaft als polizeiliches Organ die erfolgte Regulierung für nötig gehalten habe, RG. **61** 322 (= JW. **05** 703[32]), JW. **03** 37[57], **94** 249[34] (= PrVBl. **15** 398). Das Verlangen der Abtretung kann ferner darin gefunden werden, daß der Amtsvorsteher, der zugleich Gemeindevorstand ist, die Bauerlaubnis unter der Bedingung kostenfreier Abtretung des zu Straßenland bestimmten Vorlandes erteilt, weil anzunehmen ist, daß beim Stellen der Bedingung der Beamte nur als Gemeindevorstand gehandelt hat, da er als Amtsvorsteher die Bedingung nicht stellen durfte, JW. **11** 338[46] (= Warneyer **4** 238), ferner darin, daß die Gemeinde eine Privatstraße, die dem öffentlichen Verkehr dient, auf ihre Kosten mit Kanalisation und Wasserleitung versehen und anderen Anliegern den Bau von Wohnhäusern gegen Kaution für Pflasterkosten usw. erlaubt hat; entscheidend ist die Willensbetätigung der Gemeinde, wonach sie die Straße für den öffentlichen Verkehr gebraucht wissen und darüber wie ein Eigentümer verfügen will. Das Einverständnis des Eigentümers mit solchen Maßnahmen schließt mangels besonderer Abmachungen den Entschädigungsanspruch nicht aus; auch ist es einerlei, ob die Abtretung freiwillig erfolgt oder die Initiative von der Gemeinde ausgeht, RG. **69** 159 (= JW. **08** 569[35] = PrVBl. **31** 352). Die bloß tatsächliche Einverleibung der Fläche in eine öffentliche Straße, insbesondere auf Anordnung der Polizei, ist kein Abtretungsverlangen; es genügt aber, daß aus dem Verhalten der Gemeindeorgane klar erkennbar ist, daß eine bestimmte Fläche für den öffentlichen Verkehr beansprucht, daß die Fluchtlinie verwirklicht und die Fläche abgetreten werden soll. Eine solche Willensbetätigung ist nicht deshalb ausgeschlossen, weil die Gemeinde selbst bereits Eigentümerin zu sein meint, wenn nur erhellt, daß die Fläche unter allen Umständen zu Straßenzwecken Verwendung finden soll, RG. **68** 135 (= JW. **08** 318[31]). Im übrigen ist es nicht ausreichend, daß die Fläche ohne jede auf ihre Einbeziehung in das Straßenterrain gerichtete Maßnahme der Gemeindebehörde tatsächlich zur Straße gezogen ist, daß sich der Straßenverkehr tatsächlich auf den Streifen erstreckt; insbesondere ersetzt die der Erteilung der Bauerlaubnis hinzugefügte Bedingung, den Bürgersteig in gewisser Weise herzustellen, das Abtretungsverlangen nicht. In solchen Fällen kann ein etwaiger Entschädigungsanspruch nur auf § 75 Einl. ALR. gestützt werden, RG. **33** 233 (= JW. **94** 329[62] = PrVBl. **15** 433), RG. in PrVBl. **24** 25, JW. **94** 249[31] (= PrVBl. **15** 398).

2. wegen Freilegung des in die Fluchtlinie fallenden Landes von aufstehenden Gebäuden.

Die Vorschrift gibt eine Ausnahme von dem Satz, daß es grundsätzlich im Belieben der Gemeinde steht, welchen Zeitpunkt sie für die Enteignung wählen will, RG. **76** 160.

Die Festsetzung einer Fluchtlinie — vgl. § 1 Anm. I 7 S. 30 — ist, wie in allen Fällen des Abs. 1, die selbstverständliche Voraussetzung. Diese ist die Grundlage des Anspruchs auf Freilegung, die Freilegung nur eine Bedingung desselben. Auf die Zeit der Festsetzung ist daher zu sehen bei der Frage, ob die Fluchtlinie vorhandene Gebäude trifft; dagegen bestimmt sich der Anspruch im übrigen nach der Lage z. Z. der Freilegung. Wer daher sein von der — von der Straßenfluchtlinie abweichenden — Baufluchtlinie getroffenes Gebäude bis zu dieser Linie niederlegt, kann nach den in Abs. 2 in Bezug genommenen §§ 12, 9 Abs. 3 EG. die Übernahme auch des stehengebliebenen Teiles des Gebäudes verlangen, RG. **57** 179 (= Gruch. **48** 1075), **2** 279 (= PrVBl. **2** 177); RG. in PrVBl. **1** 344.

Hat die Offenlegung aus § 7 stattgefunden, und ist das Verfahren nicht durchgeführt, weil ein erweiterter Fluchtlinienplan aufgestellt und festgesetzt ist, der den alten unverändert übernommen hat, so verliert der Eigentümer den Entschädigungsanspruch nicht, weil er sein Grundstück bis zur Fluchtlinie aus Anlaß der ersten Offenlegung freigelegt hat, JW. **11** 338[46] (= Warneyer **4** 238). Verzichtet die Gemeinde auf die Fluchtlinie, so können sich die Anlieger einen Entschädigungsanspruch nicht mehr verschaffen. Ist die Fluchtlinienfestsetzung einmal erfolgt und hebt die Gemeinde unter Zustimmung der Ortspolizei die alte Fluchtlinie auf oder ändert sie, kann aber diese Maßregel wegen formaler Hindernisse oder infolge von Einwendungen nicht alsbald in Wirksamkeit treten, so erwirbt der Anlieger, der in der alten Fluchtlinie während des Schwebens des neuen Festsetzungsverfahrens baut, einen Entschädigungsanspruch dann, wenn ihm ein Aufschub nicht angesonnen werden darf. Ist kein Eilbedürfnis vorhanden, so kann, abgesehen von §§ 226, 157, 162 Abs. 2, 242, 826 BGB., eine gegen den Willen der Polizei und der Gemeinde stattfindende Niederlegung einen Entschädigungsanspruch nicht begründen, JW. **05** 151[37] (= PrVBl. **27** 49).

Freilegung bezeichnet hier die Niederlegung von den aufstehenden Gebäuden. Ohne Niederlegung der Gebäude besteht ein Anspruch selbst dann nicht, wenn das Restgrundstück nach Abtrennung des zur Straße bestimmten Teiles nicht mehr bebaubar ist; die Zusage der Freilegung steht der Freilegung nicht gleich, RG. **5** 214 (= PrVBl. **3** 204 = JW. **81** 102); Gruch. **55** 128 (= JW. **10** 126[37]). Die Freilegung muß eine vollständige sein, so daß die Fläche ohne weiteres für die Straße benutzbar ist. Solange noch Mauerreste, auch nur in geringem Umfange, stehen, ist die Bedingung nicht erfüllt, RG. in PrVBl. **29** 246, auch nicht, wenn die zwischen zwei betroffenen Häusern stehenden Nebengebäude entfernt werden. Das Gesetz kennt keine stückweise Enteignung; Abs. 3 ist auch nicht analog auf Teile des Straßenterrains zu beziehen, Gruch. **35** 1108 (= JW. **91** 218[63]).

Eine weitere Voraussetzung ist die Versagung des Wiederaufbaus. Die Freilegung soll nur den Beweis liefern, daß es dem Eigentümer mit dem eventuellen Neubau Ernst ist. Der Eigentümer muß also die Gebäude in der erklärten Absicht eines Neubaus niederlegen oder, wenn die Gebäude ohne seinen Willen, z. B. durch Brand, zerstört sind, sogleich die Absicht, neu zu bauen, zu erkennen geben, Gruch. **35** 1108 (= JW. **91** 218[63]). Die Freilegung muß zum Zwecke des Neu- oder Umbaus des Restgebäudes, sie darf nicht lediglich zu dem Zwecke erfolgen, die Entschädigungsansprüche zur Entstehung zu bringen, JW. **12** 816[39]; anderseits ist es nicht notwendig, daß die Gebäude z. B. der Fluchtlinienfestsetzung noch stehen. Es kommt vielmehr darauf an, ob das Grundstück selbst den Charakter des bebauten hat. Diese Eigenschaft behält es, auch wenn der Eigentümer z. B. der Fluchtlinienfestsetzung die Gebäude schon zum Zweck eines Neubaus niedergelegt hatte; auch dann sind die Gebäude noch „vorhandene"; nur muß der Entschluß des Eigentümers zur Freilegung der betreffenden Fläche auf seiner Annahme beruhen, die zukünftige Fluchtlinie stehe der Bebauung in der früheren Art entgegen. Legt er das Gebäude aus anderen Gründen nieder, so muß er abwarten, bis die Gemeinde die Abtretung verlangt, JW. **11** 338[46] (= Warneyer **4** 238), **04** 503[36] (= PrVBl. **26** 256); ein Grundstück ist auch dann bebaut, wenn das Gebäude durch Brand oder ein anderes Naturereignis augenblicklich niedergelegt ist, RG. **21** 212 (= JW. **88** 237[23], [24] = PrVBl. **9** 343), JW. **03** 37[57]. Wesentlich ist, daß durch den Plan die Absicht, das niedergelegte Gebäude in dem früheren Umfange wiederherzustellen, durchkreuzt ist. Wird also eine Bauerlaubnis wegen des Projekts einer Straßenverbreiterung versagt und legt der Eigentümer dann ein der neuen Fluchtlinie angepaßtes Gesuch vor, so hat er, falls er vor der Genehmigung dieses Gesuchs und der noch später erfolgenden Offenlegung aus § 7 sein Gebäude abbricht, einen Entschädigungsanspruch nicht, wenn festzustellen ist, daß er schon vor der Offenlegung die Absicht der Wiederherstellung des Gebäudes in dem früheren Umfange endgültig aufgegeben hatte, JW. **04** 503[36] (= PrVBl. **26** 256). Mit der Niederlegung des Gebäudes beginnt die Pflicht, die Entschädigung zu verzinsen, wenn entweder gleichzeitig Besitz entzogen oder der Eigentümer zur Besitzübertragung bereit ist, JW. **03** 194[71].

Der Anspruch entsteht in der Person dessen, der freilegt. Die Unterscheidung, die Entschädigung für die Entziehung der

Bebaubarkeit gebühre dem Eigentümer z. B. der Offenlegung, die für die Entziehung des Grundstücks dem Freilegenden, ist haltlos, Gruch. **42** 732 (= PrVBl. **18** 303).

Unter dem „Grundstück" ist das bebaute Grundstück zu verstehen, auf dessen Wieder- oder Neubebauung der Eigentümer nach Freilegung zu verzichten gezwungen wird. Selbstverständlich umfaßt es das bebaut gewesene Stück. Wie weit es im übrigen reicht, ist Tatfrage. Richtschnur ist aber, daß das Grundstück als bebaut zu gelten hat, soweit es durch das Gebäude seine Bestimmung erhält, Gruch. **53** 1178 (= PrVBl. **30** 817), **42** 1052 (= PrVBl. **19** 461); RG. **34** 250 (= JW. **95** 31[95]), JW. **96** 278[51]. Dem bebauten Grundstück sind also zuzurechnen alle für die besonderen Zwecke des Gebäudes erforderlichen Flächen, die deshalb mit dem eigentlich bebaut gewesenen Teil eine einheitliche Fläche gebildet haben, insbesondere Hofraum, Wäschetrockenplatz u. dgl., Gruch. **53** 1178 (= PrVBl. **30** 817); ein als Holzlager dienendes Grundstück ist aber nicht Zubehör des auf dem äußersten Ende errichteten Pferdestalls mit Wagenremise, ebensowenig der nach dem Gebäude führende Weg, soweit er seiner Hauptbestimmung nach dem Holzlager dient, wohl aber die Dunggrube. Zur bebauten Fläche sind aber nicht Gebäude zu rechnen, die nach Offenlegung des Planes ohne polizeiliche Genehmigung errichtet sind; ebensowenig deren Zubehör, Gruch. **42** 1052 (= PrVBl. **19** 461); der Entschädigungsanspruch bezieht sich selbstverständlich auch nicht auf anliegendes Terrain desselben Eigentümers, das weder bebaut noch Zubehör des bebauten Teils ist, RG. **34** 250 (= JW. **95** 31[95]).

Aus der Ziff. 2 und § 14 ist nicht zu folgern, daß der Eigentümer, der einen Gebäudeteil, soweit er vor der Fluchtlinie liegt, entfernen will, den hinter der Fluchtlinie stehenden Teil frei von den Schranken stehen lassen kann, welche die Rücksicht auf die öffentliche Ordnung und Sicherheit ihm auferlegt. Soweit er zu einem solchen teilweisen Abbruch der Erlaubnis der Polizei bedarf, kann ihm diese nach § 1 des

Verunstaltungsgesetzes versagt oder nach Abbruch ihm auferlegt werden, den Rest mit einer massiven Wand zu versehen oder ganz niederzulegen, OVG. **58** 415.

3. wegen Bebauung in der Fluchtlinie der projektierten Querstraße.

Auch diese Bestimmung gibt eine Ausnahme von dem Satz, daß es im freien Belieben der Gemeinde steht, welchen Zeitpunkt sie für die Enteignung wählen will, RG. **76** 160, **63** 174 (= JW. **06** 445[34]); **7** 273 (= PrVBl. **4** 149), **5** 214 (= PrVBl. **3** 204); sie gilt grundsätzlich auch für Plätze, RG. **76** 160, **63** 174 (= JW. **06** 445[34]), **7** 273 (= PrVBl. **4** 149).

Die Vorschrift ist über den Wortlaut hinaus dahin auszulegen, daß sie nicht nur anwendbar ist, wenn die Fluchtlinie ein Grundstück trifft, das an einer fertigen und daher anbaufähigen Straße liegt, sondern auch dann, wenn das Grundstück erst nach der Fluchtlinienfestsetzung bebaubar, die Straße also erst nach der Fluchtlinienfestsetzung fertig wird, JW. **09** 86[25] (= PrVBl. **30** 678).

Unbebaut heißt nur, daß auf dem an der Ecke der bestehenden und der neuen Straße gelegenen für den Neubau in Frage kommenden Grundstücksteil kein Gebäude errichtet ist. Ob das Grundstück im übrigen schon bebaut und ein mit dem betreffenden Teil zusammenhängendes Ganze bildet, ist einerlei, wenn nur nicht das Vorhandensein des Gebäudes ein Hindernis für die Bebauung in der Fluchtlinie der neuen Straße bildet, Gruch. **45** 964 = JW. **00** 574[24, 25] = PrVBl. **22** 277.

Der Hauptfall ist der, daß ein bebauungsfähiges, an einer fertigen Straße gelegenes Grundstück von einer Querstraße getroffen wird; Enteignung kann fordern, wer das Eckgrundstück bebaut; aber wenn auch nur die drei ersten Voraussetzungen der Vorschrift, 1. Lage an einer fertigen Straße, 2. ein zur Bebauung geeignetes Grundstück, 3. Getroffensein durch eine projektierte Querstraße vorliegen, so kann ohne Bebauung Entschädigung, d. h. die Stellung des Antrages auf Einleitung des Enteignungsverfahrens, verlangt werden, wenn die Bebauung nicht erfolgen kann, weil das von der Querstraße nicht betroffene Grundstück so klein ist, daß es nicht mehr bebaut werden kann, RG. **63** 174 (= JW. **06** 445[34]); **7** 273 (= PrVBl. **4** 149); das Gleiche gilt natürlich auch dann, wenn die projektierte Querstraße den an der fertigen Straße gelegenen Teil des Grundstücks ganz in Anspruch nimmt. Darauf, ob das Grundstück an der projektierten Querstraße an sich, nämlich an einer von der fertigen Straße entfernten Stelle der projektierten Querstraße, bebaubar bleibt, kommt es nicht an, Gruch. **53** 436 (= PrVBl. **30** 278). Im übrigen entsteht der Entschädigungsanspruch nur, wenn der Bau in der Fluchtlinie der projektierten Querstraße wirklich ausgeführt wird, Gruch. **45** 964 (= PrVBl. **00** 574[24, 25] = PrVBl. **22** 277). Die Entstehung des Anspruchs ist mit dem Baubeginn verknüpft. Wer daher ein Eckhaus mit einer Front in der Fluchtlinie der projektierten Querstraße zu bauen beginnt und vor der Vollendung des Baues das Baugrundstück ausschließlich des in die Querstraße fallenden Teiles veräußert, kann Entschädigung für die ihm verbliebene Fläche so fordern, als ob sie noch Teil des Ganzen wäre (§ 8 Abs. 2 EG.), RG. **70** 12. Eine neue Straße ist auch die Verlängerung einer bestehenden Straße, Gruch. **53** 1178 (= PrVBl. **30** 817). Im Falle der Verbreiterung einer Straße ist aber der Anspruch nicht gegeben, RG. **34** 250 (= JW. **95** 31[95]); auch dann nicht, wenn diese in Form eines Platzes in Aussicht genommen ist, RG. **76** 160.

Daß die Bebauung zur Zeit der Fluchtlinienfestsetzung begonnen haben müsse, ist eine längst aufgegebene Meinung, Gruch. **53** 1178 (= PrVBl. **30** 817).

VIII. Der Abs. 3 ergänzt den § 9 EG. Die Übernahme kann also verlangt werden, wenn das Restgrundstück nach seiner bisherigen Bestimmung nicht mehr zweckmäßig genutzt werden kann, aber auch schon dann, wenn es früher zur Bebauung geeignet war, diese Eigenschaft aber infolge der neuen Fluchtlinie verloren hat, RG. **31** 273 (= PrVBl. **15** 30 = JW. **93** 319[50]); JW. **12** 816[39]. Daß das Grundstück nach den baupolizeilichen Vorschriften des Orts noch bebaubar ist, wird für den Regelfall bewiesen durch die Tatsache, daß ein ausgebautes Haus auf dem Restgrundstück steht, JW. **12** 816[39].

Der Abs. 4 bezieht sich nur auf den Abs. 3. Er ist auf den in Ziff. 2 des Abs. 1 behandelten Fall nicht etwa in dem Sinn anzuwenden, daß beim Vorliegen der sonstigen Voraussetzungen der Eigentümer die Übernahme seines ganzen, mit dem freigelegten Teil im Zusammenhang stehenden Grundbesitzes verlangen könnte; er ist nur unter der Voraussetzung auf diesen Fall zu beziehen, daß der Restbesitz nach den baupolizeilichen Bestimmungen des Orts nicht mehr zur Bebauung geeignet ist, RG. **34** 250 (= JW. **95** 31[95]); Gruch. **42** 1052 (= PrVBl. **19** 461). Liegen zwei zusammenhängende und daher nach Abs. 4 ein Grundstück bildende Parzellen zwischen zwei Parallelwegen, von denen aus vernünftigerweise jede selbständig bebaubar ist, und ist nur einer dieser Wege fertig und deshalb bei Inanspruchnahme der Parzellen durch eine beide Wege verbindende projektierte Querstraße an sich nur für die eine Parzelle der Enteignungsfall der Ziff. 3 gegeben, so kann die Übernahme der anderen Parzelle nicht verlangt werden, und der Eigentümer muß warten, bis hinsichtlich ihrer der Enteignungsfall selbständig gegeben ist. Insoweit sind Abs. 3 und 4 einschränkend auszulegen, JW. **09** 86[25] (= PrVBl. **30** 678).

Exkurs zu den §§ 13 und 14 über das Enteignungsgesetz.

I. Verfahren.

Der Antrag auf Feststellung der Entschädigung ist von der Gemeinde schriftlich bei dem Regierungspräsidenten, in Berlin bei dem Polizeipräsidenten zu stellen. Der Antrag muß das

Grundstück und den Eigentümer genau bezeichnen. Ein Auszug aus dem Grundbuch — wo ein solches fehlt, eine Bescheinigung der zuständigen Behörde über den Eigentumsbesitz — ist beizufügen. Der Auszug wird von dem Grundbuchamt auf Grund der Bescheinigung der Gemeindebehörde, daß das betreffende Grundstück von der festgestellten Fluchtlinie getroffen werde, erteilt. Die Bescheinigung muß ordnungsmäßig unterschrieben und mit einem Siegel oder Stempel versehen sein. Bei Vorlage der Bescheinigung trägt das Grundbuchamt von Amts wegen eine Vormerkung über das eingeleitete Enteignungsverfahren ein.

Der Regierungs- (Polizei-) Präsident ernennt sodann einen Kommissar. Dieser bestimmt einen Termin, zu dem die Gemeindebehörde, der Eigentümer und die Nebenberechtigten (Nutzungs-, Gebrauchs- und Servitutberechtigte, Pächter, Mieter) besonders, alle sonst Beteiligten durch Bekanntmachung im Amtsblatt geladen werden. Jeder Berechtigte kann im Termin erscheinen und sein Interesse wahrnehmen. Der Eigentümer muß im Termin die Übernahme des ganzen Grundstücks beantragen, wenn er sie beansprucht. Unterläßt er es, so verliert er diesen Anspruch. Der Kommissar hat ein bis drei Sachverständige zuzuziehen, die er ernennt, falls sich die Beteiligten nicht vor dem Termin über die Person des Sachverständigen einigen. Die Beteiligten, mit denen der Kommissar zu verhandeln hat, sollen auch zu dem Gutachten der Sachverständigen gehört werden. Eine etwaige Vereinbarung der Beteiligten über die Entschädigung hat der Kommissar zu Protokoll zu nehmen.

Mangels einer Einigung setzt der Bezirksausschuß, in Berlin die erste Abteilung des Polizeipräsidiums durch Beschluß die Entschädigung fest und bestimmt eine etwaige Übernahme (§ 9 EG.). Für jeden Eigentümer und für jeden Nebenberechtigten, soweit er eine besondere Entschädigung erhält, ist die Entschädigungssumme besonders festzusetzen; auf Antrag ist festzustellen, in welchem Verhältnis vom Eigentümer anerkannte

Nebenberechtigte an der für den Eigentümer bestimmten Entschädigung etwa beteiligt sind. Der Beschluß muß auch ergeben, ob die Entschädigungssumme zu zahlen oder zu hinterlegen ist.

Gegen den Beschluß steht der Gemeinde und den anderen Beteiligten die Klage bei dem Gericht, in dessen Bezirk das Grundstück liegt, offen; die Klage kann nur binnen sechs Monaten nach Zustellung des Beschlusses — die Zustellung an den Eigentümer setzt die Frist auch gegen die anderen Beteiligten in Lauf — erhoben werden.

Die Enteignung des Grundstücks spricht auf Antrag der Gemeinde der Bezirksausschuß, in Berlin die erste Abteilung des Polizeipräsidiums aus, wenn der Rechtsweg durch Fristablauf oder sonst erledigt und die Entschädigungssumme gezahlt oder hinterlegt ist. Der Beschluß bedeutet zugleich eine Einweisung in den Besitz. Die gedachte Beschlußbehörde hat zugleich das Grundbuchamt um die erforderlichen Eintragungen zu ersuchen. In dringlichen Fällen, zu denen auch die Anlegung von Straßen gerechnet werden kann, hat die bezeichnete Beschlußbehörde anzuordnen, daß die Enteignung vor Erledigung des Rechtswegs erfolgen solle, wenn die Entschädigung gezahlt oder hinterlegt sei. Gegen den sogenannten Dringlichkeitsbeschluß ist eine binnen drei Tagen bei derselben Behörde einzureichende Beschwerde an den Min. d. ö. A. gegeben.

Die Entschädigungssumme wird dem ausgezahlt, der im Entschädigungsfeststellungsbeschlusse als der Berechtigte bezeichnet ist. Zinsen zu vier Prozent sind vom Tage der Enteignung, im Falle des § 13 Abs. 1 Nr. 2 bzw. 3 vom Tage der Freilegung bzw. der Errichtung des Gebäudes zu zahlen. Die Entschädigungssumme muß hinterlegt werden, 1. wenn Nebenberechtigte Ansprüche erheben, die nicht feststehen, 2. wenn das Grundstück Fideikommiß, Stammgut oder Lehen ist, 3. wenn Reallasten, Hypotheken oder Grundschulden auf dem Grundstück haften.

Verzichtet die Gemeinde auf die Fluchtlinienfestsetzung (§ 10), bevor die Entschädigung festgestellt ist, so hat sie den Entschädigungsberechtigten den Nachteil zu ersetzen, der durch das Enteignungsverfahren erwachsen ist.

Mit der Zustellung des Beschlusses über die Enteignung geht das Eigentum an dem Grundstück auf die Gemeinde über. Gleichzeitig erlöschen die auf dem Grundstück haftenden Rechte, auch Miete und Pacht. Hinsichtlich dieser Rechte und hinsichtlich des Eigentums tritt an die Stelle des Grundstücks die Entschädigung.

II. Materielle Vorschriften.

Für die Entziehung des Eigentums ist der volle Wert des Grundstücks zu vergüten. Wegen der für die Bestimmung des Werts maßgebenden Zeit vgl. § 13 Anm. VI S. 96, 97. Der Wert ist zu bestimmen nach der bisherigen und, wenn eine andere Benutzungsart des Grundstücks vorteilhafter ist, nach der vorteilhaftesten Benutzungsart. Bei der Abschätzung nach der bisherigen Benutzungsart sind auch die besonderen Vorteile zu berücksichtigen, die das Grundstück gerade für den zeitigen Eigentümer wegen des von ihm darauf betriebenen Gewerbes hat, sogenannter individueller Wert. Für die Feststellung dieses Werts bilden die Anschaffungskosten eines geeigneten Ersatzgrundstücks die obere Grenze, welche die Entschädigung nicht übersteigen darf. Wird der bisherige Ertrag zur Grundlage genommen, so müssen alle Momente rein persönlicher Natur (geschäftliche Tüchtigkeit des Inhabers u. dgl.) ausgeschieden werden. Weil dies außerordentlich schwierig ist, empfiehlt es sich gerade bei der Feststellung des individuellen Werts, den Verkehrswert eines geeigneten Ersatzgrundstücks zu ermitteln. Wird nach dem bisherigen Ertrage gerechnet, so muß ev. das dem Gewerbe anhaftende Risiko berücksichtigt oder in anderer Weise den Schwankungen Rechnung getragen werden, denen Einnahmen aus gewerblichen Betrieben unterworfen sind. Mit anderen Worten darf nur der nachhaltige jährliche Reinertrag die Grundlage bilden. Das gilt bei jeder Schätzung nach dem Ertrage. Werden Gebäude nach dem nachhaltigen Mietsertrage geschätzt, so ist eine Abnutzungsquote für einen Neubau und für die über die ganze Zeit sich erstreckende Wert- und Ertragsminderung einzustellen; es kann dafür ein Durchschnittssatz angenommen werden. Ist die Vorauszahlung der Mieten üblich, so bildet sie einen werterhöhenden Faktor. Besteht ein Gewerbe im wesentlichen in der Ausbeutung der Bodenschätze eines Grundstücks (Steinbruch, Ziegelei, Torfstich), so wird der maßgebende Ertrag durch Ausscheidung der Betriebskosten gefunden.

Zu welchem Zinssatze der jährliche Reinertrag zu kapitalisieren, ist reine Tatfrage. Der örtlich und zeitlich herrschende Zinsfuß ist zu berücksichtigen.

Ist die bisherige Benutzungsart die günstigste, so bietet eine Schätzung des Tauschwerts (Verkehrswertes) des Grundstücks die beste Kontrolle für die Richtigkeit der Berechnung. Wie der Tauschwert zu ermitteln, ist Tatfrage. Vergleichskäufe bilden die geeignetste Grundlage.

Kann das Grundstück vorteilhafter als bisher genutzt werden, so ist diese günstigste Benutzungsfähigkeit zur Grundlage der Berechnung zu machen. Es muß sich aber um eine schon gegenwärtig vorhandene oder in sicherer Aussicht stehende Benutzungsfähigkeit handeln. Unsichere Hoffnungen, z. B. unsichere Arrondierungsmöglichkeit, die wertvolles Bauland schüfe, ist nicht zu berücksichtigen. Die Berücksichtigung günstigerer Ausnutzung eines Grundstücks ist besonders praktisch bei sogenanntem Bauland. Dabei ist baureifes Land, dessen Bebauung nach dem gewöhnlichen Lauf der Dinge in absehbarer Zeit zu erwarten steht, und sogenanntes merkantiles Bauland zu unterscheiden. Bei baureifem Land wird der Wert zweckmäßig nach dem Ertragswert eines fingierten Neubaues berechnet. Es ist ein den Verhältnissen entsprechendes, möglichst rentables Bauprojekt zugrunde zu legen. Durch Abzug des Bauwerts von dem ermittelten Ertragswert ergibt sich der Baustellenwert.

Auch hier bietet der aus Vergleichskäufen ermittelte Verkehrswert eine gute Kontrolle. Sogenanntes merkantiles Bauland nennt man solches Land, bei dem der Verkehr bei der Preisbildung schon gegenwärtig mit der künftigen Bebauung rechnet. Insofern hier alle Faktoren, mit denen man bei einem fingierten Neubau rechnen muß, völlig ungewiß sind, muß die Grundlage der Wertermittelung der Verkehrswert sein.

Auch bei aufstehenden Gebäuden kann sich die Berechnung des Baustellenwerts vorteilhafter stellen. Es ist dann der Mietausfall des alten Gebäudes und der Zwischenzins zu berücksichtigen.

Bei Gebäudeschätzungen ist es vielfach üblich, den Ertragswert und den Wert des Grund und Bodens nebst dem Materialwert der Gebäude zusammenzuzählen und den Durchschnitt als Wert anzunehmen. Das Reichsgericht erkennt die Richtigkeit dieser Berechnungsart aber nicht an, obwohl sie, wie alle derartige Methoden, ersichtlich darauf ausgeht, der Unsicherheit der Faktoren einer Schätzung des Ertragswerts durch Vergleichung mit etwas zuverlässigeren Werten gerecht zu werden.

Bei der Bewertung des Grundstücks kommen Grunddienstbarkeiten und andere Nutzungsrechte Dritter als wertmindernd nicht in Betracht; auch die Belastung mit Hypotheken spielt keine Rolle. Dagegen wird der Wert durch öffentlich-rechtliche Lasten, z. B. die Deichlast gemindert. Wegen des Einflusses der Servitut der Unbebaubarkeit nach altem Recht und der Baubeschränkungen aus dem Ges. vgl. § 13 Anm. I und VI S. 90 und 96.

Beschränkungen, die der Eigentümer durch die tatsächliche Verwendung faktisch für sein Grundstück geschaffen hat, müssen aber auch als wertmindernd berücksichtigt werden.

Umgekehrt sind ebenso tatsächliche Vorteile in Rechnung zu ziehen, wenn begründete Aussicht auf eine gewisse Dauer vorhanden ist, obwohl ein Recht auf den Fortbestand oder die Gewähr der Dauer fehlt. In Betracht kommen z. B. die

Anliegerschaft an einem Weg oder Kanal, die Nachbarschaft von Gärten oder dergleichen. Neben dem Grundstückswert ist die schon vor der Enteignung eingetretene und durch diese verursachte Minderung oder Entziehung von Nutzungen zu ersetzen, z. B. der Rückgang der Mieten oder ein Mietsausfall, der auf die erste Aufstellung und Vorlage des Plans durch den Gemeindevorstand zurückgeht. Bei der Schätzung des sogenannten individuellen Wertes können ferner die Kosten des Umzuges und einer neuen Geschäftseinrichtung in Betracht kommen.

Zu beachten ist schließlich, daß es sich in den Dringlichkeitsfällen um Schätzung des gegenwärtig bereits eingetretenen Schadens, in den übrigen Fällen um die Feststellung des zukünftigen Schadens handelt.

Von großer praktischer Bedeutung ist die Teilenteignung. Bei ihr muß die Entschädigung den Mehrwert umfassen, den der abzutretende Teil durch seinen örtlichen oder wirtschaftlichen Zusammenhang mit dem Ganzen hat, sowie den Minderwert, der für den übrigen Grundbesitz durch die Abtretung entsteht. Beide, Mehr- und Minderwert, d. i. der Nutzen, den der Teil dem Ganzen leistet, gesehen einmal vom Standpunkt des Teils, das andere Mal von dem des Restes, decken sich zwar nicht ausnahmslos, aber in der Regel.

Die Berechnung ist einfach, wenn sich der Minderwert des Restes durch Einrichtungen beseitigen läßt, die nicht unbillig umständliche Arbeiten, z. B. nur kleine bauliche Änderungen, fordern. Dann sind die dafür aufzuwendenden Kosten dem Wert des abgetretenen Teiles hinzuzuzählen. Sonst hat man die Wahl zwischen der Differenzberechnung und der Durchschnittsberechnung. Bei dieser ermittelt man den Wert einer Flächeneinheit (z. B. eines Quadratmeters) des Ganzen und danach den Wert des Restes, wobei der Minderwert nach der Rechnungsmethode in dem Wert der Flächeneinheit mitberücksichtigt ist. Bei jener werden der Wert des Ganzen und der des Restes selbständig ermittelt. Dabei ist zu schätzen der Wert des Ganzen vor der Enteignung und der Wert des

Restes nach der Enteignung, letzterer unter Ausscheidung der dem Rest durch die Straßenanlage zufließenden allgemeinen Vorteile. Die Differenz ergibt den zu ersetzenden Nachteil. Die Durchschnittsberechnung kann angebracht sein bei geschlossenen Baustellen und Geringfügigkeit der abzutrennenden Flächen. Auch ist es nicht unzulässig, für die Verkleinerung noch einen Zuschlag zu machen. In den meisten Fällen ist aber die Differenzberechnung sicherer und daher durchweg vorzuziehen. Auch bei dieser Methode muß von der höchsten Ausnutzungsfähigkeit des Grundstücks ausgegangen werden, und zwar nach einheitlichen Grundsätzen für den Wert des Ganzen und des Restes; es darf daher nicht für den Wert des Ganzen eine geringere Bebauungsmöglichkeit zugrunde gelegt werden, als für den Wert des Restes. Auch hier kommt bei der Berechnung der Werte nach einem fingierten Neubau nur der Abbruchswert, nicht der Ertragswert des alten Gebäudes in Betracht. Wird ein Minderwert des Restes in dem Verlust des Vorgartens gefunden, so darf zu dem entsprechend ermittelten Minderwert nicht noch der Baulandwert des Vorgartens zugerechnet werden. Erschöpft sich der Minderwert in Mietausfällen, so kann er durch Kapitalisierung dieser Ausfälle berechnet werden.

Die allgemeinen Vorteile der neuen Straßenanlage sind niemals auf die Entschädigung anzurechnen, z. B. nicht der Vorteil, den die Schaffung der Straße für alle Anlieger hat. Die besonderen Vorteile des einzelnen dürfen auch nicht auf die auf das enteignete Stück fallende Entschädigung angerechnet werden; dagegen sollen sie mit dem Minderwert des Restes kompensiert werden können. Von einer Vorteilsausgleichung ist keine Rede, wo nicht auf beiden Seiten selbständige Faktoren vorliegen, sondern die einheitliche Wirkung derselben Tatsache, z. B. das Heranrücken an die Straße und damit verbunden die polizeiliche Nötigung, das Grundstück einzuzäunen.

Mehr- und Minderwert sind nur zu ersetzen, wenn zwischen den Teilen ein wirtschaftlicher Zusammenhang besteht; es genügt, daß ein Teil den wirtschaftlichen Bedürfnissen des anderen zu dienen geeignet ist und tatsächlich, wenn auch nicht dauernd, gedient hat.

Auch die aus der Herstellung und dem Bestehen der Straße etwa entstehenden Nachteile sind an sich zu ersetzen. Vgl. aber hier Anm. VI S. 97.

Bei der Teilenteignung kann statt der Entschädigung die Übernahme des ganzen Grundstücks verlangt werden, wenn es durch die Abtretung so zerstückelt werden würde, daß der Rest nach seiner bisherigen Bestimmung nicht mehr zweckmäßig benutzt werden kann. Die Bestimmung des Rests entscheidet; zu verstehen ist darunter der wirtschaftliche Zweck, zu dem der Eigentümer sein Grundstück tatsächlich benutzt hatte. Künftig mögliche Benutzungsarten sind belanglos. Ob der Rest weiter bestimmungsgemäß benutzt werden kann, ist nach der durch die Enteignung geschaffenen Lage zu prüfen.

Trifft die geminderte Benutzbarkeit nur bestimmte Teile, so sind nur diese zu übernehmen. Teilweise in Anspruch genommene Gebäude müssen ganz übernommen werden. Im übrigen vgl. Anm. VIII S. 107.

Bereits erwähnt ist, daß bei Abschätzung des Werts nach dem bisherigen Ertrage die Kosten der Anschaffung eines Ersatzgrundstücks die obere Grenze für den zu ermittelnden Schaden bilden.

Wertsteigerungen durch die neue Straßenanlage bleiben außer Betracht. Vgl. hier Anm. VI S. 96.

Der Betrag des Schadens, den Nutzungs-, Gebrauchs- und Servitutberechtigte, Pächter und Mieter durch die Enteignung erleiden, ist, soweit er nicht in der für das Eigentum bestimmten Entschädigung oder deren Nutzung begriffen ist, besonders zu ersetzen. Mieter oder Pächter haben aber nur Anspruch auf eine Sonderentschädigung, wenn sie bereits in den Besitz des Grundstücks gelangt sind.

Für bloße Beschränkungen (im Gegensatz zur Entziehung) des Eigentums ist die Entschädigung nach den eben erörterten

Grundsätzen zu bestimmen. Dabei ist aber das hier in Anm. VI S. 96 Gesagte zu beachten.

Im übrigen wird hier wegen der für das Recht der Enteignung geltenden Einzelheiten auf die Guttentagsche Ausgabe, Nr. 37 dieser Sammlung, verwiesen.

§ 15.

Durch Ortsstatut kann festgesetzt werden, daß bei der Anlegung einer neuen oder bei der Verlängerung einer schon bestehenden Straße, wenn solche zur Bebauung bestimmt ist, sowie bei dem Anbau an schon vorhandenen bisher unbebauten Straßen und Straßenteilen von dem Unternehmer der neuen Anlage oder von den angrenzenden Eigentümern — von letzteren, sobald sie Gebäude an der neuen Straße errichten — die Freilegung, erste Einrichtung, Entwässerung und Beleuchtungsvorrichtung der Straße in der dem Bedürfnisse entsprechenden Weise beschafft, sowie deren zeitweise, höchstens jedoch fünfjährige Unterhaltung, beziehungsweise ein verhältnismäßiger Beitrag oder der Ersatz der zu allen diesen Maßnahmen erforderlichen Kosten geleistet werde. Zu diesen Verpflichtungen können die angrenzenden Eigentümer nicht für mehr als die Hälfte der Straßenbreite, und wenn die Straße breiter als 26 Meter ist, nicht für mehr als 13 Meter der Straßenbreite herangezogen werden.

Bei Berechnung der Kosten sind die Kosten der gesamten Straßenanlage und beziehungsweise deren Unterhaltung zusammenzurechnen und den Eigentümern nach Verhältnis der Länge ihrer, die Straße berührenden Grenze zur Last zu legen.

Das Ortsstatut hat die näheren Bestimmungen innerhalb der Grenze vorstehender Vorschrift festzusetzen. Bezüglich seiner Bestätigung, Anfechtbarkeit und Bekanntmachung gelten die im § 12 gegebenen Vorschriften.

Für die Haupt- und Residenzstadt Berlin bewendet es bis zu dem Zustandekommen eines solchen Statuts bei den Bestimmungen des Regulativs vom 31. Dezember 1838.

I. 1. Wegen der Formalien vgl. § 12 Anm. II 1 S. 64. Der Abs. 4 hat durch das S. 192 abgedruckte Berliner Ortsstatut seine Bedeutung verloren. Für Gutsbezirke und andere als die nach dem ZweckVG. gegründeten Zweckverbände können Anliegerbeiträge durch Ortsstatut nicht festgesetzt werden, OVG. **42** 103. Wegen des BerlinZweckVG. und des ZweckVG. vgl. übrigens hier Anm. X S. 177. Durch die Wegeordnung für die Prov. Sachsen v. 11. 7. 91 (GS. 316) ist der § 15 unberührt geblieben.

2. Wird das Ortsstatut unter Ausschluß einzelner Bestimmungen vom Bezirksausschuß bestätigt und dann ohne weitere Beschlußfassung der städtischen Kollegien vom Magistrat in der nicht beanstandeten Fassung bekannt gemacht, so ist es doch gültig, sofern kein Zweifel besteht, daß die städtischen Kollegien an der beanstandeten Bestimmung nicht festgehalten haben würden, OVG. **52** 103. Die Abänderung des Statuts erfolgt in gleicher Weise wie sein Erlaß. Das gilt auch für die Einführung einer Vorschrift, wonach statt der Selbstkosten der Gemeinde ein geringerer Einheitssatz bestimmt wird. Die Gemeindebehörden allein sind dazu nicht befugt, OVG. **44** 110. Wird ein älteres Statut durch ein neues aufgehoben, so bleibt die durch das alte Statut schon begründete Beitragspflicht bestehen, wenn nichts anderes bestimmt ist; das gilt auch dann, wenn zufolge einer allgemeinen Regel durch Eingemeindung an die Stelle des Ortsstatuts der abgebenden das der aufnehmenden Gemeinde getreten ist. Fehlt es aber an einem Statut im Bezirk der aufnehmenden Gemeinde überhaupt, dann fällt die Beitragspflicht weg und lebt auch nicht wieder auf, wenn die aufnehmende Gemeinde nachträglich ein

Ortsstatut erläßt, OVG. **56** 127. Wird durch das neue Statut nur Inhalt und Umfang der Beitragspflicht und die Erhebungsart geändert, so bleibt das alte Statut für die Beitragspflicht maßgebend, OVG. **38** 126; vgl. aber OVG. **60** 117 und hier Anm. VII 1 S. 159. So ist auch nach der Zeit des Inkrafttretens des alten Statuts zu entscheiden, ob eine Straße eine schon vorhandene war, wenn das neue nur den Verteilungsmaßstab ändert, OVG. **36** 61 (= PrVBl. **21** 115).

Die Heranziehung zu Anliegerbeiträgen gehört zur Ausübung des kommunalen Besteuerungsrechts, fällt also nicht unter die „polizeilichen Angelegenheiten", für die nach § 2 Ziff. 3 des G. v. 13. 6. 00, GS. 247 (vgl. § 5 Anm. I 3 S. 41) der Bezirksausschuß zu Berlin zuständig ist, OVG. **40** 275.

3. Die Möglichkeit der Beitragserhebung nach § 15 ist durch den Erlaß des Statuts bedingt. Wird ein Haus vor Erlaß des Statuts gebaut, dann entsteht für den Eigentümer keine Beitragspflicht, OVG. **38** 126; PrVBl. **17** 353. Abgesehen von dem Anbau an schon vorhandenen, bisher unbebauten Straßen kann deshalb auch nicht der Ersatz von Kosten verlangt werden, die vor dem Erlaß des Statuts aufgewendet worden sind, PrVBl. **17** 276. Auch im übrigen ist das Statut auf früher entstandene Rechtsverhältnisse ohne Einfluß; insbesondere befreit das Statut nicht die Eigentümer, die nach dem Berliner Regulativ von 1838 für unbebaute Grundstücke bereits beitragspflichtig geworden waren, RG. in PrVBl. **3** 115.

Der innere Grund der Belastung der Anlieger mit den Kosten der Anlegung einer Straße ist zwar, daß die Anlieger den Hauptvorteil von der Anlage haben. Die Anwendbarkeit des Statuts ist aber nicht davon abhängig, daß dieser Grund im einzelnen Falle wirklich zutrifft, OVG. **37** 34; PrVBl. **27** 430, 592, **25** 454.

Die räumliche Geltung des Statuts wird durch den Gemeindebezirk bestimmt. Eigentümer von Grundstücken, die außerhalb dieses Bezirks liegen, sind nicht davon betroffen, OVG. **60** 125, **17** 177. Natürlich kann sich die Beitragspflicht auch nur auf Wege beziehen, die dem kommunalen Bezirk der Gemeinde angehören. OVG. **60** 125. Vgl. hier Anm. VI 1 S. 159.

Daß nach Observanz die Anlieger verpflichtet sind, die Straße bis zur Mitte zu pflastern, hindert die Gemeinde nicht, die Straße anzulegen und dafür Beiträge zu erheben, PrVBl. **28** 968.

Alle Eigentümer können herangezogen werden, auch wenn sie sonst von Gemeindeabgaben frei sind, z. B. der Militärfiskus wegen der Gebäude, die den Zwecken der Landesverteidigung dienen, PrVBl. **29** 954.

Steuerfreiheit nach § 4 Abs. 7 der StädteO. v. 30. 5. 53, GS. 261, ist dem Ges. unbekannt, OVG. **23** 52 (= PrVBl. **14** 222). Vgl. im übrigen § 96 Abs. 5 KommAbgG.

4. Die nähere Ausgestaltung der Beitragspflicht ist zwar im Statut vorzunehmen; sie muß sich aber im Rahmen des Ges. halten. Ist eine Bestimmung des Statuts, weil sie diese Schranke überschreitet, ungültig, so hat dies doch die Ungültigkeit des ganzen Statuts nicht zur Folge. Auch ist, soweit die unwirksame Vorschrift eine zulässige umfaßt, diese gültig, PrVBl. **30** 106, **27** 50, **25** 386, **21** 15, 115 (= OVG. **36** 61), **16** 109, 220; OVG. **4** 364. Unzulässig ist hiernach z. B. eine Vorschrift, wonach: die Zahlungspflicht vom Ermessen des Magistrats abhängig gemacht wird, während ihm die Befristung mit der Zahlung überlassen werden kann, OVG. **54** 84; der Anbau an unbebauten Strecken schon vorhandener Straßen statt an vorhandenen bisher unbebauten Straßen beitragspflichtig macht, PrVBl. **21** 15; auch für Plätze Beiträge erhoben werden sollen, PrVBl. **16** 85; die Fälligkeit des Beitrages schon vor der Errichtung eines Gebäudes eintritt, Gruch. **43** 1076; unbebaute Grundstücke beitragspflichtig werden sollen, wenn sie mit bebauten verbunden werden, OVG. **41** 107; jeder Bau auf einem an die Straße

grenzenden Grundstück, OVG. **27** 50, oder Gebäude mit einem Ausgang nach der Straße, statt der an der Straße errichteten Gebäude, beitragspflichtig sein sollen, OVG. **13** 161; die Kostenspaltung im Belieben der Gemeindebehörden steht, OVG. **42** 25; Eckhäusern die halbe Breite bestehender Querstraßen zugerechnet werden soll, PrVBl. **28** 206; die Zahlung des Beitrags bereits gegen Erteilung der Bauerlaubnis erfolgen muß, JW. **99** 251[78]; Vorschüsse, OVG. **43** 19, oder eine Kaution oder sonstige Sicherheit für künftig fällige Anliegerbeiträge verlangt werden können, OVG. **23** 23, 27 (= PrVBl. **14** 219), **15** 163; PrVBl. **18** 342, **14** 630, **13** 289, 290, 589, **9** 132 — A. M. RG. in PrVBl. **5** 59 (= JMBl. **83** 335), **14** 320 (= JW. **93** 88[42]) —; Beiträge zugunsten eines Unternehmers erhoben werden können, OVG. **40** 103.

Zulässig ist z. B. eine Bestimmung, wonach: das erforderliche Land unentgeltlich oder ohne vorbedungenes Entgelt zur Straße abzutreten ist, RG. **67** 240 (= JW. **08** 83[20]); dieses Land nach sachgemäßem Ermessen vom Magistrat zu schätzen ist, OVG. **37** 55; als Beginn der Anlegung der Straße nur die vorschriftsmäßige Fluchtlinienfestsetzung zu gelten hat, OVG. **39** 56; PrVBl. **32** 767; die Beitragspflicht auf unbebaute Grundstücke beschränkt ist, OVG. **13** 161; das freie Ermessen der Gemeinde, etwas als Straßenteil zu behandeln, eingeschränkt ist, OVG. **52** 106; ein bindendes Bauprogramm aufgestellt ist, OVG. **52** 108; die Feststellung der Gesamtkosten und ihre Verteilung auf die Anlieger durch den Gemeindevorstand mit Genehmigung der Stadtverordneten geschehen soll, PrVBl. **13** 242; die Heranziehung des Besitznachfolgers ausgeschlossen ist, PrVBl. **9** 239.

Vgl. zur Auslegung einer Vorschrift über: die in die Hand des Magistrats gelegte Befristung, OVG. **54** 84; die Anrechnung unentgeltlich abgetretenen Straßenlandes, OVG. **51** 81, **49** 73; die Bedingtheit der Beitragspflicht dadurch, daß ein Zugang zur Straße besteht, OVG. **44** 91; die „nach Erlaß des Statuts auf die Straße verwendeten Kosten", OVG.

42 30; den Ausschluß der Erstattung der Kosten von Promenaden, Baum- und anderen Pflanzungen, OVG. **37** 55; die Berechnung eines Straßenabschnittes „von Querstraße zu Querstraße", PrVBl. **31** 130.

II. 1. Die Beitragspflicht soll geknüpft werden können an den Anbau an

1. neu angelegten }
2. verlängerten } Straßen,
3. schon vorhandenen, bisher unbebauten Straßen und Straßenteilen.

Die Feststellung von Fluchtlinien ist keine Voraussetzung für die Anwendbarkeit des § 15, OVG. **44** 104, **17** 171 (= PrVBl. **12** 481); PrVBl. **27** 592; **22** 122 — abweichend von dem MinErl. v. 6. 6. 88, MBl. 125 — ; **19** 358, **16** 85.

Die Straße muß ein öffentlicher Weg sein, OVG. **41** 137; PrVBl. **34** 46, **26** 219, **23** 793 — eine Privatstraße kann ohne Regelung der öffentlich-rechtlichen Unterhaltungslast ein öffentlicher Weg nicht werden —; **17** 83, 443.

Eine neue Straße wird angelegt oder eine vorhandene verlängert, wenn aus Gelände, das bisher noch nicht Straße, d. h. ein für den inneren Verkehr und für den Anbau bestimmter öffentlicher Weg ist, ein solcher gemacht wird, RG. **55** 132 (= JW. **03** 302[39]); Gruch. **53** 1178 (= PrVBl. **30** 817). Die Verlängerung einer Straße ist ihre Weiterführung über ihr projektiertes Ende hinaus. Die Verbreiterung einer Straße, z. B. durch Auseinanderrücken der Fluchtlinien, ist nicht die Anlegung einer neuen Straße, PrVBl. **16** 85.

Aus dem Gegensatz der neuen zur vorhandenen Straße ergibt sich, daß die Anlegung — oder Verlängerung — unter der Herrschaft des Statuts erfolgt sein muß, PrVBl. **17** 443. Auch eine nur für den Fußgängerverkehr bestimmte Treppe — in Bonn zur Verbindung mit Rheinbrücke — kann eine dem Anbau gewidmete Straße sein,

PrVBl. **27** 592; ebenso die Herstellung einer stumpfen Ecke beim Zusammentreffen zweier Straßen an einem Platze — Platz am Cottbuser Tor in Berlin — trotz der Kürze der Straße und ohne Rücksicht auf eine besondere Benennung, PrVBl. **16** 85.

Im Sinne des § 15 ist eine schon vorhandene Straße eine solche, die z. Z. des Inkrafttretens des Statuts dem inneren Verkehr und dem Anbau dient und nach dem Willen der Gemeinde diesen Zwecken zu dienen bestimmt ist, mit anderen Worten eine öffentliche Ortsstraße. Sie braucht zwar nicht allen Anforderungen, die an eine Ortsstraße nach Lage des Falles zu stellen sind, zu entsprechen, muß aber doch schon einen gewissen Abschluß erreicht haben und so weit im Ausbau gefördert sein, daß sie die Eigenschaft einer in der Anlegung begriffenen Straße — diese wird der vorhandenen abweichend von der späteren Praxis noch gleichgestellt in PrVBl. **17** 83, **14** 523 (= OVG. **24** 74) — abgestreift hat. Sie darf daher der wesentlichen Einrichtungen einer städtischen Straße nicht entbehren, PrVBl. **33** 46, **32** 567, 681, 714, **31** 309, **27** 359, **26** 637, 923, **25** 132, **17** 443, **14** 367 (= OVG. **24** 79); OVG. **57** 109, **45** 89, **44** 117, **40** 107, **38** 145, **27** 57. Nicht zu verwechseln ist damit der Begriff der historischen Straße — vgl. § 12 II 9 S. 74 —, der nur für § 12, nicht für § 15, Bedeutung hat. Dort handelt es sich um den Gegensatz von noch nicht fertigen Straßen zu fertig hergestellten und alten anerkannten Straßen, hier um den Gegensatz von neuen Straßen zu bestehenden, schon vorhandenen, OVG. **47** 88, **38** 145, **33** 94, **27** 56 (= PrVBl. **16** 312) — der Nachweis, daß eine Straße keine historische, deckt sich zuweilen damit, daß sie neu —; PrVBl. **32** 567, **26** 372; JW. **88** 416[33] (= PrVBl. **10** 97) — eine unfertige Straße kann von altersher als städtische bestanden haben, eine vorhandene, bisher unbebaute aber als historische nicht in Betracht kommen. Alte sog. historische Straßen sind danach aber wohl stets auch vorhandene und bebaute.

Der Wille der Gemeinde, daß ein Weg dem inneren Verkehr und dem Anbau dienen soll, kann auch stillschweigend erklärt sein, OVG. **47** 88; PrVBl. **33** 860, **27** 81, **25** 561. Er ist aber z. B. nicht zu finden in dem Beschluß, einen Weg als öffentlichen anzuerkennen und chausseemäßig auszubauen, zumal nicht in einer zerstreut liegenden westfälischen Dorfgemeinde, bei der nicht leicht anzunehmen ist, daß sie abweichend von der bisher üblichen Bebauungsart eine Ortsstraße anlegen wollte, OVG. **47** 88; der bauliche Zustand im Vergleich mit dem Programm, die Entwickelung des Verkehrs und Anbaus sind zu berücksichtigen; die Straße muß ein abgeschlossenes Programm erkennen lassen, so daß die Annahme möglich bleibt, die Gemeindebehörden hätten die in der Umwandlung begriffene Straße zu einer dem Verkehr und Anbau dienenden bestimmen wollen, PrVBl. **27** 81. Zu beachten ist, daß bei Schaffung einer Straße als ganz neuen Kommunikationsmittels oder der Umwandlung einer Chaussee oder eines sonstigen Weges in eine solche nicht die Zeit des Beginns der Einrichtungsarbeiten entscheidet – von da an ist die Straße jedenfalls eine in der Anlegung begriffene —, daß vielmehr maßgebend ist, von wann an sie tatsächlich dem inneren Verkehr und dem Anbau diente und nach dem Willen der Gemeindebehörden dienen sollte, PrVBl. **25** 561. Dabei kann die Umwandlung räumlich und zeitlich stückweise erfolgen, PrVBl. **29** 49, **27** 359, **26** 372. Die vorhandene Straße ist nicht dasselbe wie die programmäßig ausgebaute. Diese setzt voraus, daß das Programm in jeder Beziehung ausgeführt ist, was für jene nicht nötig ist, PrVBl. **33** 46; insbesondere ist auch ein nur provisorischer, also nicht programmmäßiger Ausbau geeignet, eine vorhandene Straße zu schaffen, wenn nämlich erkennbar ist, daß die Straße in diesem provisorischen Zustande nach dem Willen der Gemeinde dem inneren Verkehr und dem Anbau dienen sollte — und tatsächlich diente, OVG. **44** 117.

Nicht nötig ist, daß die Straße dem Durchschnitt oder

dem Normalzustand entspricht. Es sind sehr verschiedene Gestaltungen möglich, OVG. **45** 89. Der Anbau muß ausschlaggebend sein, wo der Wegekörper, wie bei einer Chaussee, schon wegen des Verkehrs von Ort zu Ort besser ist, als der innere Verkehr fordert; der Zustand des Straßenkörpers ist dann nicht maßgebend, PrVBl. **27** 430. Immer muß erkennbar sein, daß die Gemeinde den Willen gehabt hat, den Weg unter Veränderung seiner bisherigen rechtlichen Eigenschaft eines solchen in eine Ortsstraße umzuwandeln. Der bloße, nicht geschlossene Anbau ist aber kein Anzeichen für einen solchen Willen der Gemeinde bei einem alten Verbindungsweg (Holtenauer Straße in Wik), weil vor dem Inkrafttreten des Bauverbots aus § 12 der Anbau nicht versagt werden konnte; die Aufnahme in den Bebauungsplan ist ein Beweis dafür, daß der Weg erst Ortsstraße werden sollte, PrVBl. **33** 860. Vgl. § 12 Anm. II 9 S. 74 und PrVBl. **33** 861.

Für die Frage, in welchem Zeitpunkt die Straße vorhanden gewesen sein muß, ist maßgebend der Erlaß des Statuts, PrVBl. **29** 954, **27** 50, **25** 132, **16** 220, **14** 367 (= OVG. **24** 79); und zwar entscheidet der Erlaß des ersten Statuts; es kommt kein früherer Zeitpunkt in Betracht, aber auch kein späterer; eine zu jener Zeit neue, also nicht vorhandene Straße wird durch ein späteres Statut nicht eine vorhandene Straße, PrVBl. **29** 954. Umgekehrt wird eine zur maßgebenden Zeit vorhandene Straße nicht durch eine Änderung der Grundsätze über die Ausstattung von Straßen wieder zu einer neuen, OVG. **45** 89, **15** 147 (= PrVBl. **9** 214). Vgl. aber § 12 Anm. II 10 a. E. S. 78. Ist bewiesen, daß Arbeiten, die die Herstellung einer Straße bezweckten, nach Erlaß des Statuts ausgeführt sind, liegt also ein Anzeichen dafür vor, daß die Straße damals eine in der Anlegung begriffene war, so muß der Gegenbeweis geführt werden, daß die Straße zur Zeit des Erlasses des Statuts doch eine schon vorhandene war, PrVBl. **27** 50, **16** 220, **14** 367 (= OVG. **24** 79). Für die Umwandlung einer Chausseestrecke in eine Ortsstraße gelten die gleichen Grundsätze. Die Chaussee ist nicht Ortsstraße, solange sie nicht von der Gemeinde übernommen ist oder mit dem Willen der Gemeinde für den inneren Verkehr und den Anbau, dem sie auch tatsächlich dienen muß, bestimmt ist. Die Umwandlung in eine Straße kann vor sich gehen, auch wenn die Provinz noch das Eigentum an der Straße hat und die Unterhaltungslast trägt, PrVBl. **32** 567, **27** 359; OVG. **52** 10, **47** 388, **41** 143. Vgl. auch Gruch. **51** 1158. Entsprechend liegt es bei der Übernahme anderer Kommunikationswege, PrVBl. **29** 49; ebenso, wenn die Gemeinde von Dritten hergestellte Wege übernimmt. Dabei ist zu unterscheiden, ob die Gemeinde bei der Übernahme die Straße als vollständig hergestellt anerkannt und so übernommen hat oder ob die Übernahme zunächst nur den Beginn der Anlegung einer Ortsstraße bedeutet, OVG. **52** 108. Wegen des Begriffes des Straßenteils vgl. hier Anm. VI 2 S. 149.

2. Einzelfälle: Daß eine Straße eine vorhandene gewesen sei, ist z. B. verneint: für eine wenig angebaute, durch Gräben entwässerte Provinzialchaussee ohne Bürgersteig und Beleuchtung, PrVBl. **32** 567 — vgl. auch PrVBl. **33** 860 (Holtenauer Straße in Kiel) —; für eine aus einem Deich sich allmählich entwickelnde, nur auf einer Seite straßenmäßig eingerichtete Straße, PrVBl. **32** 714; wegen mangelnder Befestigung, Entwässerung und Beleuchtung, PrVBl. **27** 81; für einen Gartenweg ohne straßenmäßige Befestigung, Entwässerung und Beleuchtung, OVG. **38** 145; für einen Kommunikationsweg, der nicht geradegelegt, nicht chaussiert, verschieden breit, ohne Bürgersteig war, verschiedenes Gefälle hatte und durch Gräben entwässert wurde, OVG. **33** 94: für eine durch Gräben entwässerte, mit nur einem Bürgersteig und mit schlecht befestigtem Fahrdamm versehene Straße, PrVBl. **27** 122; mangels geschlossener Bebauung, genügender Entwässerung und Beleuchtung und wegen fehlender Regulierung des Bürgersteigs und minderwertiger Befestigung des Fahrdamms, PrVBl. **27** 341; für eine nur halb gepflasterte, mit nur einem Bankett

versehene und ohne Rinnen entwässerte Straße, die nur halb bebaut, PrVBl. **27** 359; mangels jeder straßenmäßigen Befestigung — in Hannover — PrVBl. **26** 523; wegen des Fehlens von Bürgersteig und Rinnen auf einer Seite einer nicht zur einseitigen Bebauung bestimmten Straße, PrVBl. **26** 923; mangels genügenden Bürgersteigs, genügender Befestigung und Entwässerung, PrVBl. **25** 123; wegen durchweg nicht freigelegten Bürgersteigs und wegen des Fehlens ausreichender Entwässerung auf einer Seite, PrVBl. **25** 561.

Als vorhandene Straße anerkannt ist: eine beiderseits bis auf zwei Grundstücke bebaute, beleuchtete und entwässerte Straße, von der offenbar, daß sie mit dem Willen der Gemeindebehörden dem inneren Verkehr und dem Anbau diente, OVG. **44** 117; eine beiderseits bebaute Straße trotz mangelnder Befestigung, weil nach der damals herrschenden Anschauung eine Befestigung nicht für nötig gehalten wurde, PrVBl. **26** 372; eine völlig angebaute Straße — Weißenburgstraße in Dortmund — trotzdem auf einer kurzen Strecke noch ein offener Graben war und die Gasleitung fehlte und obwohl der dem Stadtinnern näher gelegene Teil derselben Straße mangels Anbaus erst eine in der Anlegung begriffene Straße war, PrVBl. **26** 637.

3. Ob eine — vorhandene — Straße unbebaut, ist Tatfrage. Lücken in der Häuserreihe schließen die Eigenschaft einer bebauten Straße nicht aus, Gruch. **30** 1037 = JW. 86 205[46] = PrVBl. 8 179. Die Frage kann nur einheitlich entschieden werden; es können nicht aus Lücken in der Häuserreihe besondere Straßenteile konstruiert werden; auch kann eine Straße oder eine nach sachlichen Merkmalen feststellbarer Straßenteil nicht hinsichtlich der mit Gebäuden besetzten Strecken als bebaut, im übrigen als unbebaut angesehen werden. Für die Frage, ob eine Ortsstraße bebaut ist, kommen — das ist besonders hervorzuheben — nur solche Gebäude in Betracht, die an der Straße gebaut sind, nachdem sie als Straße anzulegen begonnen war, nicht Häuser, die in-

folge späterer Anlegung ihren Standort an der Straße erhalten haben, PrVBl. **21** 15. In PrVBl. **11** 437 ist es als fraglich bezeichnet, ob eine vorhandene Straße, an der nur ein Haus stehe, bebaut sei. (?)

4. Brücken über öffentliche Ströme sind besondere Kommunikationsmittel, nicht Teile der öffentlichen Straße, OVG. **33** 123; PrVBl. **24** 4. Dagegen sind Brücken über nicht schiffbare Wasserläufe und Privatflüsse Teile der Straße, in deren Zuge sie liegen, OVG. **33** 123. Dasselbe gilt für Gräben, PrVBl. **24** 4. War hiernach die Brücke Teil eines bestehenden Wegezuges und wird sie zwecks Regulierung der Straße abgebrochen und der Wasserlauf zugeschüttet, so ist das in der Regel nicht Anlegung einer neuen Straße und der Eigentümer des zugeschütteten Privatflusses, der an dieser Stelle baut, nicht beitragspflichtig, PrVBl. **24** 4.

5. Für Plätze dürfen Beiträge nicht erhoben werden. Daran wird nichts dadurch geändert, daß für die den Platz umgebenden Straßen nur auf einer Seite Fluchtlinien festgesetzt sind, die Straßengrenzen auf der andern Seite also nach den tatsächlichen Verhältnissen zu ermitteln sind, PrVBl. **33** 536, **16** 85; die Straße hört aber nicht auf, Straße zu sein, weil sie an einen Platz grenzt oder äußerlich Teil des Platzes ist, wenn sie als Straße angelegt und dem öffentlichen Verkehr gewidmet ist, PrVBl. **16** 85. War bei einem öffentlichen Platz eine Straße nicht vorgesehen und besteht die Möglichkeit, daß die Straße mitten über den Platz führt, ohne die Häuser zu berühren, dann sind die Eigentümer der Häuser nicht beitragspflichtig, OVG. **45** 92.

III. Die Gemeinde kann die Herstellung der Straße — also Naturalleistung — fordern, PrVBl. **13** 589; im übrigen, außerhalb des Rahmens des § 15, können Naturalleistungen — und an ihre Stelle tretende Geldleistungen — als Gemeindelast nicht mehr auferlegt werden, PrVBl. **21** 26. Die Gemeinde kann aber nach ihrer Wahl statt der Herstellung der Straße Ersatz der erforderlichen Herstellungskosten verlangen, PrVBl. 13 589. Das kommt praktisch fast allein in Betracht. Dabei ist die Gemeinde den Anliegern gegenüber insofern beschränkt, als sie diese nicht für mehr als die Hälfte der Straßenbreite, jedenfalls aber nicht für mehr als 13 m heranziehen darf. Die Berechnung bei Straßen, die mehr als 26 m breit sind, erfolgt in der Weise, daß der Beitrag im Verhältnis von 26 m zur ganzen Straßenbreite berechnet wird. Sind nach dem Statut gewisse Kosten, z. B. für Promenaden, Baum- und andere Pflanzungen nicht zu erstatten, so sind diese Kosten vorweg abzusetzen. Die Verhältniszahl von 26 m zur Breite der ganzen Straße muß gegebenenfalls dieselbe bleiben, OVG. **37** 55. Vgl. übrigens RG. in PrVBl. 5 59 = JMBl. **83** 335, die bei größerer Straßenbreite die 13 m von der Mitte der Straße nach der Fluchtlinie rechnen will.

IV 1. Die Eigentümer der an die Straße grenzenden Grundstücke werden beitragspflichtig, sobald sie Gebäude an der neuen Straße errichten. Ein Bau, der vor der Anlegung der Straße begonnen ist, macht nicht beitragspflichtig, PrVBl. **15** 251; also auch nicht der Anbau an einem Kommunikationswege, der später Straße wird, zu einer Zeit, bevor die Anlegung der Straße begonnen hat, OVG. **17** 171 (= PrVBl. **12** 481); **15** 147 (= PrVBl. **9** 214); ebensowenig genügt es, daß die Straße später an das Haus herangelegt wird, OVG. **49** 379; PrVBl. **12** 455, 8 179. Es reicht aus, daß der Bau mit baupolizeilicher Erlaubnis vor dem Beginne der Anlegung begonnen ist, auch wenn das Gebäude bei Beginn der Anlegung noch unvollendet ist, OVG. **45** 92; ist die Bauerlaubnis zu Unrecht erteilt, so darf nicht etwa zuungunsten des Eigentümers unterstellt werden, daß er den Bau erst nachher begonnen habe, PrVBl. **15** 581.

Ein Grundstück grenzt auch dann an die Straße, wenn die Straße mehrere Meter tiefer liegt, und es durch eine sog. Futtermauer mit der Straße verbunden ist, PrVBl. **25** 817. Ein Vorgarten im Rechtssinne trennt das Baugrundstück nicht von der Straße, verbindet es vielmehr mit ihr, auch wenn das Vorgartenland nicht demselben Eigentümer gehört, wie das Baugrundstück, OVG. **41** 107, **33** 103, **25** 80 (= PrVBl. **15** 17). Vgl. § 1 Anm. I 13 S. 33 und hier Anm. VI 3 S. 151. Trennt ein fremdes, der Gemeinde oder einem Dritten gehöriges Grundstück, eine sog. Baumaske, selbst wenn es so schmal ist, daß es nur eine Mauer trägt, das Baugrundstück von der Straße, so entsteht keine Beitragspflicht, OVG. **44** 106; PrVBl. **12** 71. Anders ist der Fall zu beurteilen, wenn das trennende Stück zur Straße bestimmt ist. Zwar grenzt, solange zwischen dem auf der Fluchtlinie errichteten Gebäude und der Straße ein Landstreifen liegt, dessen Benutzung als Straße nur tatsächlich zugelassen, der aber noch nicht rechtswirksam dem öffentlichen Verkehr übergeben ist, das Grundstück noch nicht an die Straße, ist also nicht beitragspflichtig. Wird aber der Streifen der Straße gültig einverleibt, so ist nach diesem Zeitpunkt — der Freilegung in den Fluchtlinien — von neuem zu prüfen, ob das Haus an der Straße errichtet und die Beitragspflicht begründet ist, PrVBl. **29** 150; OVG. **41** 107. Vgl. auch hier Anm. IV 4, S. 135 und VI 1, S. 149.

Für die Entstehung der Beitragspflicht genügt es, daß das Grundstück nur einen Teil der Straße berührt. Stoßen die Straßen zweier Gemeinden so zusammen, daß sich der Bürgersteig der einen Straße in spitzem Winkel in die andere erstreckt, so ist der Anlieger an diesem Bürgersteig doch nach der Frontlänge seines nur an den Bürgersteig grenzenden Grundstücks beitragspflichtig, obwohl der übrige Teil der hinter dem Bürgersteig gelegenen Straße zu dem Bezirk der anderen Gemeinde gehört, OVG. **60** 125.

2. Der Beginn der Anlegung der Straße hängt von dem Willen der Gemeinde ab und ist von der Zeit an zu rechnen, wo die Gemeindebehörden die Anlegung gewollt haben und dieser Wille irgendwie erkennbar geworden ist, PrVBl. **33** 860, **31** 599; OVG. **44** 102, 104. Es genügt aber —

in Münster — nach der StädteO. v. 19. 3. 56, GS. 237, nicht der Wille des Magistrats allein, vielmehr muß die Stadtverordnetenversammlung mitwirken. Ausreichend ist aber das stillschweigende Einverständnis, PrVBl. **31** 599; ebenso für Hanau, PrVBl. **25** 747 — Stadtrat und Gemeindeausschuß bzw. Magistrat und Stadtverordnetenversammlung müssen zusammenwirken.

Die Anlegung beginnt also jedenfalls — fast ohne Ausnahme — mit der Fluchtlinienfestsetzung, OVG. **50** 72, 76, **49** 94, 102, 104 — die Bekanntgabe nach § 7 genügt —, **42** 37, **41** 132, **36** 61 (= PrVBl. **21** 115), **15** 152 (= PrVBl. **9** 214); PrVBl. **33** 860, **32** 681, **30** 106, 119, **27** 122, **25** 454, **16** 363; RG. **67** 240 (= JW. **08** 83[20]). Daß die Anlegung bei der Fluchtlinienfestsetzung mit dieser beginnt, beruht eben darauf, daß bei ihr die Gemeinde mitwirken muß und anzunehmen ist, daß die Absicht der Straßenanlegung nach außen kundgegeben wird; bei Fluchtlinienfestsetzungen nach altem Recht ist zu prüfen, ob die Gemeinde dabei so beteiligt war, daß auf den Willen der Straßenanlegung geschlossen werden kann und der Anlieger mit der Anlegung rechnen mußte; wesentlich bleibt, daß der Baulustige erkennen konnte, es werde von der Gemeinde demnächst eine städtische Straße angelegt werden, OVG. **59** 99, **50** 76, **41** 134, **24** 79 (= PrVBl. **14** 367). Der Anlieger soll erkennen können, daß er an einer in der Anlegung begriffenen Straße baut, daß die Gemeinde es ist, die den Weg als Straße ausbaut, und daß ihn nach der Herstellung der Straße die Ersatzpflicht trifft, OVG. **47** 160, **36** 61 (= PrVBl. **21** 115). Der Zeitpunkt des Beginns wird nicht dadurch verschoben, daß später der Fluchtlinienplan durch einen neuen ersetzt und der alte ungültig wird; entscheidend bleibt, ob der Wille der Gemeinde, eine Ortsstraße anzulegen, in der alten Fluchtlinienfestsetzung erkennbar war, PrVBl. **27** 122; OVG. **44** 104; wird die früher geplante Straße ganz aufgegeben, so fällt die Wirkung der früheren Fluchtlinienfestsetzung fort, PrVBl. **31** 599. Ist die

Anlegung beschlossen, so ist der Anlegungswille hinreichend erkennbar, wenn bei der Bauerlaubnis die Auflage gemacht wird, gewisse Stücke zur Straße abzutreten, OVG. **36** 61 (= PrVBl. **21** 115 — anders wird das Verlangen einer Sicherheit gemäß § 12 in OVG. **41** 132 beurteilt —; bei der Übernahme einer Privatstraße kann sich der Anlegungswille in der Bekanntmachung der Fluchtlinienfestsetzung im Anschluß an den Übernahmevertrag oder in der Bekanntgabe daß die Herrichtung erfolgen solle, kundgeben, OVG. **50** 72. Die Kundmachung des Anlegungswillens in öffentlicher Sitzung braucht mangels Fluchtlinienfestsetzung nicht zu genügen, OVG. **39** 51; die Verhandlung des Magistrats mit den Anliegern über die Abtretung von Land zur Straße reicht zur Kundgabe des Willens aus, PrVBl. **22** 108. Der Beginn des Ausbaus ist nicht erforderlich, wenn nur der Anlegungswille feststeht und erkennbar geworden ist, OVG. **59** 99. Darauf, ob der Eigentümer die Beitragspflichtigkeit kannte, insbesondere, ob er wußte, daß die Straße nicht mehr Unternehmerstraße sei oder ob er das Gegenteil für richtig hielt, kommt nichts an, OVG. **44** 102, 104, **41** 132, **38** 145; PrVBl. **25** 132. Ausnahmsweise bedeutet die Fluchtlinienfestsetzung dann nicht den Beginn der Anlegung, wenn sie nur beschlossen wird, um dem Unternehmer einer Privatstraße die ordnungsmäßige Anlegung zu erleichtern, und der Unternehmer und die Gemeinde einig sind, daß die Straße zunächst als Privatstraße bestehen und unterhalten werden und es späterer selbständiger Entschließung vorbehalten bleiben soll, ob und wann die Straße übernommen wird. Dann entsteht die Beitragspflicht nur für die Eigentümer, die nach der Übernahme Gebäude an der Straße errichten, OVG. **50** 72; vgl. auch hier Anm. V 1 S. 140.

Auch dann bedeutet die Fluchtlinienfestsetzung nicht den Beginn der Anlegung, wenn erweislich die Absicht fehlt, die Straße anzulegen. Wer sich darauf beruft, daß der Gemeinde diese Absicht fehlt, hat die Beweislast, OVG. **47** 160. Der Beginn der Straßenanlegung für einen Kommunikationsweg kann nicht darin gefunden werden, daß schon einzelne Häuser an dem Wege stehen, OVG. **17** 171 = PrVBl. **12** 481. Schreibt das Statut vor, daß die Anlegung erst mit der förmlichen Fluchtlinienfestsetzung beginnen solle, so ist das maßgebend, OVG. **39** 56.

3. Die tatsächliche Errichtung eines Gebäudes entscheidet über die Beitragspflicht. Darauf, ob das Gebäude nur vorübergehenden Zwecken dient und ob es auf Verlangen der Polizei oder eines Dritten wieder entfernt werden muß, kommt nichts an. PrVBl. **29** 1012, **25** 509, **22** 444; OVG. **60** 121, **44** 13; auch nicht, ob es auf künftigem Straßenland (Querstraße) errichtet ist, OVG. **60** 121. Vgl. auch JW. **12** 925[26]. Ebenso gleichgültig ist, ob das Gebäude ohne baupolizeiliche Erlaubnis errichtet ist, OVG. **44** 91, **43** 13; ja auch ob die Erlaubnis versagt und die Beseitigung des Gebäudes polizeilich angeordnet ist, PrVBl. **29** 1012. Das Fehlen der Bauerlaubnis ist nur insofern von Bedeutung, als ein ohne polizeiliche Erlaubnis begonnener Bau beitragspflichtig ist, wenn die Voraussetzungen hierfür z. B. der nachträglichen Erteilung der Erlaubnis — infolge des Erlasses des Statuts oder infolge des Beginns der Anlegung der Straße — vorliegen, PrVBl. **32** 714, **10** 283.

Die Verbindung eines unbebauten Grundstücks mit einem bebauten, nachdem für dieses die Beitragspflicht bereits entstanden ist, steht der Errichtung eines Gebäudes nicht gleich, OVG. **50** 80, **41** 111.

Der Begriff eines Gebäudes bestimmt sich nach Material und Gestaltung und nach dem Zweck, der baulichen Anlage, zum Aufenthalt von Menschen oder Vieh oder zur Aufbewahrung beweglicher Sachen zu dienen, OVG. **42** 37. Die Vergrößerung des Kubikinhalts eines Gebäudes ist regelmäßig allein nicht maßgebend. Wesentliches Kennzeichen ist die Bebauung einer bisher unbebauten Fläche, so daß, wenn diese fehlt — anders jedoch beim Wiederaufbau eines Gebäudes — in der Regel ein Gebäude nicht vorhanden ist. Ein Anbau ist aber nur dann ein Gebäude, wenn er nach Konstruktion und Bestimmung einem selbständigen Gebäude gleichzuachten ist, OVG. **47** 93, 95, **41** 28. Der Anbau braucht nicht die Natur eines selbständigen Gebäudes zu haben; es genügt, daß er eine selbständige Bedeutung haben würde, wenn man ihn sich getrennt dächte, PrVBl. **28** 856; entscheidend ist, ob er nach Bestimmung und Konstruktion auch ohne Rücksicht auf das Vorhandensein des alten Gebäudes ein solches ist, OVG. **55** 89. Entsprechend sind Umbauten und andere Veränderungen bestehender Gebäude zu beurteilen; sie sind der Regel nach Gebäude nicht, wenn es sich nicht um eine Bebauung bisher unbebauter Flächen handelt, OVG. **47** 95, **43** 18; PrVBl. **27** 430. Ein bewohnbarer Raum ist kein Erfordernis, PrVBl. **30** 106. Auch die feste Verbindung mit dem Erdboden ist nicht nötig, PrVBl. **29** 1012; insbesondere dann nicht, wenn sonst nach Bauart und Konstruktion und innerer Ausstattung eine gewisse Dauer des Bestehens anzunehmen ist, PrVBl. **32** 681. Der Wiederaufbau abgebrochener oder durch Naturereignisse zerstörter Gebäude ist Errichten eines Gebäudes, selbst wenn Teile des alten Gebäudes dazu verwendet werden, vorausgesetzt, daß die Teile des alten Gebäudes nur von untergeordneter Bedeutung sind, OVG. **47** 95, **43** 18; PrVBl. **27** 430. Darauf, ob das Gebäude wirtschaftlich von dem Eigentümer genutzt wird, kommt nichts an, OVG. **42** 37.

Als ein Gebäude ist angesehen: ein von dem Eisenbahnfiskus errichtetes Stellwerk, OVG. **60** 114; eine auf Säulen stehende Bahnsteighalle, OVG. **58** 111; ein Portierhaus auf eingerammten Pfählen, OVG. **43** 13; ein Anbau von 40 qm Grundfläche, der durch zwei Türen mit dem alten Haus verbunden war, OVG. **25** 91; eine transportable Selterswasserbude, PrVBl. **32** 681; mit dem Erdboden nicht fest verbundene Arbeitsschuppen, Abortanlagen, Verkaufshalle, PrVBl. **29** 1012; eine Bretterbude mit Pappdach, Tür, Fenster, gedieltem Fußboden, die zum Aufenthalt von Menschen und zur Aufbewahrung beweglicher Sachen bestimmt ist, auch wenn sie unter Mitbenutzung der Ecke eines Lattenzauns hergestellt ist, PrVBl. **23** 359; ein Keller, OVG. **59** 103; ein Küchenanbau und Wirtschaftsgelaß von erheblichem Umfange auf unbebauter Fläche, OVG. **55** 89.

Die Eigenschaft eines Gebäudes ist verneint für: einen Klosettanbau von 1,50 qm Grundfläche ohne neuen Zugang, OVG. **47** 93; einen sich an zwei Stockwerken erhebenden Balkon aus Holz und Eisen, vorn offen, seitlich mit Glaswänden auf gemauertem Unterbau, OVG. **41** 28; Stadtbahnbögen, die nicht zu wirtschaftlichen Zwecken ausgebaut sind oder selbständige Gebäude tragen, OVG. **37** 34; PrVBl. **27** 67; ein Denkmal, auch wenn es Räume einschließt, die den Gebäudebegriff erfüllen, wenn sie nebensächlich sind und die Denkmalsform überwiegt, daher auch ein ausgemauertes Grab oder ein über die Oberfläche ragendes Grabgewölbe ohne selbständigen Gebrauchszweck, außer wenn es nach Form und Bestimmung dem Gebäudebegriff entspricht, z. B. Leidtragenden, Besuchern Aufenthalt gewähren oder der Abhaltung von Begräbnis- oder Erinnerungsfeiern dienen soll, OVG. **42** 37.

4. Bei der Frage, ob ein Gebäude an einer Straße errichtet ist, muß als entscheidend die Zeit der Vollendung der Straße angesehen werden, OVG. **53** 133, **41** 107; PrVBl. **29** 150. Vgl. hier Anm. IV 1 S. 129.

Das Errichten an der Straße ist nicht gleichbedeutend mit dem Errichten auf einem an die Straße grenzenden Grundstück, PrVBl. **15** 320. Liegt das Gebäude unmittelbar an der Straße, so ist es stets an dieser errichtet. Andere Umstände kommen erst in Betracht, wenn das Gebäude nicht unmittelbar an der Straße gelegen ist, OVG. **42** 37, **40** 98.

Ein Eckhaus, d. h. ein Gebäude, das da liegt, wo sich zwei schon bestehende Querstraßen schneiden, ist stets an beiden Straßen gelegen, OVG. **56** 130, **53** 102, **43** 32; wie denn überhaupt ein Gebäude sehr wohl an mehreren Straßen errichtet sein kann, PrVBl. **20** 279, **16** 220, **10** 373. Es braucht aber ein Gebäude auf einem an mehrere Straßen grenzenden Grundstück an keiner dieser Straßen errichtet zu sein, OVG. **60** 119. Liegt ein Gebäude nicht unmittelbar an der Straße, so ist es stets Tatfrage, ob das an der Straße Errichtetsein anzunehmen ist. Dabei sind die Zugänglichkeit, die Verkehrsbeziehungen des Gebäudes zur Straße und die Stelle, wo es erbaut ist, in Betracht zu ziehen, OVG. **60** 119, **43** 30. Es müssen äußerlich erkennbare, wesentliche wirtschaftliche Beziehungen des Hauses zur Straße bestehen, OVG. **46** 158 — die Verbindung mit der Straße durch eine Treppe genügt, wobei einerlei ist, ob sie wenig benutzt wird und nur einem beschränkten Personenkreis offen steht —, **44** 91, **34** 102; PrVBl. **31** 599, **29** 70 — es ist gleichgültig, ob die verbindende Treppe nur widerruflich genehmigt ist und ob eine Zufahrt auch von einer anderen Straße besteht —, 411 — ein kleines Fenster, bei dem von Zuführung von Licht und Luft keine Rede sein kann, stellt solche Beziehungen zur Straße nicht her —, **16** 220 — das Haus muß an den Vorteilen der Straße teilnehmen, z. B. muß sich der Hauptverkehr aus dem Hause der Straße zuwenden —, **60** 114 — bei einem in der Richtung der Straße gelegenen Stellwerksgebäude mit einem Fenster nach der Straße, das nur durch einen schmalen, lediglich mit einem Schutzgitter versehenen Rasenstreifen von der Straße getrennt ist, können solche Beziehungen angenommen werden —. Die Zugänglichkeit von der Straße ist das bedeutsamste Merkmal, aber auch nicht immer unbedingt nötig, OVG. **53** 133, **43** 30, **17** 180, **13** 161. Umgekehrt kann trotz der Zugänglichkeit von der Straße das Errichtetsein an der Straße verneint werden, OVG. **60** 119. Die Verbindung nur durch eine Privatstraße, z. B. einen Güterzufuhrweg, die keinen Bestandteil des Baugrundstücks bildet, reicht nicht aus; anders wenn der Weg ein zum bebauten Grundstück gehöriger Privatweg ist, PrVBl. **29** 707; OVG. **46** 158. Kein Hindernis ist, daß das — demselben Eigentümer gehörige — Zwischenstück als Vorgartenland für eine andere Straße bestimmt ist, OVG. **43** 13. Auf die wirtschaftliche Einheit des Grundstücks kommt nichts an; insbesondere ist ein Haus, das auf einem an zwei Straßen grenzenden einheitlichen Grundstück desselben Eigentümers errichtet ist, nicht deshalb an beiden Straßen errichtet, weil das Grundstück eine wirtschaftliche Einheit bildet. Dieser Umstand ist nur bedeutsam für die Berechnung der Länge der die Straße berührenden Grenze des Grundstücks. Die Frage, ob das Gebäude an der Straße errichtet, ist unabhängig davon zu prüfen, PrVBl. **29** 369. Vgl. hier Anm. VI 1 S. 149.

Auf einen Anbau erstrecken sich grundsätzlich die wirtschaftlichen Beziehungen des Hauptgebäudes, an dem er errichtet ist. Ist das Hauptgebäude also ein Eckhaus, so ist in der Regel auch der Anbau daran an zwei Straßen errichtet. Es ist dies aber Tatfrage. Ausnahmen sind möglich, OVG. **56** 30, **43** 32, **25** 817 — Ausnahme wegen Fehlens sonstiger wirtschaftlicher Beziehungen zu der einen Straße und, weil der Anbau von dieser Straße durch das Hauptgebäude getrennt, nach der andern Straße aber der einzige Ausgang führte.

5. Einzelfälle: Als an der Straße errichtet ist angesehen: ein Gebäude, das 16 m von der Straße entfernt war, auch keinen Zugang dorthin hatte, PrVBl. **15** 405; Bahnsteighallen, die von der Straße durch einen Zaun getrennt waren, weil ein Zugang zur Straße, wenn auch nur für Angestellte der Bahn, bestand, OVG. **58** 111; ein Stellwerksgebäude, das durch umgitterte Rasenplätze von der Straße getrennt war, OVG. **60** 114; ein durch eine Treppe mit der Straße verbundenes Gebäude, OVG. **46** 158; ein Haus mit Giebelfront und Fenster nach der Straße, so daß es auch von dort Licht und Luft bekam, OVG. **44** 91; ein Haus, das den einzigen Zugang nach der Straße hatte, OVG. **43** 13; ein 56 m von der Straße entferntes monumentales Gebäude mit einer Front und Fenstern nach dieser Straße, weil auch die Bebauung des Zwischenstückes nicht mehr bevorstehe, OVG. **43** 28; ein Haus mit Giebelfront und Veranda nach der 8 m entfernten Straße, OVG. **43** 30; ein bis zu 6 m entfernter

Anbau mit Fenstern nach der Straße, OVG. **34** 102; ein 28 m entferntes Haus, wenn es an den Vorteilen der Straße teilnimmt und sich der Hauptverkehr aus ihm der Straße zuwendet, PrVBl. **27** 50; ein Haus mit einer Front nach der Straße, wenn auch ohne Ausgang dorthin, OVG. **17** 180; ein Gebäude ohne sonstige Beziehungen zur Straße, weil es durch eine früher bestehende, wenn auch unbenutzte Toreinfahrt, deren Benutzung nicht ausgeschlossen, verbunden war, PrVBl. **29** 369; ein Haus mit Seitenfront und Fußgängerausgang nach der Straße, PrVBl. **25** 454; ein 19 m entferntes Haus mit einem Ausgang auf einem Privatweg, PrVBl. **17** 248; ein Haus mit einem über ein anderes Grundstück führenden Privatfahrweg, der einen Bestandteil des Baugrundstücks bildete, PrVBl. **14** 174.

Verneint ist die fragliche Eigenschaft für einen auf einem Exerzierplatz errichteten Schuppen, der unmittelbar an einer anderen Straße lag, bezüglich der auf der anderen Seite des Exerzierplatzes vorüberführenden Straße, PrVBl. **29** 411; für ein 40 m entferntes Hintergebäude dicht hinter dem an der Straße liegenden Wohnhause, trotzdem es nur von der Straße zugänglich war, PrVBl. **11** 437; für ein 40 m von der Straße entferntes Gartenhaus trotz Zugänglichkeit von der Straße, OVG. **60** 119.

6. Auch bebaute Grundstücke unterstehen dem § 15, wenn das Statut nicht anders bestimmt, PrVBl. **25** 132, 817, **16** 220, **12** 71, **7** 297 (= OVG. **13** 161). Jedes neue Gebäude begründet daher von neuem die Beitragspflicht, auch dann, wenn sie schon durch die Errichtung anderer Gebäude entstanden war. Mit der früheren Beitragspflicht steht die neu entstandene nur insofern in Verbindung, als sie auf denselben Gegenstand, wie jene, geht und durch die Tilgung der früheren erlischt, OVG. **41** 128, **40** 98.

Ist für eine bestimmte Frontlänge schon ein Beitrag erhoben, so kann er bei einem Neubau nicht noch einmal gefordert werden, PrVBl. **15** 320. Die Verjährung der früheren Beitragspflicht ist auf die neue ohne Einfluß, PrVBl. **29** 650.

7. Schon der **Beginn der Errichtung** des Gebäudes macht beitragspflichtig, OVG. **50** 80, **45** 92, **37** 30, **25** 80 (= PrVBl. **15** 17); PrVBl. **25** 509, **21** 115. Das Wiederaufgeben des Baus, nachdem die Forderung der Gemeinde einmal entstanden ist — vgl. hier Anm. VII 1 S. 157 —, kann den Eigentümer nicht befreien, OVG. **45** 92, **41** 107, **40** 101, **37** 30; PrVBl. **28** 183, **26** 372, **25** 509, **22** 444, **21** 115. Massive Fundamentierung ist Beginn der Errichtung, OVG. **25** 80 (= PrVBl. **15** 17); ja schon das Ausschachten der Baugrube, OVG. **24** 362 (= PrVBl. **14** 405). Ist nach dem Statut die Beitragspflicht auf Gebäude beschränkt, die einen Zugang zur Straße haben, so fällt sie nicht weg, wenn der bestehende Zugang nachträglich wieder beseitigt wird, OVG. **44** 91.

8. **Alle Eigentümer unterliegen der Abgabe**, auch der Fiskus wegen der der Landesverteidigung dienenden Gebäude, PrVBl. **29** 954. Nur der Eigentümer haftet. Wer ein neben seinem Baugrundstücke liegendes Grundstück gekauft, aber noch nicht aufgelassen erhalten hat, kann wegen des zugekauften Grundstücks nicht herangezogen werden, PrVBl. **10** 76. Mehrere Miteigentümer haften solidarisch, OVG. **45** 85, **43** 13; auch dann, wenn bei rechtlich ungeteiltem Miteigentum nur der eine, dem ein Teil tatsächlich überlassen ist, auf diesem Teil ein Gebäude errichtet, OVG. **45** 85. Ist die Geltendmachung der Forderung möglich (vgl. hier Anm. VII 1 S. 157), so kann sich die Gemeinde nur an den Eigentümer halten. Wechselt der Eigentümer, so haftet der Rechtsnachfolger. Neben dem Rechtsnachfolger haftet der herangezogene Eigentümer weiter, OVG. **41** 132. Soweit die Errichtung von Gebäuden beitragspflichtig macht, haftet der Eigentümer, auch wenn nicht er, sondern sein Abkäufer gebaut hat. Ist die Gemeinde selbst in dieser Lage, so entsteht eine Beitragspflicht überhaupt nicht, OVG. **44** 106. Vgl. daselbst auch

über Eigentumserwerb durch Bebauung nach § 332 I 9 ALR. Das BGB. kennt diese Eigentumserwerbsart nicht mehr.

Der Eigentümer ist nicht beitragspflichtig, wenn ohne sein Wissen und Wollen ein Gebäude errichtet wird. Er haftet aber, wenn ein anderer, z. B. sein Mieter auf seinem Grundstück baut und er den Bau genehmigt, ja sogar schon dann, wenn er nichts Ernstliches getan hat, das Gebäude so schnell als möglich wegzuschaffen; die Bestimmung des Mietvertrages, daß kein beitragspflichtiges Gebäude errichtet werden darf, schützt ihn nicht, OVG. **60** 121, **43** 13; PrVBl. **30** 442, **29** 1012, **23** 359, **22** 444. Vgl. auch JW. **12** 925[26]. Im Gebiete des ALR. wird durch Errichtung eines Erbbegräbnisses, sofern dies ein Gebäude ist (vgl. hier Anm. IV 3 S. 135), der Eigentümer des Grund und Bodens beitragspflichtig. Für den Umfang dieser Pflicht ist aber das Recht des Erbbegräbnisberechtigten maßgebend, OVG. **42** 37. Vgl. auch hier Anm. VI 3 S. 151.

V. 1. Die Gemeinde hat, sofern sie nicht die Herstellung der Straße in natura beansprucht, nur eine Forderung auf Ersatz der von ihr aufgewendeten Kosten. Die Gemeinde kann daher Beiträge nur für den Fall, daß, und nur in dem Umfange, wie sie selbst Aufwendungen für die Straße gemacht hat, erheben. Daraus folgt, daß Einheitssätze, z. B. für Kanalisation, Beleuchtungsanlagen, Baumanpflanzungen, Straßenkreuzungen, und für Bearbeitung, Bauleitung, Vermessung und Absteckung nur, soweit sie sich innerhalb dieser Grenzen halten, zuzulassen sind, PrVBl. **33** 769. Die Gemeinde kann ferner, soweit sie Straßenland umsonst erhält, dafür nichts in Rechnung stellen, OVG. **36** 73; PrVBl. **29** 650. Verpflichtet sich auf Grund des Statuts ein Dritter öffentlich rechtlich, die Straße auf seine Kosten als Unternehmer auszubauen und beginnt er mit dem Ausbau, dann entsteht für den Eigentümer, der an der Straße ein Gebäude errichtet, eine Beitragspflicht nicht trotz vorgängiger förmlicher Fluchtlinienfestsetzung. Wird die Straße von dem Unternehmer nicht fertiggestellt, der weitere Ausbau vielmehr nachträglich von der Gemeinde übernommen und auf eigene Kosten vollendet, so können nur die Anlieger herangezogen werden, die nach der Übernahme und deren Bekanntgabe Gebäude errichtet haben und nur zu den von der Gemeinde selbst aufgewendeten Kosten. Ist aber kein öffentlich-rechtlich verpflichteter Unternehmer vorhanden, dann sind alle Anlieger beitragspflichtig, auch wenn ein Dritter, wie ein Unternehmer Aufwendungen für die Straße gemacht hat. Diese Aufwendungen sind von der Gemeinde nicht in Rechnung zu stellen, OVG. **50** 76. Hat ein Dritter die Straße angelegt oder der Gemeinde die Mittel dafür ohne ein Recht auf Rückforderung gegeben, so hat die Gemeinde keinen Anspruch. Einerlei ist, ob die Gemeinde nach außen als Unternehmerin aufgetreten ist, wenn sie es nicht wirtschaftlich ist, was nicht der Fall ist, wenn sie mit fremdem Gelde bezahlt. Sie wird auch nicht dadurch Unternehmerin, daß sie das Risiko getragen hat, wenn ihr tatsächlich Kosten nicht zur Last gefallen sind, OVG. **49** 149, **40** 103, 107. Dabei entscheidet nicht die Form, sondern der Inhalt des Vertrages zwischen Gemeinde und Unternehmer. Hat in Wahrheit der Unternehmer das Risiko und die Entscheidung über die Ausführung, so entsteht keine Beitragspflicht, OVG. **40** 110, **26** 77 (= PrVBl. **15** 439). Darlehnsweise Vorschüsse der Anlieger hindern die Erhebung von Beiträgen nicht, PrVBl. **34** 46.

Erhält die Gemeinde etwas für eine übernommene Chaussee, um diese als solche zu erhalten, so braucht sie sich den Betrag nicht anrechnen zu lassen; anders, wenn sie es für die Herstellung der Chaussee als Straße erhält, OVG. **60** 121, 125, **48** 102, **37** 43; PrVBl. **32** 567, **27** 122.

Zinsen kann die Gemeinde für die von ihr aufgewendeten Kosten so wenig wie für die Beiträge in Rechnung stellen, weil es Verzugszinsen von Abgaben nicht gibt, PrVBl. **33** 420; **19** 357.

Als Abgaben und im Verwaltungsstreitverfahren können sie auch dann nicht gefordert werden, wenn sie besonders bedungen sind, PrVBl. **28** 83. Anders steht es aber mit den Zinsen einer Anleihe. Anleihezinsen bilden einen Teil der von den Anliegern zu erstattenden Kosten, und zwar von dem Zeitpunkte an, von dem Mittel der Anleihe zur Deckung der Straßenbaukosten zur Verfügung gestellt sind, bis zur Fertigstellung der Straße. So feste Praxis. Wird eine Anleihe nicht in bar, sondern in Wertpapieren überwiesen, die nach Bedürfnis verkauft werden, so fällt ein etwaiger Kursverlust der Gemeinde zur Last. Er kann nicht den Anliegern in Rechnung gestellt werden, OVG. **60** 125.

Kosten, die für einen Kommunikationsweg aufgewendet sind, bevor die Anlegung als Straße beschlossen ist, können natürlich nicht beansprucht werden, auch wenn die Anlagekosten dadurch verringert sind, OVG. **17** 171 (= PrVBl. **12** 419, 481). Anderseits können Kosten beansprucht werden, die auf einen Kommunikationsweg zwecks Herstellung als Straße verwendet sind, PrVBl. **19** 358. Selbstverständlich kommen nur Aufwendungen für die dem Statut unterworfenen, also im Gemeindebezirk gelegenen Wege in Betracht. Hat eine Gemeinde in einem fremden Gemeindebezirk Beleuchtungsvorrichtungen für einen Weg beschafft, so kann sie die Erstattung der Kosten auch dann nicht verlangen, wenn später eine Eingemeidung erfolgt, OVG. **51** 71.

2. Freilegung ist der Vorgang, durch den das in Betracht kommende Land der freien Verfügung der Gemeinde unterstellt wird; die Bedeutung ist also umfassender als in § 13, wo nur an die Freilegung von aufstehenden Gebäuden gedacht ist, RG. im PrVBl. **5** 59 = (JMBl. **83** 335). Sie ist also die Beseitigung der den Anbau hindernden Anlagen und die Beschaffung der erforderlichen Flächen, RG. **67** 240 (= JW. **08** 83[20]); OVG. **54** 101, **36** 73, **25** 91, **13** 161 (= PrVBl. **7** 297); PrVBl. **25** 561, **13** 242; insbesondere gehört dazu auch die Auflassung des erworbenen Landes, PrVBl. **27** 81; OVG. **49** 76. Sind für die Abtretung von Straßenland andere Aufwendung als Barzahlungen gemacht,

so sind diese in die Rechnung einzustellen, OVG. **51** 84. Auch die Gemeinde muß freilegen, ehe sie fordern kann, z. B. bei der Abgabe einer bisher als Lagerplatz genutzten Fläche zur Straße diese Nutzung aufgeben, OVG. **58** 118.

Die Anrechnung des Werts unentgeltlich abgetretenen Straßenlandes kann nur verlangt werden, wenn dies im Statut vorgesehen ist, OVG. **33** 117; PrVBl. **25** 405. Unentgeltlich abgetretenes Straßenland ist nicht schenkweise unter Verzicht auf jede Gegenleistung gegebenes Land, sondern Land, das ohne vorbedungenes Entgelt abgetreten wird, OVG. **13** 161 (= PrVBl. **7** 297); PrVBl. **25** 132.

Ist nach dem Statut der Wert unentgeltlich abgetretenen Landes anzurechnen und hat der Eigentümer das Land nicht unentgeltlich, aber unter Wert abgetreten, so kann der Abzug des Mehrwerts nicht verlangt werden, OVG. **51** 81. Das Statut kann bestimmen, daß bei Ermittelung der Grunderwerbskosten ein Betrag nach dem Durchschnittspreis der entgeltlich erworbenen Flächen in Ansatz gebracht und den Anliegern, die unentgeltlich abgetreten haben, gutgerechnet wird, OVG. **13** 161 (= PrVBl. **7** 297). Das Ergebnis der statutarischen Anrechnungsbestimmung kann nur sein, daß um soviel als sich der Beitrag eines bezahlten Anliegers durch Einstellung des Werts des unentgeltlich abgetretenen Landes erhöht, um so viel der Beitrag des unentgeltlich Abtretenden sinkt, OVG. **36** 73. Vgl. auch OVG. **49** 76.

Ein zum Zweck der Straßenherstellung von der Gemeinde angekaufter Landkomplex ist mit dem Anschaffungspreis in Rechnung zu stellen, auch wenn die Anschaffung noch so lange zurückliegt. Eine Wertsteigerung oder Wertminderung bleibt außer Betracht, PrVBl. **33** 536, **26** 450; OVG. **45** 80, **42** 30. Für anderes Land der Gemeinde ist der Wert zur Zeit der Verwendung einzustellen, OVG. **45** 80, **34** 94, **25** 91; PrVBl. **22** 122. In beiden Fällen kann, wenn nur ein Teil zur Verwendung kommt, der Durchschnittspreis für eine bestimmte Flächeneinheit zugrunde gelegt und danach die

Rechnung aufgestellt werden, wenn der Wert gerade des in Frage kommenden Landes nicht erweislich ein anderer ist, OVG. **44** 114, **42** 30; PrVBl. **33** 536, **28** 856, **26** 450, **25** 526.

Ist Land, bei dem nicht der Anschaffungspreis in Betracht kommt, mit der Beschränkung aus § 11 belastet, so darf es nur als Nichtbauland geschätzt werden, OVG. **45** 80; das Gleiche gilt für Land, das mit der Servitut der Unbebaubarkeit nach altem Recht belastet ist, OVG. **34** 94. Ist eine alte Straße eingezogen und wird das betreffende Land nur teilweise wieder verwendet, so ist der Erlös des alten Straßenlandes abzusetzen, der Wert verwendeter Teile nicht anzurechnen, OVG. **44** 114, **42** 25, **25** 91; PrVBl. **25** 526. Das Gleiche gilt für die Verwendung sonstigen Landes, das früher als öffentlicher Weg diente, PrVBl. **22** 122. Nicht der Anschaffungspreis, sondern der Wert zur Zeit der Verwendung ist auch maßgebend für die Berechnung, wenn es sich um andere im Besitz der Gemeinde befindliche Baustoffe, z. B. Steine, handelt, OVG. **42** 30. Die Kosten für Schüttungsmaterial, das aus den Beständen der Gemeinde entnommen und zu dessen unentgeltlicher Hergabe die Gemeinde nicht verpflichtet war, sind erstattungsfähig, OVG. **60** 125. Zu den Freilegungskosten gehören auch Gerichts- und Anwaltskosten, die aus Anlaß des Grunderwerbs entstanden sind, OVG. **50** 84. Hat die Gemeinde für eine Servitut der Unbebaubarkeit nach altem Recht, die auf zu verwendendem Lande lastete, Entschädigung gewährt, so kann sie auch diesen Betrag in Rechnung stellen, OVG. **41** 117. Selbstverständlich kann sie auch die Kosten der Zuschüttung eines ihr zu Straßenland unentgeltlich überwiesenen Grabens beanspruchen, PrVBl. **26** 450.

Es können auch die Kosten der Bearbeitung, Vermessung, Bauleitung und Absteckung in Ansatz gebracht werden, aber natürlich nur soweit sie durch die besonders für diesen Straßenbau angenommenen Hilfskräfte entstanden sind, PrVBl. **33** 769.

3. Was zur ersten Einrichtung, dem straßenmäßigen Ausbau, gehört, bestimmt sich nach dem Bauprogramm der Gemeinde. Es kann dies im Statut vorgesehen sein, sonst aber auch von der Gemeinde besonders beschlossen werden, OVG. **51** 74, **41** 137, **35** 73, 78, **25** 80 (= PrVBl. **15** 17), **25** 96 (= PrVBl. **15** 3); PrVBl. **30** 119, **27** 592, **23** 793, **22** 445, 479, **19** 358, **15** 251. Eines ausdrücklichen Beschlusses über das Bauprogramm bedarf es nicht; es kann sich stillschweigend aus den gefaßten Beschlüssen ergeben; auch kann nachträglich beschlossen werden, daß die bis dahin erfolgte Herstellung der Straße als abgeschlossen anzusehen sei, OVG. **41** 137, **35** 73. Auch aus anderen Umständen kann der Wille der Gemeinde entnommen werden, z. B. aus der Herstellung gepflasterter Straßenübergänge bei einer den polizeilichen Vorschriften nicht entsprechenden, also unfertigen Straße, daß die Pflasterung der ganzen Straße programmäßig sei, PrVBl. **31** 130.

Die baupolizeilichen Bestimmungen über die Beschaffenheit der Straßen haben an sich mit dem Programm nichts zu tun, OVG. **51** 74, **41** 143, **35** 73; PrVBl. **26** 637; daran ändert auch nichts, daß solche Bestimmungen unzulässigerweise im Statut gegeben sind, PrVBl. **30** 119.

Ist das Bauprogramm ausgeführt, dann ist die erste Einrichtung fertig und Aufwendungen auf die Straße, die später gemacht werden, sind nicht mehr solche der ersten Einrichtung, können also nicht die Grundlage der Beitragsforderung sein. Zu beachten ist, daß in der Regel, wenn die Gemeinde einen Weg als Straße übernimmt, das, was sie zunächst an dem Wege herstellen läßt, die erste Einrichtung sein wird. Die Gemeinde kann aber auch einen Weg als programmäßig fertige Straße übernehmen, PrVBl. **26** 523. Selbstverständlich kann die Gemeinde auch eine einzelne Einrichtung, die sie nicht herstellt und die ihr nichts gekostet hat, als programmäßig fertig anerkennen, OVG. **51** 74.

Während der Herstellung ist eine Änderung oder Erweiterung des Bauprogramms zulässig, solange das ursprüngliche Bauprogramm auch hinsichtlich der Nebenanlagen noch nicht vollständig zur Durchführung gelangt ist. Die ferner beschlossene Einrichtung ist dann auch noch die erste Einrichtung, nicht eine Verbesserung der fertigen Straße, für die Beiträge nicht gefordert werden könnten. Auch kann eine frühere Einrichtung nur eine provisorische gewesen sein. Es sind dann nur die Kosten der endgültigen Einrichtung, nicht die der provisorischen zu erstatten, OVG. **51** 74, **41** 137, **35** 78; PrVBl. **33** 769, **29** 747, 749. Zur Erweiterung des Programms bedarf es aber stets eines Willensentschlusses der Gemeinde. Die bloße Änderung fertiger Teile der Bauausführung vor der Fertigstellung der ganzen Straße reicht nicht aus, OVG. **51** 74. Die Kosten der provisorischen Einrichtung sind nur insoweit zu erstatten, als die der endgültigen dadurch gemindert sind. Früher eingeforderte Kosten der provisorischen Einrichtung müssen ev. bei Einforderung der Kosten der endgültigen Einrichtung angerechnet werden, OVG. **25**, 96 (= PrVBl. **15** 3). Scheinbare Provisorien können aber auch programmäßige Vorbereitungen der endgültigen Einrichtung sein und sind dann ganz zu erstatten, z. B. Chaussierung neben der Pflasterung, OVG. **54** 98. Eine Straßeneinrichtung kann auch dann Teil des Programms sein und zur ersten Einrichtung gehören, wenn die Anlieger nach Observanz, z. B. bei Bürgersteigen, verpflichtet sind, die Einrichtung herzustellen und dazu polizeilich gezwungen werden können. War sie Teil des Programms, dann können die Kosten dafür nach § 15 gefordert werden; anders wenn die Gemeinde nur die Kosten für die Pflichtigen vorgelegt hatte. Umfaßt das Programm die Einrichtung nicht, dann kann die Gemeinde natürlich auch nicht die Kosten der Anlegung des Bürgersteigs vor ihren eigenen Grundstücken in Rechnung stellen, OVG. **54** 92, **47** 97. Die Anlieger haben kein Recht, das Programm zu bestimmen oder anzugreifen, OVG. **35** 78. Sie haben auch kein Recht, die Durchführung des Programms zu verlangen. Ist aber das Programm im Statut bestimmt, so ist das bindend.

Die Anlieger können dann beanspruchen, mit Beiträgen so lange verschont zu bleiben, bis die Straße programmäßig fertig ist; abgesehen davon, können sie — vgl. aber hier Anm. VI 4 S. 155 — stets fordern, daß der Beitrag nur in ganzer Summe erhoben wird, OVG. **57** 113, **55** 84, **53** 112, **43** 19, **37** 51, **35** 73; PrVBl. **31** 394, 427, **22** 445, 479. Vgl. hier Anm. VI 4 im Eing. S. 155 u. VII 4 S. 163. Auch wenn statutarisch bindende Vorschriften über die Herstellung der Straßen fehlen, brauchen die Anlieger vor Durchführung des Programms nicht zu zahlen, wenn sie nicht durch einen Verzicht der Gemeinde vor Nachforderungen gesichert sind, OVG. **58** 112, **43** 19; PrVBl. **22** 445, 479. Den Einwand, daß die Straße noch nicht programmäßig fertig sei, hat auch ein Anlieger, der, um die Bauerlaubnis zu erlangen, auf die nach § 12 gestellten Bedingungen eingegangen ist. Er verzichtet damit nicht auf diesen Einwand, PrVBl. **26** 523. Das Programm ist auch dann nicht durchgeführt, soweit Anlagen (Bürgersteig) in Betracht kommen, welche die Anlieger selbst herzustellen haben oder für die statutarisch Erstattung nicht beansprucht werden kann. PrVBl. **31** 394, 427.

Die Gemeinde kann Ersatz für alle Kosten verlangen, die sie nach pflichtmäßigem Ermessen aufgewendet hat, um die gesamte Straßenanlage herzurichten, OVG. **41** 143. *Wie tatsächlich der Ausbau der Straße* vorzunehmen ist, bestimmt allein die Gemeinde, OVG. **58** 118, **54** 92, **47** 97, **42** 30, **33** 109; vgl. auch PrVBl. **27** 592, wo die Straße nur aus einer Treppenanlage bestand. Aus der unzweckmäßigen Art des Ausbaues kann der Anlieger einen Einwand gegen die Beitragsforderung nicht herleiten, OVG. **37** 43, **33** 109; ihm steht nur die Beschwerde an die Wegepolizeibehörde offen, PrVBl. **15** 153; wegen fehlerhafter, ihm schädlicher Anlagen muß er ev. den Weg der Klage beschreiten, OVG. **37** 43.

Zu der ersten Einrichtung ist gerechnet: das Anschlußpflaster an bestehende oder projektierte Querstraßen, über dessen Umfang die Gemeinde allein zu befinden hat, OVG. **41** 143, 150; eine Futtermauer und ein Geländer an einem öffentlichen Fluß, PrVBl. **27** 430; Stützmauern, OVG. **58** 118, **54** 92, **47** 97; Nebenanlagen, wie eine Torauffahrt und Kastenrinnen am Bürgersteig, OVG. **33** 117. Dagegen sind Kastenrinnen für den Wasserabzug des Anliegers kein Zubehör der Straße, ihre Kosten also auch nicht Kosten der ersten Einrichtung, OVG. **33** 117; Wasserleitungskosten, die nicht lediglich oder hauptsächlich den Zwecken der Straße, z. B. durch Spülung, Sprengen u. dgl. dienen, sondern für die anliegenden Grundstücke bestimmt sind, können nicht in Rechnung gestellt werden, OVG. **15** 152 = PrVBl. **9** 214.

4. Zu den Kosten der ersten Einrichtung gehört in der Regel auch die Entwässerung, OVG. **41** 137. Die öffentlichen Wege mit Zubehör, insbesondere den Entwässerungsanlagen, haben aber rechtlich nicht zur Entwässerung der angrenzenden Grundstücke zu dienen. Daher können nur für die Entwässerung der Straßen Beiträge gefordert werden, nicht für Ableitung der Schmutzwässer und die sonstige Entwässerung der angrenzenden Grundstücke. Dient die Anlage zugleich zur Entwässerung der angrenzenden Grundstücke, so können die dafür zu rechnenden Kosten nicht als Beitrag gefordert werden, PrVBl. **33** 536, **29** 624, **28** 372, **21** 25, **13** 288; OVG. **41** 137, **34** 70. Übrigens können Kosten der Entwässerung der Straße, die zur Ableitung der von höher gelegenen Grundstücken kommenden Niederschläge und der schon vorher mit künstlicher Leitung zugeführten Flüssigkeiten dienen, beansprucht werden, PrVBl. **13** 288. Neben den Beiträgen aus § 15 können ev. Beiträge nach § 9 KommAbgG. erhoben werden; nur darf für diese nicht derselbe Verteilungsmaßstab, wie für die Straßenentwässerungskosten zugrunde gelegt werden, OVG. **34** 70, **32** 120.

Die Kosten der Aufhöhung und Umpflasterung können aber ganz in Rechnung gestellt werden, wenn sie durch eine Straßenentwässerungsanlage allein auch entstanden wären, OVG. **41**

137; auch die Kosten der Überwölbung eines vorhandenen Grabens können gefordert werden, selbst wenn der Graben andere Grundstücke mitentwässert, PrVBl. **13** 288. Ist die Kanalisation Teil eines einheitlichen, mehrere andere Straßen umfassenden Kanalsystems, dann müssen die Kosten auf alle zum Entwässerungssystem gehörigen Straßen verteilt werden, OVG. **49** 83.

5. Unter der Unterhaltung ist die gemeingewöhnliche im Gegensatz zur Umgestaltung, zu dem Ersatz der vorhandenen Anlage durch anders geartete zu verstehen, OVG. **50** 62. Die wirklich aufgewendeten Kosten können verlangt werden, nicht etwa ein Einheitssatz nach dem Durchschnitt der Unterhaltungskosten anderer Straßen, OVG. **41** 107.

VI 1. Die Kosten der Gesamtanlage sind zusammenzurechnen und den Eigentümern nach Verhältnis der Länge der die Straße berührenden Grundstücksgrenze zur Last zu legen, OVG. **41** 117, **22** 77. Die Gemeinde kann nicht von der Berechnung der Gesamtkosten absehen und die Kosten der Straße nur von dem Baugrundstück einfordern, PrVBl. **11** 134. Die Länge der Grenze, mit der bestehende Seitenstraßen die Straße berühren, ist nicht mitzurechnen. Die Kosten der Strecken an Seitenstraßen belasten alle Anlieger, nicht etwa gehen sie zu Lasten der Gemeinde, OVG. **41** 143; PrVBl. **28** 106; dagegen sind die Grenzen, an denen nur erst projektierte Querstraßen liegen, bei Ermittelung der Grenzlänge mitzurechnen, OVG. **41** 149; PrVBl. **28** 106; für Plätze gilt dasselbe wie für andere Grundstücke; ihre Frontlänge ist daher immer mitzurechnen, PrVBl. **27** 122. Sind einzelne Grundstücke früher bebaut und deshalb von Beiträgen frei, so bleiben die Straßenkosten insoweit der Gemeinde zur Last, OVG. **41** 117. Vgl. auch hier Anm. IV 1 a. E. S. 130.

2. Das Statut kann näher bestimmen, was unter der gesamten Straßenanlage, Straßenteil im Sinne des Abs. 1, zu verstehen ist, OVG. **52** 106; PrVBl. **12** 455; das Statut

darf aber nicht eine gar nicht darunter zu bringende Einheit so definieren, PrVBl. **14** 171. Es ist nur ein Recht der Gemeinde, keine Pflicht, einen bestimmten Straßenabschnitt als selbständigen Straßenteil zu behandeln, OVG. **48** 96; die Anlieger haben keinen Anspruch darauf, daß dies geschieht, OVG. **52** 106. Hat aber die Gemeinde beschlossen, daß die ganze Straße als einheitliche ausgeführt werden solle und hat die Ausführung begonnen, so hat gegenüber einem Eigentümer, der auf Grund dieses Beschlusses zu bauen begonnen hat, ein späterer Beschluß, wonach nur ein bestimmter Teil als für sich bestehend behandelt werden soll, keine Bedeutung, PrVBl. **14** 170.

Straße und Straßenteil sind gleichartige Begriffe. Straße und Straßenteil umfassen in der Regel eine Mehrheit von bebauten Grundstücken. Deshalb kann auch nicht der unmittelbar vor einem Baugrundstück liegende Teil als Straßenteil bezeichnet werden, RG. **23** 284 (= JW. **89** 216[43]); ebensowenig Lücken in der Häuserreihe einer im allgemeinen fertigen Straße, Gruch. **30** 1037 (= JW. **86** 205[46] = PrVBl. **8** 179); auch nicht irgendein Abschnitt deshalb, weil er gleichzeitig hergestellt ist, OVG. **25** 80 (= PrVBl. **15** 17); desgl. nicht, wenn er nur vor einigen wenigen Baugrundstücken liegt und sich nicht über die ganze Breite der Straße erstreckt, PrVBl. **26** 523. Straßenteil kann also nur ein Teil einer Straße sein, der äußerlich selbst eine Straße darstellt, der als selbständige Straßenanlage anzuerkennen ist, OVG. **41** 117, **25** 80 (= PrVBl. **15** 17). Dabei kommt es auf die örtliche Lage zur Zeit der Vollendung der Straße an, OVG. **25** 80 (= PrVBl. **15** 17). Im übrigen entscheidet zwar der Wille der Gemeinde, ob sie eine Straße so in Teilen ausbauen will, daß schon die Fertigstellung eines Teils die Beitragspflicht entstehen läßt, OVG. **55** 79, **54** 101, **52** 106; PrVBl. **33** 46, **27** 430. Auch ist der Verwaltungsrichter nicht berufen, diesen Willen zu ergänzen oder seine Meinung an die Stelle zu setzen, OVG. **60** 110, **55** 79; und es ist, wenn streitig wird, ob der gewollte Straßenteil eine vorhandene Straße war, diese Frage eben bezüglich des Teils zu entscheiden, PrVBl. **33** 46. Es dürfen aber nicht beliebige Stücke herausgeschnitten werden; anderseits ist es genügend, daß die Gemeinde sich erkennbar aus sachlichen Gründen auf den Ausbau eines Straßenabschnitts, der äußerlich eine Straße oder einen Straßenteil darstellen kann, beschränkt hat, OVG. **41** 143, 145, **36** 61 (= PrVBl. **21** 115), **34** 84; PrVBl. **26** 523, **25** 504, **17** 83.

Das gilt auch bei Übernahme einer Unternehmerstraße, PrVBl. **26** 523. Als Straßenteil können jedenfalls Abschnitte angesehen werden, die durch Brücken, Querstraßen u. dgl. geschieden sind, **12** 455. Auch bei ins Feld führenden Straßen kann von der äußerlichen Begrenzung nicht abgesehen werden, PrVBl. **26** 523. Bei der Zerlegung einer Straße durch Längslinien können selbständige Straßenteile entstehen, wenn ausnahmsweise bei solcher Teilung jeder Teil sich als Gesamtanlage einer Straße mit vollständigem, nicht halben Fahrdamm und den sonst erforderlichen Bestandteilen darstellt, OVG. **54** 101, **41** 117, **25** 80 (= PrVBl. **15** 17); PrVBl. **12** 455. Vgl. auch § 12 Anm. II 4 S. 68.

3. Bei der Vorschrift des Abs. 2 ist nur an die Front eines für sich bestehenden Grundstücks gedacht, nicht an getrennte Grundstücke desselben Eigentümers, OVG. **13** 161 (= PrVBl. **7** 297); das gilt natürlich auch bei Grundstücken, die durch die Straße selbst getrennt sind, PrVBl. **27** 67, selbst dann, wenn durch eine Überführung eine Verbindung hergestellt ist, OVG. **46** 158. Maßgebend ist die ganze Front, auch wenn sie nicht ganz mit Gebäuden besetzt ist, OVG. **13** 161 (= PrVBl. **7** 297). Ein bzw. mehrere Grundstücke eines Eigentümers können verschiedene wirtschaftliche Einheiten bilden, wenn die betreffenden Stücke für eine besondere selbständige wirtschaftliche Verwertung und Benutzung bestimmt und auch äußerlich getrennt sind. Die Einheiten bilden dann selbständige Grundstücke, die für die Beitragspflicht als be-

sondere Grundstücke in Betracht kommen, OVG. **34** 94, **57** 112. Die Trennung ist selbstverständlich auch bei im Miteigentum stehenden Grundstücken möglich, so daß der eine Miteigentümer diese, der andere eine andere Einheit des gemeinsamen Grundstücks besitzen kann. Die Miteigentümer haften natürlich in den Grenzen der bebauten Einheit solidarisch, OVG. **45** 85. Die wirtschaftliche Einheit schafft nur dann ein besonderes Grundstück für die Beitragspflicht, wenn es sich um Grundstücke eines und desselben Eigentümers handelt; Grundstücke, die mit einem bebauten Grundstück zur wirtschaftlichen Einheit verbunden erscheinen, bleiben außer Betracht, wenn sie einem anderen Eigentümer als dem des Baugrundstücks gehören; die Einheit fehlt auch z. B. dann, wenn das bebaute Grundstück im Miteigentum, ein damit verbundenes Grundstück aber im Eigentum nur eines Miteigentümers steht; die Miteigentümer haften auch hier natürlich solidarisch, OVG. **55** 94. Für die in Rechnung zu ziehende Frontlänge des Baugrundstücks eines Eigentümers ist also entscheidend, in welchem Umfange es mit anderem ungetrennten Grundbesitz desselben Eigentümers ein einheitliches, für sich bestehendes wirtschaftliches Ganze bildet; dabei ist zu sehen auf die Zeit der Entstehung (vgl. hier Anm. VII 1 S. 157) der Beitragsforderung, OVG. **60** 125, **57** 112, **55** 94; PrVBl. **33** 404, **30** 106, **29** 707, **17** 248; JW. **12** 925[26], **03** 18[46] (= PrVBl. **24** 715).

Die Verbindung eines bebauten Grundstücks mit einem unbebauten kommt daher für die Beitragspflicht nicht in Betracht, wenn für das bebaute die Beitragspflicht zur Zeit der Verbindung schon entstanden ist. Ist das Gebäude aber z. B. erst im Bau, so wird der Eigentümer zwar mit dem Beginn der Errichtung schon beitragspflichtig; der Umfang seiner Pflicht richtet sich aber nach der Sachlage z. Z. der Vollendung des Baues, OVG. **50** 80, **40** 101, **37** 30. Ist das unbebaute Grundstück daher an einer anderen Straße gelegen wie das bebaute, so wird der Eigentümer — wenn das

Gebäude auch als an dieser Straße errichtet anzusehen ist — auch für die andere Straße beitragspflichtig, OVG. **50** 80, **41** 107. Vollendet ist der Bau nicht mit dem Rohbau, sondern mit der inneren Einrichtung und dem Ausbau, OVG. **50** 80.

Wann Grundstücke eine wirtschaftliche Einheit bilden, ist eine Tatfrage. Nicht aufgehoben wird die Einheit dadurch, daß die Grundstücke verschiedene Straßennummern oder Katasterbezeichnungen tragen oder auf verschiedenen Blättern im Grundbuch stehen, wie umgekehrt durch den gegenteiligen Tatbestand die Einheit nicht hergestellt wird, OVG. **60** 125, **55** 94, **23** 52 (= PrVBl. **14** 222), **13** 161 (= PrVBl. **7** 297); PrVBl. **30** 106, **28** 394, **26** 166. Entscheidend soll sein, daß die Grundstücke demselben wirtschaftlichen Zweck oder daß das eine dem anderen dient, OVG. **55** 94; auch wenn dies nur mittelbar der Fall ist, OVG. **48** 102. Daß das Gebäude auf beiden Grundstücken steht, beweist ihre Einheit, OVG. **60** 125. Natürlich können auch bebaute Grundstücke mit unmittelbarem wirtschaftlichen Nutzen mit anderen ohne solchen eine Einheit bilden, OVG. **48** 108.

Zugerechnet sind: Hof-, Haus- und Wirtschaftsgarten dem das Haus tragenden Grundstück, OVG. **36** 61 (= PrVBl. **21** 115); ein die Ausfahrt über das vorgelagerte Grundstück tragendes Grundstück dem dahinter gelegenen Villengrundstück, PrVBl. **14** 174; der in sich und von den Gebäuden nicht durch feste Umwährungen getrennte Kirchhof dem Totengräberwohnhaus, der Leichenhalle und Kapelle, PrVBl. **17** 83.

Die gleiche wirtschaftliche Benutzung zu Eisenbahnzwecken ist als Grundlage der Einheit als genügend angesehen in PrVBl. **16** 109, als nicht ausreichend aber in OVG. **48** 102, **34** 94; PrVBl. **29** 707, **27** 67.

Zugerechnet sind: einem Güterbahnhof die Rangier- und Ladegleise und die Bahnmeisterei, letztere unter Hervorhebung des Umstandes, daß sie mit dem Bahnhof in derselben Umzäunung gelegen sei, was in dem in OVG. **26** **44** entschiedenen Falle gefehlt habe, OVG. **48** 102; einem Personenbahnhof die schon früher vorhanden gewesenen, zu beiden Seiten des Bahnhofgebäudes laufenden Geleise und die sie tragende Mauer, PrVBl. **29** 70; der Trinkbude des Pächters des Bahnhofrestaurants das ganze Bahnhofsgelände, weil es in ungetrenntem wirtschaftlichen Zusammenhange damit stehe, PrVBl. **22** 538; einem Stellwerksgebäude das zu Schmuckanlagen an den Verschönerungsverein verpachtete, sich zwischen Stellwerk und Straße hinziehende Bahngelände, obwohl die Schmuckanlagen durch Gitter abgegrenzt waren, unter Betonung des Umstandes, daß die Tatsache der äußerlichen Abgrenzung allein nicht maßgebend, sondern auch der Grund und Zweck der Abgrenzung zu berücksichtigen sind, hier die Gitter den Rasen vor dem Betreten schützen, nicht zwei unabhängige Flächen herstellen sollen, OVG. **60** 114. Als Einheit angesehen sind räumlich ungetrennte und in einer Einfriedigung gelegene Gebäude der Militärverwaltung, obwohl sie verschiedenen Zwecken dienten — Kaserne, Arrest- und Gerichtsgebäude und Garnisonwaschanstalt —, OVG. **48** 108. Verneint ist, wie bemerkt, die Einheit eines für sich eingefriedigten Beamtenwohnhauses mit dem Personenbahnhof, OVG. **26** 44. Ein zu Lagerzwecken von dem Eigentümer an verschiedene Personen verpachtetes Grundstück ist nicht einheitlich, soweit ein Pächter sein Grundstück besonders eingefriedigt und von dem übrigen Lagerplatz getrennt hat, PrVBl. **25** 386. Ist ein zwischen vier Straßen gelegener Landkomplex von dem Eigentümer in verschiedene selbständige Grundstücke geteilt, so bildet ein Villengrundstück, das ein anderes mit einem Gewächshaus besetztes von der Straße trennt, mit diesem doch nicht deshalb eine Einheit, weil es durch ein aus dem Zaun entferntes Feld mit ihm in Verbindung steht oder weil es von den Bewohnern des Villengrundstücks zur Blumen- und Gemüsezucht benutzt wird, OVG. **33** 404; für die Frage, ob ein Restaurant und ein bis zu einer anderen Straße sich erstreckender Garten eine Einheit bilden, ist erheblich, ob keine sichtbare Abgrenzung besteht und ob das durchgehende Land gleichmäßig als Restaurationsgarten eingerichtet ist, PrVBl. **30** 106. Bei einem Erbbegräbnis (vgl. hier IV 3 und IV 8 a. E. S. 135 u. 140) richtet sich der Umfang der Beitragspflicht nach dem Recht des Erbbegräbnisberechtigten, nicht nach dem davon verschiedenen Eigentum. Jedes Erbbegräbnisrecht ist für sich zu betrachten; es ist jedem anderen gleichartig, nicht mit ihm einheitlich, OVG. **42** 37.

Die Länge der Mauern von Bauwerken, die im allgemeinen nicht als Gebäude anzusehen, sind bei Berechnung der Frontlänge mitzurechnen, falls sie ausnahmsweise Gebäudecharakter haben, z. B. Stützmauern von Stadtbahnbögen, die gebäudeartig eingerichtet sind, OVG. **37** 34.

Sind die Straßen- und die Baufluchtlinien verschieden, so ist maßgebend die Grenzlänge, mit welcher der Vorgarten, soweit er rechtlich Vorgarten ist, an die Straße stößt; gefunden wird diese Grenze in der Regel durch die Verlängerung der seitlichen Nachbargrenzen des Baugrundstücks über die Baufront hinaus bis zur Straßengrenze. Ist das Vorgartenland des noch unbebauten Nachbargrundstücks rechtlich und tatsächlich mit dem Baugrundstück verbunden, so wird es ihm bei Ermittelung der Frontlänge doch nicht zugerechnet, OVG. **33** 103; PrVBl. **27** 265; umgekehrt ist die Grenze des Vorgartenlandes des Baugrundstücks auch dann maßgebend, wenn es einem anderen Eigentümer gehört als dem des Baugrundstücks, OVG. **41** 107 (= PrVBl. **23** 761). Vgl. hier Anm. IV 1 S. 129 und § 1 Anm. I 13 S. 33.

4. Die Anlieger haben (vgl. hier Anm. V 3 S. 145 u. VII 4 S. 163) einen Anspruch darauf, daß der schuldige Beitrag von ihnen nur einmal und in ganzer Summe erhoben wird. Danach ist als verfrüht nicht nur unzulässig die provisorische Einforderung eines Teils unter Vorbehalt der Nachforderung, OVG. **38** 138, **17** 163 (= PrVBl. **12** 479); vielmehr darf die Gemeinde auch nicht bestimmte Gruppen von Kosten zusammenfassen und getrennt erheben, sog. Spaltung der Kosten. Nur dann ist sie hierzu berechtigt, wenn das Statut eine Spaltung der Kosten vorsieht, OVG. **55** 92, **54**

92, 101, **37** 51, **25** 96, **24** 79 (= PrVBl. **14** 367), **22** 77 (= PrVBl. **13** 485); PrVBl. **31** 463, **27** 804, **14** 25, 174, **13** 277. Unzulässig ist es, wenn das Statut die Spaltung in das Belieben oder Ermessen der Gemeindebehörden stellt, OVG. **42** 25; PrVBl. **33** 822, **13** 277. Es darf aber, abgesehen von den Bürgersteigkosten, deren besondere Einforderung auch bestimmt werden kann, nur eine Spaltung in vier Gruppen vorgesehen werden; es können nämlich für sich erhoben werden die Kosten der Freilegung, der ersten Einrichtung — diese also ev. mit der sich aus der Abtrennung der Bürgersteigkosten ergebenden Unterspaltung —, der Entwässerung und Beleuchtung. Unterhaltungskosten bleiben außer Betracht; eine weitere Spaltung ist unzulässig, OVG. **55** 79, 84; PrVBl. **33** 822; insbesondere können z. B. nicht die Kosten des Steinbetts und der eigentlichen Pflasterung getrennt werden, OVG. **52** 113. Werden zulässigerweise andere als Freilegungskosten eingefordert, so kann nicht eingewendet werden, daß Grunderwerbskosten zugunsten des Pflichtigen in Abzug zu bringen seien, weil der Einwand nur gegenüber den Freilegungskosten in Betracht kommt, OVG. **54** 101. Vgl. auch hier Anm. VII 4 S. 163.

5. Der Abs. 2 des § 15 ist ergänzt durch den § 10 des K o m m A b g G. Der § 10 lautet:

„Die Vorschriften des Gesetzes, betreffend die Anlegung und Veränderung von Straßen und Plätzen in Städten und ländlichen Ortschaften vom 2. Juli 1875 bleiben mit der Maßgabe in Kraft, daß die in § 15 daselbst vorgesehenen Beiträge nach einem andern als dem dort angegebenen Maßstabe, insbesondere auch nach der bebauungsfähigen Fläche bemessen werden dürfen."

Eine statutarische Bestimmung, die dem § 10 KommAbgG. Rechnung tragen wollte, indem sie vorschrieb, daß die Beiträge zur Hälfte nach der Fläche des Baugrundstücks, zur Hälfte nach der Frontlänge zu berechnen seien, ist für unzulässig erklärt, weil ungewiß sei, was unter „Baugrundstück" verstanden werden müsse. Die Heranziehung zur Hälfte nach der Frontlänge blieb aber gültig, OVG. **36** 61 (= PrVBl. **21** 115). Eine weitere Abänderung des Ges. hat § 10 KommAbgG. nicht zur Folge; insbesondere ist die Gültigkeit des Statuts im übrigen nur nach den Vorschriften des Ges. zu prüfen, OVG. **45** 74; PrVBl. **32** 444; auch kann gegenüber der Heranziehung aus § 15 nicht eingewendet werden, daß die zur Hebung stehenden Kosten bereits endgültig etatsmäßig gedeckt seien; dieser Einwand ist nur gegenüber Beiträgen aus § 9 KommAbgG. zulässig, PrVBl. **30** 119; OVG. **46** 75.

6. Für Veranstaltungen an Straßen, auf die § 15 nicht anwendbar ist, können gemäß § 9 KommAbgG. Beiträge erhoben werden. Das Besteuerungsrecht der Gemeinde bezüglich der Straßen, die bei Erlaß des Ges. vorhanden und bebaut waren, ist durch das Ges. nicht berührt, OVG. **32** 122 (= PrVBl. **19** 288); insbesondere ist ein Statut nach § 9 aaO. gültig, das die Heranziehung der Eigentümer zur Regulierung und Pflasterung der nicht unter § 15 fallenden Straßen nach den besonderen wirtschaftlichen Vorteilen der einzelnen vorsieht, PrVBl. **24** 408. Auch für solche Veranstaltungen, für die überhaupt nach § 15 Beiträge nicht erhoben werden können und von denen Straßen betroffen werden, können Beiträge nach § 9 aaO. erhoben werden, insbesondere für Kanäle, die nicht bloß Straßen, sondern auch die anliegenden Grundstücke entwässern, OVG. **32** 120; PrVBl. **28** 372; es darf aber mit Rücksicht auf § 9 aaO. die Gemeinde die Höhe einer für die Grundstücksentwässerung zu zahlenden Abgabe nicht davon abhängig machen, ob und in welcher Höhe Straßenentwässerungskosten zu zahlen sind, PrVBl. **28** 372. Nach OVG. **51** 68 können auch für die Verbreiterung einer — offenbar nicht unter § 15 fallenden — Straße Beiträge nach § 9 KommAbgG. erhoben werden.

Im übrigen ist kein Zweifel, daß, soweit § 15 unmittelbar anwendbar ist, Beiträge nach § 9 aaO. nicht erhoben werden dürfen, insbesondere nicht für die Anlegung einer neuen oder die Verlängerung einer bestehenden Straße, PrVBl. **22** 133, also auch nicht für die erste Einrichtung einer neuen Straße, OVG. **46** 75, und nicht für die Unterhaltung solcher Straßen in den ersten fünf Jahren nach ihrem Ausbau, PrVBl. **29** 624.

Man nahm aber auch eine negative Wirkung des Ges. an und schloß eine Beitragsleistung aus § 9 KommAbgG. auch da aus, wo eine unmittelbare Anwendung des § 15 mangels Erlaß eines Statuts oder nach Ablauf der fünfjährigen Unterhaltungspflicht nicht in Frage kommen konnte, OVG. **27** 60; PrVBl. **24** 209, **23** 690 und die angeführten Entscheidungen. Die Rechtsprechung des OVG. ist aber davon zurückgekommen:

Die §§ 15, 19 wollen die Beitragsleistung zum Bau und zur Unterhaltung neuer Straßen regeln und jede Abgabenpflicht der Anlieger neuer Straßen außerhalb des Rahmens des § 15 beseitigen und ihre Neubegründung ausschließen. Das ist aber nur im Sinne einer speziellen Belastung der Besitzer ausschließlich und unmittelbar für den speziellen Zweck der Herstellung und Unterhaltung einer unter § 15 fallenden Straße zu verstehen, nicht aber soweit eine alle Hausbesitzer treffende Abgabe für die allgemeine Unterhaltung und Verbesserung des Straßennetzes erhoben wird. Deshalb ist eine nach § 96 Abs. 4 KommAbgG. aufrecht erhaltene sog. Zwecksteuerordnung, wonach — in Flensburg — jeder Hausbesitzer eine Straßensteuer zu zahlen hatte, gültig, OVG. **46** 93. Die Anlieger neuer Straßen dürfen zu Sonderleistungen unmittelbar und speziell für die Herstellung und Unterhaltung ihrer Straße nicht anders als nach § 15 herangezogen werden, also dann nicht, wenn das Unternehmen, dessen Kosten zu decken sind, gerade in der Herstellung oder Unterhaltung ihrer Straße besteht und die Anlieger einen besonderen Beitrag zu diesem Unternehmen leisten sollen. Sie dürfen aber nach § 9 KommAbgG. herangezogen oder mit einer Vorbelastung nach § 20 aaO. oder einer allgemeinen, nach früherem Recht gültigen und aufrecht erhaltenen Abgabe (vgl. oben) belastet werden, wenn es sich um ein Unternehmen anderer Art — Straßendurchbruch, Anlage einer Brücke in der Nachbarschaft — handelt oder wenn von dem Anlieger keine Sonderleistung, sondern eine allgemeine Abgabe für den Straßenbau verlangt wird. Die Unterhaltung der Straßen einer Gemeinde ist eine einheitliche Veranstaltung. Wer dazu herangezogen wird, leistet keinen Sonderbeitrag. Die Heranziehung kann aber nur bezüglich der Straßen erfolgen, die einem einheitlichen Recht unterliegen, also nicht bezüglich der Straßen, die vom gemeinen Wegerecht, das der Gemeinde die Unterhaltungslast auflegt, ausgenommen sind. Die unter § 15 fallenden Straßen sind also — längstens — für die ersten fünf Jahre nach dem Ausbau davon ausgenommen. Bis dahin dürfen die Anlieger nur nach § 15 herangezogen werden. Nach Ablauf dieser Zeit können sie nach § 9 KommAbgG. herangezogen werden und sie müssen es sogar, wenn sie besondere Vorteile von der Veranstaltung haben, OVG. **46** 97; PrVBl. **29** 624. Vgl. dort auch Erörterungen über die Bestimmung des Beitragsmaßstabes nach § 9 KommAbgG. für die Unterhaltung der Straße. Noch weiter geht OVG. **50** 62: Wird nach der Herstellung des Bürgersteigs einer unter § 15 fallenden Straße eine solche Veränderung desselben beschlossen und ausgeführt, die eine selbständige, außerhalb des Rahmens der ersten Herstellung liegende Veranstaltung darstellt und nicht unter die gemeingewöhnliche Unterhaltung fällt, so ist die Beitragserhebung nach § 9 KommAbgG. zulässig, selbst dann, wenn die Straße noch nicht fertig ist. Die Unfertigkeit der Straße würde die Anwendbarkeit des § 9 aaO. nur dann ausschließen, wenn die Veränderung des Bürgersteigs unter die gemeingewöhnliche Unterhaltung fiele, die erst nach Ablauf von fünf Jahren dem KommAbgG. unterstellt werden könnte.

VII. 1. Die Entstehung der Beitragsforderung der Gemeinde ist an zwei Voraussetzungen geknüpft, nämlich

1. den fertigen Ausbau der Straße durch die Gemeinde und die Möglichkeit für die Gemeinde, die Kosten des Ausbaus zu berechnen,
2. die Errichtung des Gebäudes durch den Anlieger an dieser Straße.

Diese beiden Tatsachen müssen also zusammentreffen. Das Dasein einer dieser Bedingungen allein bringt die Forderung nicht zur Entstehung. So jetzt feste Praxis des OVG. unter Aufgabe der früheren — in OVG. **12** 126; PrVBl. **16** 162, **15** 320 vertretenen — Meinung, wonach schon durch die Errichtung des Gebäudes die Beitragsforderung entsteht, OVG. **59** 103, **57** 109, 113, **55** 123, **53** 108, 134, **50** 84, **43** 13, **41** 107, **38** 120, **33** 125, 129; PrVBl. **33** 769, **28** 856. Vgl. aber hier Anm. VII 3 S. 163. Selbstverständlich entsteht die Forderung beim Anbau an einer vorhandenen, unbebauten Straße mit der Errichtung des Gebäudes. Die Eigentümer unbebauter Grundstücke sind auch nicht bedingt oder betagt verpflichtet, OVG. **13** 161 (= PrVBl. **7** 297); PrVBl. **7** 218.

Wer es daher übernimmt, für ein unbebautes Grundstück einen Beitrag zu einer bestimmten Zeit zu zahlen, verbürgt sich nicht, sondern geht eine eigene Verbindlichkeit ein, PrVBl. **28** 48.

Die zur Entstehung der Beitragsforderung nötigen Tatsachen müssen sich unter der H e r r s c h a f t eines Statuts verwirklichen. Sonst entsteht eine Beitragspflicht überhaupt nicht. Das zur Zeit der Entstehung der Forderung geltende Statut ist maßgebend, OVG. **60** 121, **38** 126, **36** 61 (= PrVBl. **21** 115). Vgl. hier Anm. I 2 S. 118. Setzt ein Statut die Beitragspflicht nur für die Kosten der Freilegung fest und erweitert ein späteres Statut die Pflicht auf alle nach § 15 zulässigen Kosten, dann kommt das neue Statut als neues nur hinsichtlich der Freilegungskosten in Betracht. Wer daher unter der Herrschaft des ersten Statuts ein Gebäude errichtet hat, braucht nur die Freilegungskosten zu erstatten, diese aber in dem Umfange, in dem das zweite Statut es bestimmt, wenn die Forderung unter der Herrschaft dieses Statuts entsteht (durch Fertigstellung der Straße). Er würde beitragsfrei sein, wenn das zweite Statut die Pflicht hinsichtlich der Freilegungskosten nicht aufrecht erhalten hätte, OVG. **60** 117. Das nach dem Beginn der Straßenanlegung errichtete Haus muß zur Zeit der Entstehung der Forderung, also zur Zeit des fertigen Ausbaus der Straße noch vorhanden sein, OVG. **60** 121, **53** 102; im übrigen ist die nachträgliche Beseitigung des Gebäudes bedeutungslos. Vgl. hier Anm. IV 7 S. 139.

Inhalt und Umfang der Forderung richten sich nach der Zeit ihrer Entstehung. Vgl. hier Anm. VI 3 S. 151. Zahlbar wird die Forderung mit der Heranziehung des Pflichtigen; sie entsteht nicht etwa erst in diesem Zeitpunkt, OVG. **43** 13, **33** 129. Rückständig im Sinne des Zwangsversteigerungsgesetzes wird sie daher erst nach der Heranziehung, OVG. **33** 129.

Wann die Möglichkeit für die Gemeinde besteht, die Kosten zu berechnen, ist Tatfrage. Die Gemeinde soll die Verteilung nicht beliebig hinausschieben, darf aber alle nötige Vorsorge anwenden, insbesondere eine Vorprüfung durch eine Fach- oder Revisionskommission vornehmen lassen, PrVBl. **33** 486.

2. Der Pflichtige hat einen Anspruch auf Rechnungslegung, OVG. **33** 109. A. A. RG. in PrVBl. **3** 125 für die Forderung aus dem Berliner Regulativ von 1838. Die Einsicht der Belege kann verlangt werden, auch wenn das Statut entgegenstehende Bedingungen enthält, PrVBl. **25** 405. Auf die Einsicht der Rechnungen und Belege ist die Forderung auf Rechnungslegung beschränkt; hat die Gemeinde unterlassen, die Belege in ihrem Bureau auszulegen, so kann der Pflichtige, der ihre Vorlegung nicht verlangt hatte, daraus einen Einwand nicht herleiten, OVG. **40** 107.

3. Die Anliegerbeiträge sind dingliche gemeine Lasten, die auf den Erwerber des Grundstücks über-

gehen. So feste Praxis des RG. — schon für das Berliner Regulativ von 1838, Gruch. **27** 991 — und des OVG.: OVG. **44** 106, **43** 13, **41** 107, 132, 143, **34** 83, **33** 125; Gruch. **41** 151 (= JW. **96** 683[34]); JW. **00** 680[54], **99** 251[78] u. a. Die Forderung auf Zahlung der Anliegerbeiträge kann daher auch nicht durch Eintragung im Grundbuche gesichert werden, selbst dann nicht, wenn die Verpflichtung zur Zahlung des Beitrages vertraglich übernommen ist, KG. **34** A 271; OLG. **1** 203, **3** 98. Ist die Forderung entstanden, so kann sich die Gemeinde nur an den Eigentümer halten (vgl. hier Anm. IV 8 S. 139). Wechselt der Eigentümer, so haftet der Rechtsnachfolger im Eigentum, OVG. **44** 106; PrVBl. **33** 861. Wer nach der Entstehung der Beitragsforderung das Grundstück erwirbt, wird den Beitrag mit der gegen ihn gerichteten Heranziehung schuldig, OVG. **34** 83; er haftet nicht bloß mit dem Grundstück, sondern mit seinem ganzen Vermögen. Die Feststellung der Forderung gegen den Rechtsvorgänger, der übrigens durch den Eigentumswechsel nicht frei wird, bindet ihn nicht; er kann daher auch in seiner Person liegende Einwände vorbringen, OVG. **53** 108. Der Einwand, daß der Rechtsvorgänger schon herangezogen sei, hat keine Bedeutung, wenn der Rechtsvorgänger nicht auch gezahlt hat, OVG. **53** 111.

Der Ersteher im Zwangsversteigerungsverfahren haftet nicht für die rückständigen und laufenden Lasten und Abgaben, die im Versteigerungsverfahren hätten geltend gemacht werden können, die aber nicht angemeldet worden sind. Zu den laufenden Abgaben rechnet die Beitragsforderung natürlich nicht, PrVBl. **33** 769; OVG. **17** 180. Der Ersteher haftet daher jedenfalls dann, wenn erst nach seinem Erwerbe sich die Entstehung der Beitragsforderung vollendet, PrVBl. **19** 358. Hätte die Gemeinde ihre Forderung schon im Zwangsversteigerungsverfahren geltend machen können, hat sie dies aber versäumt, so ist sie damit ausgeschlossen, PrVBl. **16** 308. Für die Rückstände haftet er nur, wenn er sie im geringsten

Gebot übernommen hat (PrZwvstgG.), OVG. **33** 214. Jetzt sind die §§ 10 Ziff. 2, 92, 118 ZwvstgG. und Art. 2 Nr. 2 Pr. AG. z. ZwvstgG. maßgebend, deren Inhalt sich mit den früheren Vorschriften im wesentlichen deckt. Das Statut kann die Heranziehung der Nachfolger ausschließen.

Über die Haftung des Verkäufers im Verhältnis zum Käufer für die Anliegerbeiträge nach altem Recht (ALR.) vgl. Gruch. **46** 1174 (= JW. **02** 191[40] = PrVBl. **23** 538), **34** 713 (= JW. **90** 195[19]); RG. **30** 234 (= JW. **93** 88[42] = PrVBl. **14** 320); RG. in PrVBl. **13** 344, **10** 349, **7** 262. Vgl. auch JW. **99** 251[78]. Im Verhältnis zwischen Verkäufer und Käufer kommt es nach ALR. darauf an, wann die Beitragsforderung entstanden ist. Ihre Entstehung in dieser Beziehung fällt nicht zusammen mit der des öffentlich-rechtlichen Anspruches der Gemeinde gegen den Anlieger — vgl. hier Anm. VII 1 S. 159. Entstanden im Sinne des ALR. ist der Anspruch schon mit der Errichtung des Gebäudes an der unfertigen Straße, Gruch. **46** 1174 = JW. **02** 191[40] = PrVBl. **23** 538. Jetzt entscheidet § 436 BGB., wonach unbeschadet einer abweichenden Abrede der Verkäufer eines Grundstücks nicht für die Freiheit des Grundstücks von öffentlichen Lasten, wozu auch die Anliegerbeiträge gehören, haftet, OLG. **16** 391, **12** 264.

4. Die Verjährung der Anliegerbeiträge richtet sich jetzt nach den §§ 87 ff. KommAbgG. Über die frühere Anwendbarkeit des Ges. v. 18. 6. 40 über die Verjährungsfristen bei öffentlichen Abgaben (GS. 140) vgl. OVG. **23** 27 (= PrVBl. **14** 219), **23** 50; PrVBl. **17** 83, **16** 109, **13** 65. Nach § 87 Abs. 1 Ziff. 2 KommAbgG. beschränkt sich die Berechtigung der Gemeinden zur Nachforderung der Anliegerbeiträge, ohne Unterscheidung ob sie gar nicht oder zu einem zu geringen Betrage erhoben worden sind, auf die Frist von drei Jahren seit dem Ablauf desjenigen Jahres, in welchem die Forderung entstanden ist, d. h. das Recht der Gemeinde auf Heranziehung verjährt in drei Jahren, und nach § 88 aaO.

verjähren bereits zur Hebung gestellte Beiträge, die im Rückstande verblieben oder befristet sind, in vier Jahren von dem Ablauf des Jahres an gerechnet, in welches der Zahlungstermin fällt, OVG. **41** 107. Daß sich § 87 Abs. 1 Ziff. 2 aaO. auch auf § 15 bezieht, ist zweifellos, OVG. **55** 123. Die Frist ist eine Verjährungs-, keine Ausschlußfrist; ihre Geltendmachung kann daher nicht neu in der Revisionsinstanz erfolgen. Die Verjährungsfrage ist in keiner Instanz von Amts wegen zu prüfen. Die in OVG. **38** 131; PrVBl. **22** 108 vertretene Meinung, daß die Verjährungsfrage, von der Revisionsinstanz abgesehen, von Amts wegen zu prüfen sei, ist aufgegeben, OVG. **58** 116; PrVBl. **29** 954. Das Jahr in § 87 ist das Rechnungsjahr, OVG. **40** 101, **37** 46.

Die Verjährung beginnt erst mit der Entstehung der Forderung, OVG. **57** 109, **54** 84, **50** 84; PrVBl. **33** 769; sie läuft auch dann, wenn die Gemeindebehörde auf Grund statutarischer Ermächtigung die Zahlungspflicht hinausgeschoben hat, OVG. **50** 84. Besonders liegt der Fall der Kostenspaltung. Von der Spaltung (vgl. hier Anm. VI 4 S. 156), soweit sie im Statut zugelassen ist, Gebrauch zu machen, liegt im freien Ermessen der Gemeindebehörde. Macht sie davon Gebrauch, so setzt die Heranziehung zu einer Gruppe von Kosten die Verjährung aller anderen zu derselben Gruppe gehörigen Kosten in Lauf, OVG. **57** 105, 109. Ist die Straße fertig, so beginnt die Verjährung mit der Errichtung des Gebäudes, die der Fertigstellung der Straße nachfolgt, OVG. **45** 92, und zwar beginnt sie in diesem Falle mit dem auf die Vollendung des Gebäudes folgenden 1. April, OVG. **40** 101.

Entsteht durch die Errichtung des Gebäudes die Beitragspflicht von neuem (vgl. hier Anm. IV 6 S. 138), so ist für deren Verjährung die der zuerst entstandenen Beitragspflicht einflußlos, OVG. **40** 98. Folgt die Fertigstellung der Straße der Errichtung des Gebäudes nach, so beginnt die Verjährung mit dem Ablauf des Rechnungsjahres, in welchem die Straße fertig und die Kostenberechnung möglich geworden ist. Die

Beweislast, daß die Kostenberechnung nicht in angemessener Frist möglich war, trifft die Gemeinde, OVG. **49** 80. Erfolgt die Heranziehung verfrüht, also unzulässigerweise, unter Vorbehalt weiterer Forderungen und läßt auf erfolgten Einspruch die Gemeindebehörde das Verfahren bis zur Entscheidung über einen anderen gleichliegenden Einspruch ruhen, so unterbricht die fehlerhafte Heranziehung doch die Verjährung, soweit die Heranziehung reicht, wegen des vorbehaltenen Betrages natürlich nicht, OVG. **38** 138 (= PrVBl. **22** 194). Fehlt irgendeine Voraussetzung für die Entstehung der Beitragspflicht, so beginnt die Verjährung nicht, so z. B. nicht die der schon längst berechenbaren Pflasterkosten, solange der Bürgersteig nicht programmäßig befestigt ist, PrVBl. **27** 122; auch nicht, wenn schenkweise erworbenes Straßenland noch nicht an die Gemeinde aufgelassen ist, selbst wenn die Gemeinde davon absieht, die Grunderwerbskosten zu berechnen, PrVBl. **27** 81; ebensowenig wenn der Erwerb des Grund und Bodens einen Teil des Bauprogramms bildet, solange dieser Erwerb nicht abgeschlossen ist, OVG. **60** 121.

5. Die Anliegerbeiträge sind ihrer Natur nach, nicht bloß wegen ihrer Einziehungsart, Gemeindeabgaben, OVG. **46** 88. Die Abtretung des fällig gewordenen Beitrages, die auch den Übergang des damit verbundenen Vorzugsrechtes zur Folge hat, ist aber nicht ausgeschlossen, RG. in PrVBl. **18** 311. Daß die Gemeinde sich den Beitrag auch noch privatrechtlich hat versprechen lassen, hindert die Beitreibung im Verwaltungszwangsverfahren nicht, PrVBl. **16** 308. Auf eine im Grundbuche eingetragene Vormerkung, wonach Straßenanlagekosten in bestimmter Höhe zu zahlen sind, kann der öffentlich-rechtliche Anspruch nicht gestützt werden, OVG. **13** 161 (= PrVBl. **7** 297). Vgl. auch PrVBl. **9** 239. Formell erfolgt die Heranziehung (Veranlagung) jetzt nach §§ 69 ff. KommAbgG. Vgl. auch PrVBl. **34** 46. Die Heranziehung muß erkennen lassen, daß eine Abgabe, eine öffentlich-rechtliche Leistung von Gebühren,

Beiträgen oder Steuern gefordert wird. Fehlt es an einer wirksamen Heranziehung in diesem Sinne, so ist ein Beschluß, der auf einen als Einspruch gegen die angebliche Heranziehung angesehenen Eingang ergangen ist, ungültig und aufzuheben, OVG. **37** 37. Im Konkurse des Pflichtigen muß die nach § 65 Abs. 4 KommAbgG. erfolgende Bekanntmachung der Heranziehung dem Konkursverwalter zugestellt werden, wenn der Konkursverwalter nicht etwa das Grundstück freigegeben hat, so daß es zur freien Verfügung des Gemeinschuldners steht, RG. **56** 396 (= PrVBl. **25** 593). Gegen den Ehemann der Eigentümerin kann die Heranziehung nicht gerichtet werden. Da der Anliegerbeitrag als eine auf dem Stammwert ruhende Last anzusehen ist, haftet der Ehemann hierfür nicht, OVG. **53** 103 (= PrVBl. **30** 531). Eine Nachforderung ist unbeschadet der Verjährung immer zulässig, sei es, daß zunächst die Kosten einer nur provisorischen Einrichtung oder ein Teil vor der Fertigstellung der Straße oder ohne zugelassene Spaltung nur die Kosten einer Gruppe oder irrtümlich nur ein Teil gefordert ist, OVG. **42** 25, **37** 51, **33** 109, **23** 57 (= PrVBl. **14** 223). Auch eine Zahlung aus § 12 schließt eine Heranziehung nicht aus, OVG. **42** 25.

6. Der Satz, daß der Anlieger, von dem Fall der Spaltung abgesehen, verlangen kann, nur einmal herangezogen zu werden und vor Nachforderungen geschützt zu sein, verbietet, wie er die Einforderung eines Teils überhaupt unzulässig macht, auch eine Heranziehung unter der Bedingung, daß der Anlieger den Beitrag ohne Widerspruch zahle, widrigenfalls eine höhere Nachforderung vorbehalten bleibe, OVG. **58** 114. Die Einforderung der Kosten vor der programmäßigen Fertigstellung der Straße bleibt aber zulässig (vgl. hier Anm. V 3 S. 145 und VI **4** S. 155), wenn die Gemeinde auf jede weitere Forderung Verzicht leistet. Die Gemeinde kann aber nicht im voraus auf die Regelung und Handhabung der Gemeindeabgabenverfassung für die Zukunft ganz oder teilweise verzichten, OVG. **42** 44, **38** 141; dagegen kann sie auf einen

einzelnen bestimmten Anliegerbeitrag ganz oder teilweise verzichten, OVG. **44** 110; insbesondere ist eine Vereinbarung über die Tilgung oder den Erlaß eines einzelnen Anliegerbeitrages, und zwar schon vor seiner Entstehung und zugunsten des Rechtsnachfolgers im Besitz gültig, OVG. **42** 44, **38** 141; auch kann vereinbart werden, daß mit dem Kaufpreis, den der Anlieger für ein von der Gemeinde verkauftes Grundstück zahlt, die dem Anlieger demnächst zur Last fallenden Grunderwerbskosten bezahlt, OVG. **38** 141, oder daß mit einem gewissen, schon bezahlten Betrage die Straßenaptierungskosten gedeckt, OVG. **37** 30, oder daß der Anlieger gegen Abtretung von Land von Pflasterkosten befreit sein, OVG. **33** 103, oder daß der Verkauf von Land der Gemeinde an den Baulustigen unter der Bedingung erfolgt, daß ein Beitrag zu den Straßenanlegungskosten nicht erhoben werden soll, PrVBl. **22** 122. Vergrößert aber der vertragsmäßig befreite Eigentümer seinen Besitz, so daß die Beitragsforderung höher sein würde, so ist die Einforderung des Mehrbetrages nicht ausgeschlossen, OVG. **37** 30. Für einen ganzen Grundstückskomplex für alle Zukunft die Anwendung des Ortsstatuts auszuschließen, ist unzulässig, OVG. **42** 44. Der durch — privatrechtlichen — Vertrag vereinbarte Verzicht kann nicht im Rechtswege, nur im Verwaltungsstreitverfahren geltend gemacht werden, PrVBl. **15** 153. Der Verzicht bedarf der vorgeschriebenen Form, es ist daher neben der Erklärung des Oberbürgermeisters oder Beigeordneten nach der StädteO. v. **15**. 5. 56 (GS. 406) ein Beschluß der Stadtverorordneten erforderlich, OVG. **58** 112; PrVBl. **31** 275, und nach der StädtO. v. 30. 5. 53 (GS. 261) ein Beschluß der Stadtverordnetenversammlung unter Zustimmung des Magistrats nötig, OVG. **43** 19; PrVBl. **27** 804. Die nachträgliche Beibringung des Beschlusses der Stadtverordnetenversammlung in der Revisionsinstanz heilt aber den Mangel, OVG. **58** 112.

Ob in der verfrühten, Teil- oder unzulässig gespaltenen Forderung ein Verzicht zu finden, ist Tatfrage, OVG. **37** 51.

Kein Verzicht liegt: in der Nichteinforderung von Beiträgen aus Irrtum über die Beitragspflichtigkeit der Straße, OVG. **38** 145; in der Annahme einer gemäß § 12 geleisteten Kaution, PrVBl. **28** 910 — vgl. auch PrVBl. **22** 445 —; in der beim Bau an einer unfertigen Straße gestellten Bedingung der Sicherstellung, OVG. **33** 117; in Vorgängen des inneren Geschäftsverkehrs, PrVBl. **26** 523; in dem bei Abschluß eines Kaufvertrages mit dem Anlieger von der Gemeinde abgegebenen Versprechen, die Straße herzustellen und zu unterhalten, PrVBl. **26** 523; in der Einforderung von Leistungen, die nach § 12 zu machen sind, zur polizeimäßigen oder vorläufigen, dem Straßenbauplan nicht entsprechenden Unterhaltung eines Weges, OVG. **44** 94. Ein Verzicht der Gemeinde kann auch nur angenommen werden, wenn die Gemeinde einen nach ihrer Meinung zu Recht bestehenden Anspruch hat aufgeben wollen, PrVBl. **26** 523.

7. Gegen die Heranziehung ist als Rechtsmittel der Einspruch gegeben (§§ 69ff. KommAbgG.). In Berlin kann die nach § 59 der StädteO. v. 30. 5. 53 berufene Baudeputation den Einspruchsbescheid erteilen. Dabei bedarf es eines Beschlusses in der Form des § 57 Ziff. 1 aaO. nicht, OVG. **34** 84. Der Einspruchsbescheid kann die Heranziehung auch aufrecht erhalten, wenn nach der Heranziehung die Forderung entstanden ist, OVG. **41** 128. Ein vom Gemeindevorstand in der Annahme, daß die Heranziehung nach § 15 stattgefunden habe und Einspruch dagegen erhoben sei, erlassener Einspruchsbescheid wird vollstreckbar, wenn er nicht rechtzeitig durch Klage angegriffen wird, OVG. **40** 92. Vgl. auch PrVBl. **33** 869.

Außer dem Einspruch ist auch die Beschwerde nach §§ 18, 34 ZustG. gegeben; sie ist vom Einspruch verschieden, weil sie von einer rechtlich unanfechtbaren Heranziehung ausgehend, deren Änderung wegen eines späteren Ereignisses verlangt. Die Tilgung durch einen Gesamtschuldner (Miteigentümer) ist ein Beschwerdegrund, der weder durch eine Zurücknahme der Heranziehung noch durch Erlaß beseitigt wird, PrVBl. **28** 856.

8. Gegen den auf Einspruch erlassenen — notwendig schriftlichen, PrVBl. **33** 666 — Beschluß steht die Klage im Verwaltungsstreitverfahren zu (§ 70 KommAbgG.). Die Klage ist gegen den Gemeindevorsteher (Magistrat), nicht gegen die Gemeinde zu richten, PrVBl. **26** 44. Die Abgabenforderung darf nicht im Laufe des Verfahrens auf eine neue tatsächliche oder rechtliche Grundlage gestützt werden. Heranziehung, Einspruch und Einspruchsbescheid ziehen die Grenzen, OVG. **41** 128, **33** 109. Der Richter im Verwaltungsstreitverfahren hat also nur zu prüfen, ob die Forderung, wie sie sich aus der Heranziehung und dem Einspruchsverfahren ergibt, gerechtfertigt ist, nicht ob der Pflichtige aus anderen Gründen, z. B. weil später noch ein Gebäude errichtet ist, den Beitrag schuldig geworden ist, OVG. **41** 128. Wird die Heranziehung nach der Erhebung der Klage zurückgenommen, so ist das Verwaltungsstreitverfahren erledigt, OVG. **42** 106. Aus der Bestellung einer vom Vorbesitzer gestellten Kaution kann der Einwand der Tilgung nicht entnommen werden; anders wenn die Kaution zulässigerweise von der Gemeinde verrechnet ist; läßt das Vorbringen der Gemeinde eine solche Tilgung erkennen, so ist das von Amts wegen zu beachten, PrVBl. **33** 861. Der Pflichtige kann im Verwaltungsstreitverfahren die Höhe der Forderung bemängeln, auch wenn sein Einspruch sich nur gegen den Grund des Anspruchs gerichtet hat, OVG. **33** 117. Auf der anderen Seite kann die Gemeinde noch im Prozeß ihre Forderung anders berechnen, z. B. ausgelassene Grunderwerbskosten berücksichtigen; nur darf ihre Gesamtforderung nicht höher werden, OVG. **45** 85. Liegen die Voraussetzungen für die Heranziehung vor, ist aber bei der Berechnung von falschen Gesichtspunkten ausgegangen, so ist die Heranziehung nicht einfach aufzuheben, vielmehr der Gemeindevorstand zu veranlassen, eine anderweite Berechnung nach den angegebenen Gesichtspunkten aufzustellen, OVG. **37** 55, **36** 61 (= PrVBl. **21** 115), **34** 84. Es muß und kann aber nur ein abschließendes Urteil ergehen, das auf Freistellung, Abweisung

der Klage oder unter ziffernmäßiger Bestimmung des zu Recht geforderten und daher zu entrichtenden Betrages insoweit auf Abweisung, im übrigen auf Freistellung lauten muß; es ist unzulässig, der Freistellung in der Urteilsformel die Grundsätze hinzuzufügen, nach denen die Gemeinde doch berechtigt sein soll, den Kläger anderweit heranzuziehen, OVG. **60** 110, 113.

Haften mehrere Miteigentümer solidarisch, so brauchen sie sich doch nicht alle am Verwaltungsstreitverfahren zu beteiligen, OVG. **45** 85. Privatrechtliche, mit dem Verfahren nicht im Zusammenhang stehende Ansprüche können im Verwaltungsstreitverfahren nicht geltend gemacht werden, insbesondere nicht Zinsen einer vom Anlieger bezahlten Kautionssumme, PrVBl. **22** 479. Der Anlieger kann nicht rügen, daß die Kosten einer Futtermauer, die er ausgelegt hat und die ihm angeblich von der Gemeinde zu ersetzen sind, nicht in Rechnung gestellt seien, weil die Abgabenforderung dadurch höher würde; er kann auch nicht mit dieser Gegenforderung kompensieren, weil eine Aufrechnung gegen eine Abgabenforderung unzulässig ist, OVG. **56** 130. Der Besitznachfolger kann nicht in das Verwaltungsstreitverfahren an Stelle seines Rechtsvorgängers eintreten, OVG. **34** 83. Durch eine mit der Gemeinde vereinbarte Schiedsgerichtsklausel kann das Verwaltungsstreitverfahren nicht ausgeschlossen werden, PrVBl. **30** 750. Ist die Heranziehung als materiell ungerechtfertigt außer Kraft gesetzt, so ist der Anspruch der Gemeinde durch Urteil konsumiert und kann auch gegen einen neuen Erwerber nicht geltend gemacht werden, OVG. **35** 68. Die Gründe des Urteils werden nicht rechtskräftig. Erfolgt die Freistellung, weil das Gebäude nicht an der Straße errichtet sei, so steht doch rechtskräftig nur fest, daß die betreffende Heranziehungsverfügung und der Einspruchsbescheid unzulässig waren, OVG. **60** 119.

9. Der Rechtsweg vor den ordentlichen Gerichten ist für Gemeindeabgaben und deshalb auch für Anliegerbeiträge verschlossen, RG. **17** 199 (= JW. **86** 309[25] = PrVBl. **8** **53**); Gruch. **34** 713 (= JW. **90** 195[19]), **34** 1123 (= JW.

90 213[41]); RG. in PrVBl. **11** 449, **8** 235. Das gilt nach § 160 ZustG., § 69 KommAbgG. auch dann, wenn die Klage auf Freistellung auf einen an sich zulässigen privatrechtlichen Vertrag, wonach die Gemeinde auf die Abgabe verzichtet haben soll, gestützt wird — und zwar abweichend vom früheren Recht, das für Streitigkeiten über solche Abgaben gemäß § 79 II 14 ALR., §§ 9, 10 Ges. v. 24. 5. 61 den Rechtsweg zuließ, soweit die Verpflichtung aus einem dem Privatrecht angehörenden Grunde bestritten wurde — Gruch. **54** 1088 (= JW. **10** 300[40]). Ein privatrechtlicher Verzicht muß also im Verwaltungsstreitverfahren geltend gemacht werden, PrVBl. **15** 153. Auch Zinsen eines Kapitals, das die Gemeinde zum Erwerb von Straßenland ausgelegt hat, können im Rechtswege nicht eingeklagt werden, PrVBl. **8** 399. Es macht auch keinen Unterschied, daß nicht der Anliegerbeitrag, sondern eine Sicherheit auf Grund des Statuts, wenn auch unzulässigerweise, eingefordert und darüber Streit ist, JW. **08** 286[28]. Also auch für die Rückforderung der Sicherheit ist nur das Verwaltungsstreitverfahren gegeben, OVG. **23** 27 (= PrVBl. **14** 219). Nach erfolgreich durchgeführtem Verwaltungsstreitverfahren kann der Anlieger auch nicht im Rechtswege auf Anerkennung seiner Pflicht zur Sicherheitsleistung in Anspruch genommen werden, JW. **85** 278[53]. Endlich wird der Rechtsweg nicht dadurch zulässig, daß die Klage auf die §§ 812, 826 BGB. gestützt wird, wenn in Wahrheit darüber zu entscheiden ist, ob der Anliegerbeitrag mit Recht oder mit Unrecht erhoben ist, PrVBl. **31** 227. Wesentlich ist aber, daß eine eigentliche Heranziehung vorliegt, daß die zuständige Stelle es unternommen hat, von dem Besteuerungsrecht Gebrauch zu machen und mit einem öffentlich-rechtlichen Akt dieses Inhalts vorzugehen, daß gegen den Anlieger ein Anspruch aus dem Statut erhoben wird, dem er genügen muß, daß also der Anliegerbeitrag oder die Sicherheitsleistung als eine vom Willen des Eigentümers unabhängige Last gefordert wird, Gruch. **54** 1092 (= JW. **10** 766[40]); OVG. **23** 23; PrVBl. **14** 476, **11** 29, 50. Ist diese Voraussetzung gegeben, dann wird an der Unzulässigkeit des Rechtsweges auch nichts dadurch geändert, daß der Anlieger die ihm angesonnene Verpflichtung auch noch protokollarisch übernommen hat, Gruch. **54** 1092 (= JW. **10** 766[40]). Liegt aber eine solche Heranziehung nicht vor, hing es vielmehr vom Willen des Anliegers ab, ob er zahlen oder den beabsichtigten Bau aufgeben wollte, dann kann nicht im Verwaltungsstreitverfahren, vielmehr nur vor den ordentlichen Gerichten auf Rückgabe der Sicherheit geklagt werden, OVG. **23** 23; PrVBl. **30** 558, **14** 476, **11** 29, 50.

Das Gleiche gilt, wenn der Anlieger auf die Nachricht von der Pflicht zur Zahlung eines Beitrags und auf die Anfrage, wie er Sicherheit bestellen wolle, ein rein privatrechtliches Verhältnis zur Gemeinde begründet, nämlich ein Vertragspfand bestellt hat, Gruch. **51** 1158. Der Rechtsweg ist auch dann zulässig, wenn das Besteuerungsrecht der Gemeinde gar nicht bestritten, der Anspruch vielmehr auf ein rein privatrechtliches Verhältnis, den Eintritt der Gemeinde in die von einem Dritten vertraglich übernommene Gewähr, daß der Anlieger zu Beiträgen nicht werde herangezogen werden, gestützt wird, RG. **46** 245. Es kann schließlich auch eine der öffentlichrechtlichen Abgabenpflicht inhaltlich gleiche Pflicht vertragsmäßig begründet werden. Davon ist aber die einfache Beurkundung der öffentlich-rechtlichen Pflicht in vertragsartiger Form zu unterscheiden. Eine über diese Beurkundung hinausgehende, also wirklich vertragliche Verbindlichkeit ist angenommen in einem Falle, in dem der Anlieger sich über die statutarische Pflicht hinaus schon vor der Errichtung eines Gebäudes zur besonderen Einrichtung des Vorgartens und zur Bestellung von Sicherheit verpflichtet hatte. Für die Geltendmachung dieser Verbindlichkeiten ist der Rechtsweg zulässig, Gruch. **36** 1183. Die öffentlich-rechtliche Pflicht bleibt daneben bestehen, Gruch. **34** 713 = JW. **90** 195[19] = PrVBl. **11** 411.

Wird in der Zwangsversteigerung ein Anliegerbeitrag liquidiert und entsteht dadurch ein Streit zwischen den am Verfahren Beteiligten, so kann doch auch hier im Rechtswege das Bestehen und die Höhe des Anliegerbeitrags nicht nachgeprüft werden. Für eine Widerspruchsklage des zurückstehenden Hypothekengläubigers, die sich nur dagegen richtet, ist der Rechtsweg unzulässig, RG. **32** 345 = JW. **94** 137[1] = PrVBl. **15** 303. Der beteiligte Hypothekengläubiger ist auch nicht befugt, im Verwaltungsstreitverfahren auf Einwilligung in die Auszahlung eines für einen Anliegerbeitrag hinterlegten Betrages zu klagen. Nur der Herangezogene hat diese Klage, PrVBl. **28** 616. A. M. RG. **32** 345 = JW. **94** 137[1] = PrVBl. **15** 303. Der Rechtsweg ist aber zulässig für die Frage, ob überhaupt eine Heranziehung oder Veranlagung vorliegt, ob die Verpflichtung des Anliegers eine dinglich wirkende gemeine Last ist, die der Eintragung in das Grundbuch nicht bedarf und den Rang vor den Hypothekengläubigern zu beanspruchen hat, also auch, ob es sich um ältere als zweijährige Rückstände handelt, Gruch. **41** 151 = JW. **96** 683[34] = PrVBl. **18** 118; RG. **56** 396 = PrVBl. **25** 593; JW. **94** 559[46] JMBl. **95** 146 = PrVBl. **16** 451; RG. in PrVBl. **1** 406.

Für die durch einen Vertrag zwischen der Gemeinde und dem Unternehmer einer Straßenanlage begründeten Rechtsbeziehungen ist der Rechtsweg unbeschränkt offen, Gruch. **47** 1119 = JW. **03** 301[37] = PrVBl. **24** 698; RG. **22** 285 = JW. **89** 8; RG. in PrVBl. **29** 518.

Wenn die Bauerlaubnis unter der Bedingung erteilt ist, daß der Anlieger eine bestimmte Fläche zur Straße abtrete, so kann der Anlieger, der sich dieser Bedingung fügt und die Fläche, die dann dem öffentlichen Verkehr dient, abtritt, nach § 4 Ges. v. 11. 5. 42 Entschädigung im Rechtswege von der Gemeinde auf Grund der Behauptung verlangen, daß die polizeiliche Verfügung einen entschädigungspflichtigen Eingriff in seine Privatrechte enthalte, RG. **29** 158.

VIII. Die materiellen Vorschriften des § 15 liegen nicht auf dem der Fürsorge der Polizei anvertrauten Gebiet. Sie begründen nur Vermögensrechte und Pflichten zwischen der

Gemeinde und den Anliegern und bestimmen deren Inhalt und Umfang. Die Bauerlaubnis darf daher nicht davon abhängig gemacht werden, daß der Eigentümer die nach § 15 schuldigen Anliegerbeiträge entrichte, weil es nicht Aufgabe der Polizei ist, die Erfüllung oder Sicherstellung der dem Einzelnen der Gemeinde gegenüber obliegenden Leistungen mittelbar oder unmittelbar zu erzwingen, OVG. **57** 486, **23** 25, **4** 364; PrVBl. **17** 35, **14** 630, **13** 289, 290; RG. **67** 240 = JW. **08** 83[20]; JW. **11** 338[46]. Macht die Polizei ihrer Aufgabe zuwider die Bauerlaubnis von der kosten- und lastenfreien Abtretung von Land zur Straße abhängig, so folgt daraus, daß der Anlieger von der Bauerlaubnis Gebrauch macht, nicht, daß er die kosten- und lastenfreie Abtretung von Straßenland gewollt habe, JW. **11** 338[46].

IX. Die Ansprüche gegen den Unternehmer haben den Charakter der Geneindelasten und können so durchgeführt werden, wenn sie durch das Statut als öffentlich-rechtliche Lasten gestaltet sind. Durch das Statut muß aber bestimmt sein, daß die Verpflichtung des Unternehmers auf Herstelluug der Straße und eventuellen Ersatz der Kosten beim Eintritt gewisser Voraussetzungen von selbst ohne vorgängige Vereinbarung entstehen soll. Daraus, daß die Unternehmerpflichten nur durch Statut begründet werden können, folgt, daß durch ein vor dem Inkrafttreten des Ges. getroffenes Abkommen öffentlich-rechtliche Unternehmerpflichten nicht begründet werden können, OVG. **50** 76.

Die auf Statut beruhenden Unternehmerpflichten sind Gemeindelasten im Sinne des § 18 Abs. 1 Ziff. 2 ZustG. Durch eine Abänderung des Statuts können diese Pflichten nicht erweitert werden, PrVBl. **13** 65. Dingliche Lasten sind sie selbstverständlich nicht, PrVBl. **16** 88.

Damit also jemand Unternehmer einer Straßenanlage im Sinne des § 15 ist, muß klar sein, daß er als Unternehmer öffentlich-rechtlich zur Herstellung der Straße verpflichtet ist und wie diese Verpflichtung festgestellt wird. Öffentlich-rechtlich kann ihm nur die Pflicht zum Ausbau der Straße und zwar mit der Maßgabe auferlegt werden, daß, wenn er nicht erfüllt, die Gemeinde sich wegen ihrer Kosten für den Ausbau an ihn halten kann. Dagegen kann eine Pflicht des Unternehmers, nach Wahl der Gemeinde die Straße herzustellen oder die Kosten behufs Ausbaus der Straße durch die Gemeinde vorauszuzahlen, als öffentlich-rechtliche nicht begründet werden, OVG. **57** 113. Zur Begründung des Unternehmerverhältnisses bedarf es aber eines Abkommens zwischen der Gemeinde und dem Unternehmer. Es genügt dazu weder eine Fluchtlinienfestsetzung noch eine Mitteilung der Polizei an den Unternehmer, daß die Bebauung erst erfolgen dürfe, wenn der planmäßige Ausbau vollendet sei, OVG. **41** 132. Auch das bloße Erbieten des Unternehmers, die Straßenanlage herzustellen, genügt nicht. Es muß die Genehmigung der Gemeinde hinzukommen, Gruch. **48** 1071 = JW. **04** 372[45] = PrVBl. **26** 138; materiell ist Unternehmer derjenige, auf dessen Entschließung die neue Straßenanlage zurückzuführen ist und auf dessen Rechnung sie erfolgt, den also das wirtschaftliche Ergebnis, Gewinn und Verlust, trifft, Gruch. **48** 1071 (= JW. **04** 372[45] = PrVBl. **26** 138); RG. **55** 132 (= JW. **03** 302[39]). Das trifft insbesondere für den zu, der in seinem Interesse, um den Wert seines Landes zu steigern, die Straße als städtische Anlage herstellt, RG. in PrVBl. **29** 371. Daß die Gemeinde die Ausführung der Straßenanlage tatsächlich übernommen hat, ändert nichts, RG. **55** 132 = JW. **03** 302[39], ebensowenig, daß die Stadt sich als Unternehmer und den Unternehmer als Werkmeister bezeichnet, OVG. **26** 77 = PrVBl. **15** 439. Unwesentlich ist auch, daß das Gesuch des Unternehmers an die Gemeinde, die Straße anlegen zu dürfen, nicht völlig dem Statut entsprochen hat, insbesondere ein Situations- und Nivellementsplan fehlte. Von diesen Bedingungen kann der Magistrat absehen, RG. in PrVBl. **29** 371. Eine weitere Folge des Unternehmerverhältnisses ist, abgesehen von seiner eigenen Verpflichtung zur Herstellung der

Straße, daß Anliegerbeiträge nicht zur Entstehung kommen; auch nicht solche für die Unterhaltung der Straße, so lange sie nach dem Statut dem Unternehmer obliegt, OVG. **50** 76, **41** 132, **26** 77 (= PrVBl. **15** 439); PrVBl. **26** 523. Übernimmt die Gemeinde die Weiterführung des Ausbaus der Straße auf eigene Kosten, so haben nur diejenigen Anlieger Beiträge zu zahlen, die nach der Kundgabe der Übernahme Gebäude errichteten, OVG. **50** 76, **41** 132. Auf Grund eines von der Gemeinde mit dem Unternehmer geschlossenen Vertrages können beide Teile ihre Ansprüche auch vor den ordentlichen Gerichten verfolgen. Vgl. hier Anm. VII 9 S. 173.

Auch bei einer Unternehmerstraße bleibt die öffentlich-rechtliche Wegebaupflicht der Gemeinde; sie kann diese Pflicht nicht so auf einen anderen übertragen, daß sie die Polizei auf den Übernehmer verweisen könnte, OVG. **19** 242. Unfallsfolgen aus einer mangelhaften Unterhaltung der Straße treffen daher die Gemeinde, JW. **01** 585[29] = PrVBl. **23** 89.

Für die zur Anlegung der Straße aufgewendeten Kosten kann der Unternehmer von der Gemeinde Entschädigung nicht fordern, RG. **55** 132 (= **03** 302[39]), RG. in PrVBl. **29** 371. Auch wenn die Straße schließlich gegen seinen Willen dem öffentlichen Verkehr übergeben wird, hat er einen solchen Anspruch nicht, geschweige denn einen Anspruch auf Durchführung der Enteignung, RG. in PrVBl. **29** 371. Der Unternehmer hat auch keine Ansprüche gegen die Anlieger, weder aus Geschäftsführung ohne Auftrag, noch aus der Bereicherung, JW. **02** 371[43] (= RG. **51** 322), **00** 881[29]; vgl. auch Gruch. **44** 1127 und RG. in PrVBl. **29** 371.

Nach dem Gesagten ist selbstverständlich, daß Unternehmer nicht ist, wer auf Grund der ihm gemäß § 12 gestellten Bedingungen einen Teil der Straße ausbaut, PrVBl. **24** 104, ebensowenig einzelne Anlieger, die besondere Leistungen für die Herstellung der Straße übernehmen, PrVBl. **29** 650. Eine so hergestellte Straße ist keine Unternehmerstraße.

X. Liegt dem Verbande Groß-Berlin selbst die Herstellung und Unterhaltung der nach seinen Fluchtlinienplänen auszuführenden Straßen ob, so ist er zum Erlaß eines Ortsstatuts nach Maßgabe des § 15 allein berechtigt. Die nach diesem Statut begründeten Ansprüche auf Erstattung der Kosten für die Herstellung und Unterhaltung der Straße stehen ihm zu. Das gilt auch, soweit die Straße für Gutsbezirke projektiert ist (§ 7 Abs. 5 BerlinZweckVG.).

Entsprechendes gilt für einen nach §§ 1—3 ZweckVG. gebildeten Zweckverband gemäß § 4 aaO.

Vgl. § 1 Anm. II S. 35.

§ 16.

Gegen die Beschlüsse des Kreisausschusses steht den Beteiligten in den Fällen der §§ 5, 8, 9 die Beschwerde bei dem Bezirksrate innerhalb einer Präklusivfrist von einundzwanzig Tagen zu.

In den Fällen, in denen es sich um Wiederbebauung ganzer durch Brand oder andere Ereignisse zerstörter Ortsteile handelt, tritt an die Stelle dieser Präklusivfrist eine solche von einer Woche.

Der § 16 ist zwar nicht ausdrücklich aufgehoben, aber inhaltlich durch neuere Gesetzesvorschriften ersetzt. Die Frist ist jetzt eine Ausschlußfrist von zwei Wochen (§§ 51, 52 LVG.).

Nach § 121 LVG. findet gegen die Beschlüsse des Kreis- (Stadt-) Ausschusses innerhalb zwei Wochen die Beschwerde an den Bezirksausschuß, gegen die in erster Instanz erlassenen Beschlüsse des Bezirksausschusses innerhalb der gleichen Frist die Beschwerde an den Provinzialrat statt. Die auf Beschwerden gefaßten Beschlüsse des Bezirksausschusses sind endgültig. Im übrigen vgl. § 5 Anm. I 3 S. 41.

§ 17.

Die durch die §§ 5, 8 und 9 dem Kreisausschusse und in höherer Instanz dem Bezirksrate beigelegten Befugnisse und Obliegenheiten werden in den einem Landkreise angehörigen Städten mit mehr als 10000 Einwohnern, oder wenn unter mehreren beteiligten Gemeinden (§ 9) sich eine solche Stadt befindet, von dem Bezirksrate und in höherer Instanz von dem Provinzialrate, in den Stadtkreisen, oder wenn unter mehreren beteiligten Gemeinden (§ 9) sich ein Stadtkreis befindet, von dem Provinzialrate und auf Ansuchen der Gemeinde in höherer Instanz von dem Minister für Handel wahrgenommen.

In den Hohenzollernschen Landen tritt an die Stelle des Kreisausschusses der Amtsausschuß und steht auch diesem die Bestätigung der Ortsstatuten (§§ 12 und 15) zu. Die Beschwerdeinstanz bildet der Landesausschuß.

§ 18.

Bis dahin, daß in den verschiedenen Provinzen der Monarchie die Kreisausschüsse und die Bezirks- und Provinzialräte gebildet sind, hat die Bezirksregierung (Landdrostei) die denselben durch dieses Gesetz überwiesenen Geschäfte wahrzunehmen.

Die Beschlußfassung in der höheren Instanz steht in den Fällen der §§ 5, 8 und 9 dem Minister für Handel, im Falle der §§ 12 und 15 dem Oberpräsidenten zu.

Für die Stadt Berlin liegt bis zur Bildung einer besonderen Provinz Berlin die Wahrnehmung der in den §§ 5, 8 und 9 dem Kreisausschusse beigelegten Funktionen dem Minister für Handel 2c., die Bestätigung der Statuten nach den §§ 12 und 15 dem Minister des Innern ob.

Die §§ 17, 18 sind aufgehoben durch § 146 Abs. 1 ZustG. und ersetzt durch§ 146 Abs. 2 desselben Gesetzes: „Die Wahrnehmung der in den §§ 5, 8, 9 aaO. dem Kreisausschusse beigelegten Funktionen liegt für den Stadtkreis Berlin dem Minister der öffentlichen Arbeiten, für die übrigen Stadtkreise sowie für die zu einem Landkreise gehörigen Städte mit mehr als 10000 Einwohnern dem Bezirksausschusse ob. Die Bestätigung der Statuten nach den §§ 12 und 15 aaO. erfolgt für den Stadtkreis Berlin durch den Minister des Innern."

Der Instanzenzug gestaltet sich nunmehr folgendermaßen:

a) Für ländliche Ortschaften und die zu einem Landkreise gehörigen Städte unter 10000 Einwohnern beschließt in erster Instanz der Kreisausschuß, in zweiter der Bezirksausschuß; letzterer beschließt auf Beschwerden endgültig.
b) Für die zu einem Landkreise gehörigen Städte mit mehr als 10000 Einwohnern und für Stadtkreise beschließt in erster Instanz der Bezirksausschuß, in zweiter Instanz der Provinzialrat. Die auf Beschwerden gefaßten Beschlüsse des Provinzialrats sind endgültig.
c) Für den Stadtkreis Berlin beschließt in den Fällen der §§ 5, 8 und 9 der Minister der öffentlichen Arbeiten, in den Fällen der §§ 12 und 15 der Minister des Innern.

§ 19.

Alle den Bestimmungen dieses Gesetzes entgegenstehenden allgemeinen und besonderen gesetzlichen Vorschriften werden hierdurch aufgehoben.

Alle Bestimmungen der im Verwaltungswege erlassenen Bauordnungen, sonstigen polizeilichen Anordnungen und Ortsstatuten, welche mit den Vorschriften dieses Gesetzes in Widerspruch stehen, treten außer Kraft.

Die Bedeutung des § 19 ist namentlich im Hinblick auf § 15 zweifelhaft (vgl. auch § 15 Anm. VI 6 S. 157f.).

Der § 15 regelt die Heranziehung der Anlieger zu den Kosten der Anlegung und Unterhaltung neuer Straßen erschöpfend. Ältere, inhaltlich gleiche Vorschriften, z. B. in der Rheinprovinz das Decret relat. aux dépenses usw. v. 11. 1. 09 (Großherzogl. Berg.Ges.bulletin 232), sind aufgehoben, OVG. **27** 58; das Gleiche gilt für statutarische Satzungen, PrVBl. **25** 849. Ältere Normen, welche die Anlieger mehr als das Ges. belasten, können nur im Rahmen der §§ 12, 15 durch Statut aufrecht erhalten werden. Durch ein unter der Herrschaft des Ges. erlassenes Statut kann die Beitragspflicht für Straßen, die bei seinem Erlaß noch nicht fertig waren, dann nicht begründet werden, wenn die Straßen damals schon dem Straßenverkehr dienten und tatsächlich bebaut waren. Denn für den Anbau an schon vorhandenen Straßen können Anliegerbeiträge nur erhoben werden, wenn die Straßen zur Zeit des Erlasses des Statuts noch unbebaut sind. Danach können für eine nach Erlaß des alten Statuts (in Cassel) neu angelegte Straße Beiträge nur erhoben werden, wenn sie nicht schon zur Zeit des Erlasses des neuen Statuts als städtische Straße bestand und bebaut war, PrVBl. **27** 430, **14** 174.

Eine Observanz, wonach die Eigentümer der an eine Straße grenzenden Grundstücke den Bürgersteig anlegen oder unterhalten müssen, ist unberührt geblieben, OVG. **47** 97, **6** 212; PrVBl. **27** 734, **18** 232, **6** 60; ebenso eine Observanz, wonach die Anlieger der Polizei gegenüber zur Reinigung des Bürgersteigs verpflichtet sind, PrVBl. **30** 470. Das Gleiche gilt für die — in Minden — auf Observanz beruhende Pflicht der Anlieger, die Straße bis zur Mitte des Fahrdammes zu bessern. Eine wegebaupolizeiliche Anordnung an einen Anlieger, bis zur Mitte zu pflastern, ist daher gültig, PrVBl. **28** 968. Die sogenannte Grunersche Verordnung v. 29. 7. **14** ist unberührt geblieben, soweit sie sich inhaltlich mit

§ 15 deckt — sie ordnete die Heranziehung der Anlieger zu den Pflasterkosten. Das Gleiche gilt von dem Napol. Dekret v. 11. 1. 09, wonach die Anlieger die Bürgersteigkosten zu tragen haben. Beide Vorschriften haben aber ihre Geltung durch § 96 Abs. 5 KommAbgG. verloren, OVG. **45** 74.

Ältere sogenannte Zwecksteuern vom Grundbesitz — eine in Flensburg erhobene Straßensteuer in der Form einer jährlichen Abgabe von jedem Hausbesitzer — gelten noch, OVG. **46** 93.

Eine 1856 (in Harburg) gültig erlassene Bauordnung, die den Anliegern die Herstellung des Bürgersteigs auferlegt, gilt seit dem Inkrafttreten des Ges. nur noch für Straßen, die bei Erlaß des Ges. vorhanden und bebaut waren. Für andere Straßen gilt das Gesetz, PrVBl. **16** 524.

§ 20.

Der Minister für Handel wird mit der Ausführung dieses Gesetzes beauftragt.

An die Stelle des Min. f. Hand. ist der Min. d. ö. A. getreten; vgl. Allerh. Erl. v. 7. 8. 78, betr. die anderweite Ordnung der Geschäftskreise mehrerer Ministerien (GS. 1879 25) u. G., betr. Abänderungen der gesetzlichen Bestimmungen über die Zuständigkeiten des Finanzministers, des Ministers für die landwirtschaftlichen Angelegenheiten und des Ministers für Handel, Gewerbe und öffentliche Arbeiten v. 13. 3. 79 (GS. 123).

Anhang.

Vorschriften für die Aufstellung von Fluchtlinien- und Bebauungsplänen vom 28. Mai 1876.

(MBl. 131.)

Auf Grund des § 20 des Gesetzes, betreffend die Anlegung von Straßen und Plätzen in Städten und ländlichen Ortschaften, vom 2. Juli 1875 (GS. 561 ff.) werden zur Herbeiführung eines zweckentsprechenden und möglichst gleichförmigen Verfahrens bei Festsetzung von Fluchtlinien, sowie zur Beschaffung genügender Grundlagen für die Beurteilung der Zweckmäßigkeit der beabsichtigten Fluchtlinienfestsetzung nachstehende Ausführungsvorschriften erlassen.

Allgemeine Bestimmungen.

§ 1.

Für die Festsetzung von Fluchtlinien (§§ 1—4 d. G. v. 2. Juli 1875) sind der Regel nach und soweit nicht nachstehend (§ 13) Ausnahmebestimmungen getroffen werden, folgende Vorlagen zu machen:

I. Situationspläne, und zwar

a) Fluchtlinienpläne, sofern es um die Festsetzung von Fluchtlinien bei Anlegung oder Veränderung von einzelnen Straßen oder Straßenteilen sich handelt,

b) Bebauungspläne, sofern es um die Festsetzung von Fluchtlinien für größere Grundflächen und ganze Ortsteile sich handelt,

c) Übersichtspläne.

II. Höhenangaben. Hierunter werden verstanden:

a) Längenprofile,

b) Querprofile,

c) Horizontalkurven und Höhenzahlen in den Situationsplänen.

III. Erläuternde Schriftstücke.

§ 2.

Diese Vorlagen sollen:

A. den gegenwärtigen Zustand,

B. den Zustand, welcher durch die nach Maßgabe der beabsichtigten Fluchtlinienfestsetzung erfolgende Anlegung von Straßen und Plätzen herbeigeführt werden soll,

klar und bestimmt darstellen. Dieselben müssen durch einen vereidigten Feldmesser aufgenommen oder als richtig bescheinigt und durch einen geprüften Baumeister oder einen im Kommunaldienste angestellten Baubeamten, durch welche die Richtigkeit der Aufnahme gleichfalls bescheinigt werden kann, mindestens unter der Mitwirkung eines solchen bearbeitet und dementsprechend unterschriftlich vollzogen sein.

A. Darstellung des gegenwärtigen Zustandes.

I. Situationspläne.

§ 3.

Der Maßstab, in welchem die Situationspläne (Fluchtlinien- und Bebauungspläne) entworfen werden, darf in der

Regel nicht kleiner sein als 1:1000. Zusammenhängende Straßenzüge sind im Zusammenhange zur Darstellung zu bringen. Erhalten infolgedessen größere Bebauungspläne eine für ihre Benutzung unbequeme Ausdehnung (§ 12), so darf für dieselben zwar ein kleinerer Maßstab, bis 1:2500, angewendet werden, es ist in diesem Falle aber für jede Straße, deren Fluchtlinien festgesetzt werden sollen, ein besonderer Fluchtlinienplan im Maßstabe von mindestens 1:1000 beizubringen.

Jedes Projekt erfordert die Beifügung eines Übersichtsplanes, für welchen ein vorhandener gedruckter oder gezeichneter Plan oder auch ein Auszug aus einem solchen verwendet werden kann.

§ 4.

Durch die Situationspläne soll das in Betracht zu ziehende Terrain mit seinen Umgebungen in solcher Ausdehnung dargestellt werden, daß die im Interesse des Verkehrs, der Feuersicherheit und der öffentlichen Gesundheit zu stellenden Anforderungen (§ 3 d. G. v. 2. Juli 1875) ausreichend beurteilt werden können.

Alle vorhandenen Baulichkeiten, Straßen, Wege, Höfe, Gärten, Brunnen, offene und verdeckte Abwässerungen usw., ferner alle Gemarkungs-, Besitzstands- und Kulturgrenzen müssen in den Plänen mit schwarzen Linien dargestellt und, soweit es zur Deutlichkeit erforderlich, mit charakterisierenden Farben, jedoch nur blaß angelegt sein. In die Situationspläne sind ferner die Nummern oder sonstigen Bezeichnungen, welche die einzelnen Grundstücke im Grundbuche, bzw., wo Grundbücher nicht vorhanden sind, im Grundsteuerkataster führen und die Namen der Eigentümer einzuschreiben.

Die auf den gegenwärtigen Zustand bezüglichen Schriftzeichen und Zahlen sind schwarz zu schreiben. Jeder Plan ist mit der geographischen Nordlinie und einem Maßstabe zu versehen.

II. Höhenangaben.

§ 5.

Die Höhenangaben müssen sich auf einen speziell zu bezeichnenden, möglichst allgemein bekannten festen Punkt, etwa auf den Nullpunkt eines in der Nähe befindlichen Pegels, am besten auf den Nullpunkt des Amsterdamer Pegels beziehen und ausschließlich in positiven Zahlen erscheinen.

Von jeder in einem Fluchtlinien- oder Bebauungsplan projektierten Straße ist, insoweit nicht nach den Ausnahmebestimmungen des § 13 davon abgesehen werden darf, ein Längenprofil im Längenmaßstabe des dazu gehörigen Situationsplanes und im Höhenmaßstabe von 1:100 beizubringen.

Die Linie des in der Regel durch die Mitte des Straßendammes zu legenden und in Stationen von je 100 m Länge mit den erforderlichen Zwischenstationen von mindestens je 50 m Entfernung einzuteilenden Nivellementszuges ist mit ihrer Stationierung in den zugehörigen Situationsplänen rot punktiert anzugeben.

Wo erhebliche Änderungen in der Terrainoberfläche in Aussicht genommen werden, oder wo nahe liegende Gebäude, Mauern, abgehende Wege usw. eine besondere Berücksichtigung verlangen, sind Querprofile aufzunehmen. Diese sind in einem Maßstabe, der nicht kleiner als 1:250 sein darf, zu zeichnen und zur Numerierung, sowie zu den Ordinaten des Längenprofils übersichtlich in Beziehung zu bringen. Sind dieselben nicht rechtwinklig zum Hauptnivellement aufgenommen, so ist ihre Lage auch im Situationsplane anzugeben.

In den Bebauungsplänen ist außerdem bei hügeligem oder gebirgigem Terrain auf Grund eines Nivellementsnetzes die Gestaltung der Terrainoberfläche durch Horizontalkurven in Höhenabständen von je 1 m bis 5 m mittelst schwarz punktierter Linien und beigeschriebenen Höhenzahlen übersichtlich darzustellen.

Alle Höhenzahlen werden in Metern angegeben und auf zwei Dezimalstellen abgerundet.

§ 6.

Aus den Höhenangaben muß die Höhenlage sowohl der vorhandenen Straßen und Wege, als auch ihrer Umgebungen in solcher Ausdehnung hervorgehen, daß die Forderungen des Verkehrs und der zukünftigen Entwässerung, nicht minder die Bedingungen einer etwaigen späteren Fortsetzung vollständig beurteilt werden können.

Die höchsten und niedrigsten Stände aller Gewässer, welche auf die projektierten Anlagen von Einfluß sein können, sowie vorhandene Fachbäume und Pegel, insbesondere die Grundwasserstände, soweit deren Ermittelung bereits ausgeführt ist oder im speziellen Falle notwendig erscheint, die Tiefen der etwa vorkommenden Moore oder sonstiger, die Straßenanlegung benachteiligender Bodenschichten, die Türschwellen der vorhandenen Gebäude, die Schienenhöhe nahe liegender Eisenbahnen usw., ebenso alle Festpunkte, an welche das Nivellement angeschlossen worden, müssen in den Profilen vollständig bezeichnet sein. In demselben werden die Wasserspiegel blau ausgezogen und beschrieben, dagegen alle sonstigen bestehenden Gegenstände, nicht minder die Ordinaten in schwarzer Farbe und Schrift angegeben, die Terrainlinien braun unterwaschen, die Bodenschichten mit charakterisierenden Farben angelegt.

B. Darstellung des Zustandes, welcher durch die nach Maßgabe der beabsichtigten Fluchtlinienfestsetzung erfolgende Anlegung von Straßen und Plätzen herbeigeführt werden soll.

Allgemeines. § 7.

Die Aufstellung der Projekte bedingt eine sorgfältige Erwägung der gegenwärtig vorhandenen, sowie des in der näheren Zukunft voraussichtlich eintretenden öffentlichen Bedürfnisses unter besonderer Berücksichtigung der in dem § 3 d. G. v. 2. Juli 1875 hervorgehobenen Gesichtspunkte.

Im Interesse der Förderung der öffentlichen Gesundheit und Feuersicherheit ist auch auf eine zweckmäßige Verteilung der öffentlichen Plätze sowie der Brunnen Bedacht zu nehmen.

Betreffs der Straßenbreiten empfiehlt es sich, bei neuen Straßenanlagen die Grenzen, über welche hinaus die Bebauung ausgeschlossen ist,

a) bei Straßen, welche als Hauptadern des Verkehrs die Entwickelung eines lebhaften und durchgehenden Verkehrs erwarten lassen, nicht unter 30 m,

b) bei Nebenverkehrsstraßen von beträchtlicher Länge nicht unter 20 m,

c) bei allen anderen Straßen nicht unter 12 m

anzunehmen.

Bei den unter a und b bezeichneten Straßen ist ein Längengefälle von nicht mehr als 1 : 50 bzw. 1 : 40, bei Rinnsteinen ein solches von nicht weniger als 1 : 200 nach Möglichkeit anzustreben.

Besonderes. I. Situationspläne. § 8.

Die anzulegenden oder zu verändernden Straßen und Plätze sind in dem Übersichtsplane mit roter Farbe deutlich zu bezeichnen.

In die Situationspläne sind die projektierten Baufluchtlinien mit kräftigen zinnoberroten Strichen einzutragen. Fallen dieselben mit den Straßenfluchtlinien nicht zusammen, so sind die letzteren mit minder kräftigen Strichen auszuziehen und ist der Raum zwischen beiden blaßgrün anzulegen. Die projektierten Rinnsteine werden durch scharfe dunkelblaue Linien, verdeckte Abwässerungen punktiert, unter Bezeichnung der Gefällrichtung mittelst blauer Pfeile, angedeutet, die Straßen und öffentlichen Plätze blaßrot, diejenigen Straßenseiten, welche nicht bebaut werden sollen, grün angelegt. Vorhandene Gebäude oder Teile derselben, welche bei der späteren, nach Maßgabe der Fluchtlinienfestsetzung erfolgenden Freilegung nicht beseitigt zu werden brauchen, sind in ihren charakterisierenden Farben dunkler anzulegen als die abzubrechenden.

Die Namen, Nummern oder sonstigen Bezeichnungen der projektierten Straßen und Plätze, ingleichen die Breiten derselben werden mit zinnoberroten Schriftzeichen und Zahlen in die Situationspläne eingeschrieben.

II. Höhenangaben.

§ 9.

In den Längenprofilen werden die projektierten Höhenanlagen der Straßenzüge, speziell die Kronenlinien der künftigen Straßenbefestigung mit zinnoberroten Linien ausgezogen und die Aufträge blaßrot, die Abträge grau angelegt. In dieselben sind ferner die Brücken, Durchlässe, unterirdischen Wasserabzüge usw. unter Angabe der lichten Weiten und Höhen einzutragen.

An allen Brechpunkten der Gefälle, an sämtlichen Kreuzungs- oder Abzweigungspunkten von Straßen, und an sonst charakteristischen Stellen werden die betreffenden Ordinaten zinnoberrot ausgezogen und mit den zugehörigen Zahlen ebenso beschrieben. Dagegen erhalten die auf die Abwässerung bezüglichen Höhenzahlen die blaue Farbe.

Die Länge der Straßenzüge von einem Brechpunkte des Gefälles bis zum nächstfolgenden werden, zusammen mit der Verhältniszahl des Gefälles in zinnoberroter Farbe über das Profil, die Namen, Nummern oder sonstigen Bezeichnungen der Straßen, übereinstimmend mit dem Situationsplane, über oder unter dasselbe geschrieben.

Wenn zu einem Situationsplane mehrere Längenprofile gehören, so ist auf eine deutliche und übereinstimmende Bezeichnung der Anschlußpunkte unter schärferer Hervorhebung der Anschlußordinate zu achten.

§ 10.

Von jeder Straße, deren Fluchtlinien festgesetzt werden sollen, sind mindestens so viele Querprofile zu entwerfen, wie dieselbe voneinander abweichende Breiten erhält. Wo die im § 5 angegebenen besonderen Verhältnisse obwalten, sind die Querprofile entsprechend zu vermehren und zu erweitern.

Die graphische Behandlung der Querprofile entspricht derjenigen der Längenprofile.

III. Erläuternde Schriftstücke.

§ 11.

Den Fluchtlinien- und Bebauungsplänen sind schriftliche Erläuterungen beizufügen, in welchen unter Darlegung der bisherigen Beschaffenheit, Benutzungsart und Entwässerung des zu bebauenden Terrains und der Veranlassung zur Aufstellung des Projekts die bezüglich der Lage, Breite und sonstigen Einrichtung der Straßen, der Entwässerung derselben usw. beabsichtigten Anordnungen zu beschreiben und, wo es erforderlich ist, eingehend zu motivieren sind.

Dem Erläuterungsbericht sind beizufügen:

1. Ein Straßenverzeichnis, d. i. eine tabellarisch geordnete Übersicht der Straßen und Plätze, welche verändert, verlängert oder neu angelegt werden sollen.

In das Verzeichnis sind aufzunehmen:

a) die Namen, Nummern oder sonstigen Bezeichnungen,
b) die Breiten jeder Straße zwischen den Baufluckt- bzw. den Straßenfluchtlinien,
c) die Gefällverhältnisse und Längenausdehnung der Straßen nach ihren verschiedenartigen Abschnitten und im ganzen.

2. Ein Vermessungsregister des von der Festsetzung der neuen Fluchtlinien betroffenen Grundeigentums.

Dasselbe muß gleichfalls tabellarisch geordnet, unter angemessener Bezugnahme auf den Situationsplan und das Straßenverzeichnis enthalten:

a) den Namen, Wohnort usw. des beteiligten Eigentümers,
b) die Nummer oder sonstige Bezeichnung, welche das Grundstück im Grundbuche bzw. im Grundsteuerkataster führt,
c) die Größe der zu Straßen und Plätzen für den öffentlichen Verkehr abzutretenden Grundflächen,
d) deren Benutzungsart,
e) die Bezeichnung und Beschreibung der vorhandenen Gebäude oder Gebäudeteile, welche von einer Straßen- oder Baufluchtlinie getroffen werden oder sonst zur Freilegung derselben beseitigt werden müssen,
f) die Größe der Restgrundstücke,
g) die Angabe, ob dieselben nach den baupolizeilichen Vorschriften des Orts noch zur Bebauung geeignet bleiben oder nicht.

§ 12.

Die Zeichnungen und Schriftstücke sind nicht gerollt, vielmehr in einer Mappe oder in aktenmäßigem Formate zur Vorlage zu bringen. Den einzelnen Plänen, welche auf Leinwand zu ziehen, mindestens aber mit Band einzufassen sind, ist kein größeres Format, als dasjenige von 0,50 zu 0,66 m zu geben, und sind dieselben erforderlichenfalls klappenartig aneinander zu fügen.

Ausnahmebestimmungen.

§ 13.

Die beizubringenden Vorlagen können auf einen Situationsplan mit den erforderlichen Erläuterungen beschränkt bleiben:

a) bei einer einfachen Regulierung oder Veränderung vorhandener Straßen, mit der eine Veränderung in der Höhenlage des Straßendammes nicht verbunden ist,

b) bei einer nicht erheblichen Erweiterung ländlicher Ortschaften und kleiner Städte, die nicht in unmittelbarer Nähe großer Städte liegen, sofern die Erweiterung nicht zu größeren Fabrikanlagen, zu Eisenbahnhöfen, Begräbnisstätten oder sonstigen Anlagen, die auf die Feuersicherheit, die Verkehrsverhältnisse und die öffentliche Gesundheit von Einfluß sein können, in Beziehung stehen,

c) bei einer Fluchtlinienfestsetzung, die wegen besonderer Dringlichkeit schleunig zu erfolgen hat, und für die nach dem übereinstimmenden Urteile des Vorstandes und der Vertretung der Gemeinde, sowie der Ortspolizeibehörde die Beibringung ausführlicherer Vorlagen entbehrlich erscheint.

Außerdem bleibt es derjenigen Behörde, welche zunächst über die Fluchtlinienfestsetzung zu befinden hat, vorbehalten, in sonstigen besonders motivierten Fällen die Vereinfachung der Vorlagen ausnahmsweise für zulässig zu erklären und zu bestimmen, welche Teile der vorstehenden Vorschriften (§§ 1—12) unausgeführt bleiben dürfen.

In allen diesen Ausnahmefällen einschließlich der unter a, b und c aufgeführten, kann von den Behörden, die über die Fluchtlinienfestsetzung nach dem Gesetze vom 2. Juli 1875 zu beschließen haben, in jedem Stadium des Verfahrens die weitere Vervollständigung der Vorlagen nach Maßgabe der in den §§ 1—12 gegebenen Vorschriften gefordert werden.

Berlin, den 28. Mai 1876.

Der Minister für Handel, Gewerbe usw.

Dr. Achenbach.

Ortsstatut I für Berlin.

Auf Grund des § 11 der Städteordnung v. 30. Mai 1853 und des § 12 d. G. v. 2. Juli 1875 (GS. 561) wird für den hiesigen Gemeindebezirk folgendes bestimmt:

§ 1.

Wohngebäude dürfen an Straßen oder Straßenteilen, nach welchen sie einen Ausgang haben, nur errichtet werden, wenn diese Straßen oder Straßenteile den baupolizeilichen Vorschriften gemäß befestigt, entwässert und mindestens mittelst einer regulierten Straße zugänglich sind.

§ 2.

Ausnahmen in Einzelfällen mit Rücksicht auf Umfang, Bestimmung, örtliche Lage usw. der beabsichtigten Bauten können vorbehaltlich der Zustimmung der Baupolizeibehörde von der städtischen Bauverwaltung bewilligt werden.

Berlin, den 8. Oktober 1875.

Magistrat hiesiger Königl. Haupt- und Residenzstadt.
gez. Hobrecht.

Vorstehendes Ortsstatut wird auf Grund der §§ 12 und 18 d. G. v. 2. Juli d. J., betreffend die Anlegung und Veränderung von Straßen und Plätzen in Städten und ländlichen Ortschaften (GS. 561) hierdurch bestätigt.

Berlin, den 19. November 1875.

Der Minister des Innern.
gez. Graf Eulenburg.

Ortsstatut II für Berlin.

Auf Grund des § 11 der Städteordnung v. 30. Mai 1853 und des § 15 d. G. v. 2. Juli 1875 (GS. 561) wird für den hiesigen Gemeindebezirk folgendes bestimmt:

A. Anlage neuer Straßen durch die Stadtgemeinde.

1. Verpflichtung der Adjazenten zur Erstattung der Anlagekosten.

§ 1.

Bei der seitens der Stadtgemeinde erfolgenden Anlage einer neuen, oder bei der Verlängerung einer schon bestehenden

Straße, welche zur Bebauung bestimmt ist, sind die Besitzer der angrenzenden Grundstücke, sobald auf denselben Gebäude an diesen Straßen errichtet werden, verpflichtet, der Stadtgemeinde diejenigen Kosten zu erstatten, welche ihr für die Freilegung, erste Einrichtung, Pflasterung und Entwässerung der Straße erwachsen.

§ 2.

Zu den Kosten der Freilegung gehören auch die Kosten der Erwerbung des Grund und Bodens der Straße einschließlich des Bürgersteiges.

Ist das Straßenland zum Teil unentgeltlich von angrenzenden Grundstücken abgetreten worden, so wird behufs Feststellung des auf die einzelnen adjazierenden Grundstücke entfallenden Anteils an den Grunderwerbskosten das unentgeltlich abgetretene Terrain mit dem vom Magistrat, unter Berücksichtigung des Preises des entgeltlich erworbenen Terrains, festgestellten Werte bei der Ermittelung der Gesamtkosten in Rechnung gestellt, demnächst aber denjenigen Adjazenten auf ihren Beitrag zu den Gesamtkosten in Abzug gebracht, von deren Grundstücken das Straßenland unentgeltlich abgetreten ist.

§ 3.

Zu den Kosten der ersten Einrichtung und Pflasterung gehören insbesondere auch diejenigen der Herstellung des Anschlusses an Nebenstraßen, sowie der Überfahrts- und Übertrittsbrücken.

Als Kosten des zur ersten Pflasterung verwendeten Materials inkl. Arbeitslohn wird ein alljährlich durch Kommunalbeschluß pro Quadratmeter festzustellender Preis in Rechnung gestellt. Derselbe soll für Haupt- und Nebenstraßen verschieden sein und den Preis der nach Kommunalbeschluß für derartige Straßen zulässigen geringsten Qualität Pflaster nicht übersteigen.

Ob eine Straße als Haupt- oder Nebenstraße zu erachten, wird durch den Magistrat festgestellt.

Die Kosten der Herstellung von Promenaden, Baum- und anderen Pflanzungen sind nicht zu erstatten.

2. Feststellung und Verteilung der Anlagekosten auf die zur Erstattung Verpflichteten.

§ 4.

Für Verteilung der Gesamtkosten gilt derjenige zusammenhängende Straßenteil als Einheit, dessen Regulierung zu derselben Zeit erfolgt ist.

§ 5.

Bei Straßen von mehr als 26 m Breite ist von den Kosten der Gesamtanlage ein, nach dem Verhältnis von 26 m zu der Gesamtbreite der Straßen berechneter Beitrag von den Adjazenten zu erstatten, der Überrest fällt der Stadtgemeinde zur Last.

§ 6.

Der nach §§ 1—5 zur Einziehung gelangende Betrag wird durch den Magistrat vorbehaltlich des Beschwerdeweges endgültig festgestellt und auf die angrenzenden Grundstücke nach Verhältnis der Länge ihrer die Straße berührenden Grenze verteilt.

§ 7.

Die Zahlung der nach §§ 1—6 zu leistenden Beiträge hat gegen Erteilung der Bauerlaubnis zur Errichtung von Gebäuden an neuen Straßen resp. Straßenteilen zu erfolgen.

Steht zur Zeit der Erteilung derselben der Beitrag des betreffenden Adjazenten noch nicht fest, so ist von demselben, sofern es der Magistrat für erforderlich und angemessen erachtet, eine von letzterem der Höhe nach zu bestimmende Kaution in barem Gelde oder in depositalmäßigen Papieren zu bestellen, aus welcher die Tilgung des demnächst ermittelten Beitrages in erster Linie erfolgt. Für den etwaigen Überrest bleibt das Grundstück verhaftet.

§ 8.

Der Magistrat ist befugt, mit Rücksicht auf die Vermögenslage der Zahlungspflichtigen für die Entrichtung der Beiträge Ratenzahlung oder Zahlungsfrist bis zu höchstens 2 Jahren von der Fälligkeit ab zu bewilligen.

B. Anlagen und Unterhaltung neuer, im Bebauungsplan festgestellter Straßen durch Unternehmer oder Adjazenten.

1. Anlage der Straßen.

§ 9.

Wenn Unternehmer oder Adjazenten eine im Bebauungsplan festgestellte Straße oder einen Teil einer solchen anlegen wollen, so ist die Genehmigung dazu bei dem Magistrat nachzusuchen, abgesehen von der außerdem erforderlichen Genehmigung der Baupolizei.

Zu dem Behufe ist ein Situationsplan und ein Nivellementsplan derselben, aus welchen insbesondere auch der Anschluß der herzustellenden Entwässerungsanlagen an die bestehenden öffentlichen Anlagen ersichtlich ist, und zwar in je 5 Exemplaren, einzureichen.

Den Unternehmern usw. stehen für die Ausarbeitung der betreffenden Pläne die bei dem Magistrat befindlichen einschlagenden Materialien zur Benutzung auf ihre Kosten durch ihre Sachverständigen offen, soweit das Verwaltungsinteresse es gestattet.

Der Situationsplan muß die in die Straße fallenden und an dieselbe angrenzenden Grundstücke bis auf 30 m Entfernung von den Straßenfluchtlinien, deren Grundbuchbezeichnung und Besitzer ersichtlich machen.

Die Genehmigung kann nur versagt werden, wenn Gründe des öffentlichen Interesses der Herstellung der Straße entgegenstehen.

Die betreffenden Gründe sind in dem Versagungsbescheide anzugeben.

§ 10.

Erklären sich die Unternehmer resp. Adjazenten zur Ausführung der Straßenanlage gemäß der erteilten Genehmigung bereit, oder nehmen sie die Ausführung tatsächlich in Angriff, so sind sie verpflichtet, die Straßenanlage innerhalb der in der Genehmigung gestellten Frist zu vollenden, widrigenfalls die erforderlichen Arbeiten von der Stadtgemeinde für Rechnung der Unternehmer resp. Adjazenten ausgeführt werden können. Das zur Straßenanlage erforderliche Terrain ist vor Beginn der Arbeiten zur Herstellung derselben an die Stadtgemeinde zu übereignen und auf deren Verlangen pfandfrei zu stellen.

Ob die Herstellung bedingungsmäßig erfolgt ist, entscheidet der Magistrat, bei welchem die Abnahme, abgesehen von der baupolizeilichen Abnahme, beantragt werden muß.

2. Unterhaltung.

§ 11.

Die Unterhaltung der gemäß §§ 9 ff. angelegten Straßen geht, sobald dieselben bedingungsmäßig hergestellt sind, auf die Stadtgemeinde über, dagegen haben die Unternehmer resp. Adjazenten — letztere soweit sie nach diesem Statute zu den Kosten der neuen Straßenanlage beitragspflichtig sind — entweder

a) die Kosten dieser Unterhaltung oder
b) einen alljährlich durch Kommunalbeschluß festzusetzenden Beitrag zu denselben

bis zum Ablauf des auf das Jahr des Beginnes der Unterhaltung folgenden vierten Kalenderjahres zu tragen.

In dem Falle a wird der Betrag der Kosten durch den Magistrat definitiv festgestellt.

Die Kosten der Unterhaltung oder der Beiträge zu diesen werden erforderlichenfalls im Wege der administrativen Exekution eingezogen.

§ 12.

Es soll gestattet sein, die im § 11 auferlegte Unterhaltungspflicht durch Zahlung eines Kapitals abzulösen, welches nach dem Flächeninhalte der zu unterhaltenden Straßenstrecke und nach dem pro Quadratmeter alljährlich durch Kommunalbeschluß festzustellenden Einheitssatze zu berechnen ist.

C. Anlage neuer, im Bebauungsplane noch nicht festgestellter Straßen durch Unternehmer.

§ 13.

Den Anträgen auf Genehmigung von Straßenanlagen in Abänderung oder Ergänzung des Bebauungsplans sind Situations- und Nivellementspläne in der vom Magistrat für notwendig erachteten Anzahl und Beschaffenheit beizufügen.

Auch ist auf Erfordern der Nachweis zu führen, in welcher Weise die Ausführung der Anlagen gesichert ist.

D. Anbau an vorhandenen unbebauten Straßen.

§ 14.

Von den Grundstücken, welche an einer zur Zeit des Erlasses dieses Statuts schon vorhandenen, bisher unbebauten Straße oder einem solchen Straßenteile liegen, ist, sobald diese

Grundstücke an der Straße bebaut werden, das zur Freilegung der Straße in der durch den Bebauungsplan oder sonst in vorgeschriebener Weise festgestellten Breite erforderliche Terrain bis zur Mittellinie der Straße unentgeltlich abzutreten, freizulegen, in das vorgeschriebene Niveau zu bringen und zu pflastern. Bei Straßen von mehr als 26 m Breite erstreckt sich diese Verpflichtung auf 13 m der Straßenbreite.

E. Allgemeine Vorschriften.

§ 15.

Der Stadtgemeinde steht das Recht zu, in den Fällen der §§ 9 und 13 dieses Statuts die Ausführung der Straßenanlagen im öffentlichen Interesse selbst für Rechnung der Unternehmer zu übernehmen. In diesem Falle finden, soweit nicht besondere Vereinbarungen getroffen sind, die Vorschriften der §§ 1 bis 8 dieses Statuts Anwendung.

§ 16.

Als Anlage einer neuen Straße im Sinne dieses Statuts gilt auch die Umwandlung eines unregulierten Weges oder einer Landstraße in eine städtische Straße.

Berlin, den 7. März 1877.

Magistrat hiesiger Königl. Haupt- und Residenzstadt.
gez. Hobrecht.

Vorstehendes Ortsstatut wird auf Grund der §§ 15 und 18 d. G. v. 2. Juli 1875, betreffend die Anlegung und Veränderung von Straßen und Plätzen in Städten und ländlichen Ortschaften (GS. 561), hierdurch bestätigt.

Berlin, den 19. März 1877.

(L. S.) Der Minister des Innern.
gez. Graf Eulenburg.

Sachregister.

Die Zahlen verweisen auf die Seiten.

A.

C.

D.

E.

O.

P.

W.

Druck von A. W. Hayn's Erben (Curt Gerber), Potsdam.

11

Guttentag'sche Sammlung

Deutscher Reichsgesetze.

Text-Ausgaben mit Anmerkungen. Taschenformat.

1. **Verfassung des Deutschen Reichs.** Von Dr. **L. von Rönne. 10. Aufl.** von Landrat **P. von Rönne** und Regierungsassessor **von Dobbeler.** 1912. 2 M. 60 Pf.

2. **Strafgesetzbuch** für das Deutsche Reich. Von Dr. **H. Rüdorff. 23. Aufl.** bearbeitet von Prof. Dr. **Franz v. Liszt** und Dr. **Ernst Delaquis.** 1910. 1 M. 80 Pf.

3. **Militärstrafgerichtsordnung** nebst Einführungsgesetz. Von Wirkl. Geheimen Kriegsrat Dr. jur. **A. Romen** und Kriegsgerichtsrat Dr. jur. **Carl Rissom.** 1910. 6 M.

4. **Handelsgesetzbuch vom 10. Mai 1897** unter Ausschluß des Seerechts. **14. Aufl.** Herausgegeben von Geh. Justizrat Prof. Dr. **A. Mosse.** 8°. 1911. 5 M.

5. **Wechselordnung vom 3. Juni 1908.** Kommentar von Justizrat Dr. **J. Stranz** und Rechtsanwalt Dr. **M. Stranz,** und das **Wechselstempelsteuergesetz vom 15. Juli 1909** von Geh. Regierungsrat **P. Loeck. 10. Aufl.** 1909. 3 M.

5a. **Wechselstempelsteuergesetz** apart. **10. Aufl.** 1 M. 25 Pf.

6. **Reichsgewerbeordnung** nebst Ausführungsbestimmungen. Von **Berger** und **Wilhelmi. 18. veränderte und sehr vermehrte Auflage** von Stadtrat Dr. **Karl Flesch** in Verbindung mit Dr. **Friedr. Hiller** und Dr. **Herm. Luppe.** 1910. 4 M.

7. **Post- und Telegraphen-Gesetzgebung.** Nebst Weltpostvertrag und internationalem Telegraphenvertrag. **6. Aufl.** von Geh. Ober-Postrat Dr. **M. König.** 1908. 4 M.

8. Die Reichsgesetze über den **Unterstützungswohnsitz, die Freizügigkeit, den Erwerb und Verlust der Bundes- und Staatsangehörigkeit.** Von Geheimrat Dr. **J. Krech,** Mitglied des Bundesamtes für das Heimatwesen. 8. **Aufl.** 1912. 3 M. 60 Pf.

9. Sammlung **kleinerer strafrechtlicher Reichsgesetze.** Von Dr. **R. H. Kriegsmann,** Privatdozent in Kiel. **3. Aufl.** 1910. 4 M.

10. Das **Reichsbeamtengesetz** von **J. Pieper. 2. Aufl.** 1901. 4 M. 50 Pf.

Reichsbeamtengesetz von 1907 siehe Nr. 82.

11. **Zivilprozeßordnung mit Gerichtsverfassungsgesetz** in der Fassung vom 1. Juni 1910. Von **R. Sydow.** Fortgeführt von **L. Busch. 13. Aufl.** 8°. 1910. 7 M.

12. **Strafprozeßordnung und Gerichtsverfassungsgesetz** nebst den Gesetzen, betr. die Entschädigung der im Wiederaufnahmeverfahren freigesprochenen Personen und die Entschädigung für unschuldig erlittene Untersuchungshaft. Von Dr. **A. Hellweg,** Reichsgerichtsrat. **16. Aufl.** von Professor Dr. **Kohlrausch.** 1912. 3 M.

13. **Konkursordnung und Anfechtungsgesetz.** Von **R. Sydow.** Fortgeführt von **L. Busch. 11. Aufl.** 1911. 2 M. 80 Pf.

14. **Gerichtsverfassungsgesetz** mit Einführungsgesetz. Herausgegeben von **R. Sydow.** Fortgeführt von **L. Busch.** 9. Aufl. 1905. Mit Nachtrag, enthaltend die Novelle vom 1. Juni 1909. 1 M. 50 Pf.

15. Das **Deutsche Gerichtskostengesetz** nebst den Gebührenordnungen für Gerichtsvollzieher, Zeugen und Sachverständige. Von **R. Sydow.** Weiter bearbeitet von Reichsgerichtsrat **L. Busch** und Gerichtsassessor **Arno Busch. 9. Aufl.** 1912. 2 M. 60 Pf.

16. **Rechtsanwaltsordnung.** Von **R. Sydow. 5. Aufl.** von Justizrat **M. Jacobsohn.** 1907. Mit Nachtrag, enthaltend die Bestimmungen vom 22. Mai 1910. 1 M. 20 Pf.

17. Die **Deutsche Gebührenordnung für Rechtsanwälte und das Preußische Gebührengesetz** vom 27. September/6. Oktober 1899. Von **R. Sydow.** Fortgeführt von **L. Busch. 10. Aufl.** 1911. 2 M. 70 Pf.

18. **Reichsstempelgesetz** vom 15. Juli 1909 in der durch das Zuwachssteuergesetz vom 14. Februar 1911 geänderten Fassung. (Börsen-, Lotterie- [Spiel- und Wette-], Frachturkunden-, Fahrkarten-, Kraftfahrzeug-, Tantieme-, Scheck- und Grundstücksübertragungssteuer.) Mit den gesamten Ausführungsbestimmungen. **11. Aufl.** von Geh. Regierungsrat **P. Loeck.** 1912. 8°. 6 M.

19. Die **Seegesetzgebung.** Von Dr. **W. E. Knitschky. 4. Aufl.** bearbeitet von Oberlandesgerichtsrat **Otto Rudorff** in Hamburg. 1908. Mit Anhang, enthaltend die Bestimmungen von 1909. 6 M.

20. **Krankenversicherungsgesetz.** Von weil. Dr. **E. von Woedtke. 11. Aufl.** von Geh. Reg.-Rat Dr. **G. Eucken-Addenhausen.** 1905. 3 M.

21. Die **Konsulargesetzgebung.** Von Professor Dr. **Ph. Zorn. 3. Aufl.** bearbeitet von Reg.-Assessor Dr. **A. Zorn.** 1911. 4 M. 50 Pf.

22. **Patentgesetz.** Nebst Ausführungsbestimmungen, völkerrechtlichen Verträgen und der Patentanwalts-Ordnung. **7. Aufl.** bearbeitet von **R. Lutter,** Geh. Reg.-Rat im Kaiserl. Patentamt. 1908. 2 M. 80 Pf.

23. **Gewerbe-Unfallversicherungsgesetz.** Von weil. Dr. **E. von Woedtke. 9. Aufl.** von **Franz Caspar,** Direktor im Reichsamt des Innern. 1907. 2 M. 50 Pf.

24. **Aktiengesellschaft und Kommanditgesellschaften auf Aktien.** Von Kammergerichtsrat Dr. **H. Keyßner** und Justizrat Dr. **H. Veit Simon. 6. Aufl.** von Amtsrichter **L. Keyßner.** 1911. 3 M.

25. **Brausteuergesetz.** vom 15. Juli 1909. Von **A. Düffe,** Oberzollrevisor. **2. Aufl.** 1910. 3 M.

26. Die Reichsgesetzgebung über **Münz- und Notenbankwesen,** Papiergeld, Prämienpapiere und Reichsschulden. Von Dr. jur **R. Koch,** Präsident des Reichsbankdirektoriums. **6. Aufl.** 1910. 4 M.

27. Die Gesetzgebung, betr. das **Gesundheitswesen** im Deutschen Reich. Von Dr. jur. **C. Goesch** und Dr. med. **J. Karsten.** 1888. 1 M. 60 Pf.

28. **Bau-Unfallversicherungsgesetz.** Vom 30. Juni 1900. Von **R. Chrzescinski,** Kaiserl. Regierungsrat. **3. Aufl.** 1900. 2 M.

29. **Erwerbs- und Wirtschaftsgenossenschaften.** Von **L. Parisius** und Dr. **H. Crüger. 14. neu bearb. Aufl.** von Dr. **H. Crüger.** 1912. 1 M. 80 Pf.

30. **Invalidenversicherungsgesetz** vom 13. Juli 1899. Von weil. Dr. **E. von Woedtke. 10. Aufl.** von Regierungsrat **H. Follmann.** 1906. 4 M. (Vergriffen!) Neue Fassung S. 109 Reichsversicherungsordnung.

31. **Gewerbegerichtsgesetz.** Von Stadtrat **L. Mugdan. 7. Aufl.** bearbeitet von **W. Cuno**, Oberbürgermeister zu Hagen i. W. 1911. 2 M. 50 Pf.

32. Reichsgesetz, betr. die **Gesellschaften mit beschränkter Haftung.** Von **L. Parisius** und Dr. **H. Crüger. 12. Aufl.** von Dr. **H. Crüger.** 1912. 1 M. 80 Pf.

33. **Vereins- und Versammlungsrecht.** Von Dr. **E. Ball. 2. Aufl.** von Dr. **F. Friedenthal.** 1907. 2 M. 50 Pf.

Reichs-Vereinsgesetz vom 19. April 1908 siehe Nr. 88.

34. Die **Abzahlungsgeschäfte.** Gesetz vom 16. Mai 1894. **3. vermehrte Aufl.** besorgt von Dr. **E. Wilke**, Landgerichtsrat. 1910. 1 M. 25 Pf.

35. Die **Reichs-Eisenbahngesetzgebung.** Von **W. Coermann**, Kaiserl. Amtsrichter. 1895. 2 M. 25 Pf.

36. Gesetze, betr. die **privatrechtlichen Verhältnisse der Binnenschiffahrt und der Flößerei.** Von **E. Löwe**, Landgerichtsrat. **4. Aufl.** 1909. 3 M.

37. Gesetz gegen den **unlauteren Wettbewerb.** Von Justizrat **A. Pinner. 6. Aufl.** 1912. 1 M. 50 Pf.

38/39. **Bürgerliches Gesetzbuch nebst Einführungsgesetz** von Dr. **A. Achilles.** In Verbindung mit Professor Dr. **André**,

Kammergerichtsrat Ritgen, Reichsgerichtsrat Dr. **Strecker,** Senatspräsident Dr. **v. Unzner** herausgegeben von Geh. Ober-Justizrat **Greiff. 7. Aufl.** 8°. 1912. 7 M.

40. Gesetz, betr. die **Pflichten der Kaufleute bei Aufbewahrung fremder Wertpapiere (Depotgesetz).** Mit Erläuterungen. Von **F. Lusensky,** Geh. Ober-Regierungsrat. **2. Aufl.** 1905. 1 M.

41. **Börsengesetz.** In der Fassung der Novelle vom 8. Mai 1908. **2. Aufl.** Von Wirkl. Geh. Ober-Regierungsrat **Th. Hemptenmacher,** Staatskommissar an der Berliner Börse. 1908. 2 M.

42. **Grundbuchordnung** nebst den preußischen Ausführungsbestimmungen. Mit Einleitung. Von Prof. Dr. **O. Fischer. 6. Aufl.** 1912. 2 M.

43. **Zwangsvollstreckung in das unbewegliche Vermögen** im Reiche und in Preußen. Mit Einleitung, Kosten- und Gebührentabellen. Von Dr. **J. Krech,** Kaiserl. Geh. Regierungsrat und Professor Dr. **O. Fischer. 6. Aufl.** 1910. 2 M.

44. Das Reichsgesetz über das **Auswanderungswesen** vom 9. Juni 1897. Von Professor Dr. **Felix Stoerk.** 1899. 2 M. 25 Pf.

45. Das **Entmündigungsrecht** unter Berücksichtigung der für Preußen geltenden Vorschriften nebst der preußischen Justiz-Ministerial-Verfügung vom 28. November 1899. Von Landgerichtsrat Dr. **P. Roll** in Cöln. 1900. 1 M. 50 Pf.

46. Die Gesetze des Reiches und Preußens über die **freiwillige Gerichtsbarkeit.** Von **Herm. Jastrow,** Amtsgerichtsrat. **5. Aufl.** 1911. 3 M. 60 Pf.

47. Das **deutsche Vormundschaftsrecht** und das preuß. Gesetz über die Fürsorgeerziehung Minderjähriger nebst den dazu gehörigen preußischen Nebengesetzen. Von Oberverwaltungsgerichtsrat **Max Schultzenstein** und Amtsgerichtsrat Dr. **Paul Köhne. 2. Aufl.** 1901. 3 M.

48. Gesetze und Verordnungen, betr. den **Drogen-, Gift- und Farbenhandel** außerhalb der Apotheken. Von Dr. **J. Broh,** Rechtsanwalt. 1899. 1 M. 25 Pf.

49. Deutsche **Kolonialgesetzgebung.** Von Professor Dr. **Philipp Zorn.** 1901. 4 M. 50 Pf.

50. Der **Viehkauf** (Viehgewährschaft) nach dem Bürgerlichen Gesetzbuche. Nebst Verordn. betr. die Hauptmängel und Gewährsfristen beim Viehhandel. Von Rechtsanwalt Dr. **H. Stölzle** und Königl. Kreistierarzt **H. Weiskopf. 4. Aufl.** 1908. 4 M.

51. **Hypothekenbankgesetz** vom 13. Juli 1899. Von Dr. **H. Göppert. 2. Aufl.** Bearbeitet von Geh. Reg.-Rat Dr. **Seidel.** 1911. 2 M. 40 Pf.

52. Gesetz, betreffend die gemeinsamen **Rechte der Besitzer von Schuldverschreibungen.** Von Dr. **Heinrich Göppert.** 1900. 2 M.

53. **Reichspreßgesetz** vom 7. Mai 1874. Mit Kommentar von **A. Born,** Erster Bürgermeister der Stadt Marienburg (Westpr.). 1911. **2. Aufl.** 2 M.

54. Die Reichsgesetzgebung über den Verkehr mit **Nahrungsmitteln, Genußmitteln** und **Gebrauchsgegenständen.** Von Dr. **Georg Lebbin**, Nahrungsmittelchemiker in Berlin. 1900. 2 M. 25 Pf.

55. Das Recht der **Beschlagnahme von Lohn- und Gehaltsforderungen.** Von Justizrat **Georg Meyer. 4. Aufl.** 1910. 2 M. 60 Pf.

56. Gesetz, betr. die **Bekämpfung gemeingefährlicher Krankheiten.** Nebst Ausführungsbestimmungen. Von Dr. **Bruno Burkhardt**, Regierungsrat, Mitglied des Kaiserl. Gesundheitsamts. 1900. 1 M. 40 Pf.

57. **See-Unfallversicherungsgesetz.** Von Dr. **Max Mittelstein**, Oberlandesgerichtsrat in Hamburg. 1901. 2 M.

58. **Das Recht der unehelichen Kinder** nach dem BGB. Von **Hermann Jastrow**, Amtsgerichtsrat. 1901. 1 M. 80 Pf.

59. Reichsgesetz über die **Beurkundung des Personenstandes und die Eheschließung.** Von Dr. **F. Fidler**, Amtsgerichtsrat. 1912. **2. Aufl.** 2 M. 50 Pf.

60. Gesetz, betreffend das **Urheberrecht an Werken der Literatur und der Tonkunst** in der Fassung vom 22. Mai 1910. Von Geh. Justizrat **Otto Lindemann. 3. Aufl.** 1910. 1 M. 60 Pf.

61. Gesetz über das **Verlagsrecht.** Von Justizrat **E. Heinitz. 2. Aufl.** Bearbeitet von Rechtsanwalt Dr. **Br. Marwitz.** 1911. 1 M. 80 Pf.

62. Gesetz über **private Versicherungsunternehmungen.** Von **H. Könige,** Reichsgerichtsrat. **2. Aufl.** 1910. 4 M. 20 Pf.

63. **Gesetzestafel des Deutschen Reichsrechts.** Systematisch geordnete Nachweisung des z. Z. geltenden Reichsrechts. Ergänzungsband zu der Guttentag'schen Sammlung Deutscher Reichsgesetze. Von **Hugo Bruhns,** Syndikus. 1902. 8°. 2 M. 50 Pf.

64. Gesetzsammlung betr. den **Handel mit Drogen und Giften.** Reichsgesetzliche Bestimmungen und Anhang mit den landesgesetzlichen Verordnungen sämtlicher Bundesstaaten. Von Rechtsanwalt **H. Sonnenfeld,** Syndikus der Berliner Drogisten-Innung. **2. Aufl.** 1912. 4 M.

65. Das **Weingesetz** in der Fassung von 1909. Mit Ausführungsbestimmungen von Dr. **Georg Lebbin,** Nahrungsmittelchemiker. **2. Aufl.** 1909. 2 M. 50 Pf.

66. Die **Eisenbahn-Gesetzgebung.** Von **W. Pietsch,** Rechnungsrat im Reichs-Eisenbahn-Amt. 1902. 5 M. Neue Aufl. im Druck.

67. **Militär-Strafgesetzbuch für das Deutsche Reich** vom 20. Juni 1872 nebst dem Einführungsgesetz. Von Wirkl. Geh. Kriegsrat Dr. jur. **A. Romen** und Kriegsgerichtsrat Dr. jur. **C. Rissom.** 1912. 6 M.

68. Das **Fleischbeschaugesetz.** Vom 3. Juni 1900. Von Dr. **Georg Lebbin,** Nahrungsmittelchemiker und Rechtsanwalt Dr. **Georg Baum.** 1903. 4 M.

69. Reichsgesetz über die **Naturalleistungen der bewaffneten Macht im Frieden** nebst den in Preußen geltenden Bestimmungen. Von Regierungsassessor Dr. **Walter v. Hippel.** 1903. 1 M. 25 Pf.

70. Das **Reichs-Haftpflichtgesetz**, vom 7. Juni 1871. Von Regierungsrat Dr. **G. Eger.** 1903. 3 M.

71. **Kinderarbeit in gewerblichen Betrieben**, vom 30. März 1903. Von **H. Spangenberg**, Oberverwaltungsgerichtsrat. **2. Aufl.** 1904. 1 M. 60 Pf.

72. **Unfallversicherungsgesetz für Land- und Forstwirtschaft** von weil. Dr. **E. von Woedtke**, fortgesetzt von **Alfred Radtke**, Geh. Regierungsrat und Senatspräsident im Reichsversicherungsamt. **2. Aufl.** 1904. 4 M. 50 Pf.

73. **Entschädigung für unschuldig erlittene Verhaftung und Bestrafung.** Nebst Anhang, enthaltend die dazu gehörigen Nebengesetze über Schadensersatz. Von Dr. jur. **A. Romen**, Wirkl. Geh. Kriegsrat. 1904. 2 M.

74. Die **Kaufmannsgerichte** nebst den preuß. Ausführungsbestimmungen. Von Professor Dr. **Max Apt. 3. Aufl.** 1905. 2 M.

75. Reichsgesetz über die **Konsulargerichtsbarkeit.** Von Dr. jur. **A. F. Vorwerk**, Rechtsanwalt in Schanghai. 2. Ausgabe, mit dem Schutzgebietsgesetz und der Ausführungsverordnung, betr. die Rechtsverhältnisse in den Schutzgebieten. 1908. 2 M.

76. **Die Rechtshilfe im Verkehr mit den ordentlichen Gerichten nach deutschem Reichsrecht.** Von Landrichter Dr. **A. Friedländer.** 1906. 1 M. 80 Pf.

77. **Das Reichserbschaftssteuergesetz.** Vom 3. Juni 1906. Von **Ulrich Hoffmann**, Rechnungsrat im Königl. Preuß. Finanzministerium. **2. Aufl.** 1911. 5 M.

78. **Zigarettensteuergesetz.** Vom 15. Juli 1909. Von Dr. **Cuno,** Regierungsassessor. **2. Aufl.** in Vorbereitung, nach Erlaß der sämtlichen Ausführungsbestimmungen.

79. **Die Militärpensionsgesetze** vom 31. Mai 1906 nebst Ausführungsbestimmungen. Zum Gebrauch für Heer, Marine und Schutztruppe von Dr. jur. **A. Romen,** Wirklicher Geheimer Kriegsrat.

   a) I. Teil: Offizierpensionsgesetz. 1907. 3 M. 50 Pf.

   b) II. Teil: Mannschaftsversorgungsgesetz. 1908. 3 M. 50 Pf.

80. Reichsgesetzgebung über **gerichtliche Registerführung.** Von **Otto Lindemann,** Geh. Justizrat. 1906. 3 M.

81. Gesetz, betr. **Urheberrecht an Werken der bildenden Künste und der Photographie.** Von Dr. **Ludwig Fuld,** Rechtsanwalt. 1907. 1 M.

82. **Reichsbeamtengesetz** in der Fassung vom 18. Mai 1907 und seine Ergänzungen von Geheimrat Professor Dr. **Adolf Arndt.** 1908. 3 M.

83. Reichsgesetz über **den Versicherungsvertrag** nebst Einführungsgesetz. Von Dr. **Paul Hager** und Dr. **E. Bruck. 2. vermehrte und verbesserte Auflage.** 1910. 5 M.

84. **Sammlung kleinerer privatrechtlicher Reichsgesetze** von Oberlandesgerichtsrat **Georg Müller.** 1908. 6 M. 50 Pf.

85. **Scheckgesetz** mit Einleitung usw. Von Prof. Dr. **Max Apt. 5. Aufl.** Mit Postscheckordnung vom 6. Nov. 1908 und im Anhang „Besteuerung des Schecks". 1909. 2 M.

    Postscheckordnung vom 6. Nov. 1908. Apart mit Erläuterungen und Ausführungsbestimmungen. (30 Pf.)

86. **Die Auslieferungsverträge des Deutschen Reiches** von Landrichter **A. Cohn.** 1908. 4 M.

87. Gesetz zum **Schutz der Warenbezeichnungen.** Von Geh. Reg.-Rat, Mitglied des Patentamts Dr. **Freund** und Rechtsanwalt **Magnus. 5. Aufl.** 1909. 3 M. 50 Pf.

88. **Vereinsgesetz** vom 19. April 1908. Von Dr. jur. **A. Romen,** Wirkl. Geh. Kriegsrat. **3. Aufl.** 1912. 2 M. 50 Pf.

89. **Vogelschutzgesetz** vom 30. Mai 1908 nebst den das Flugwild betr. Bestimmungen der Preußischen Jagdordnung von Dr. jur. **Leo von Boxberger.** 1908. 1 M.

90. Die Haager Abkommen über das **Internationale Privatrecht** von Dr. **G. A. E. Bogeng.** 1908. 2 M. 20 Pf.

91. **Eisenbahn-Verkehrsordnung** vom 23. Dez. 1908. Mit Ausführungsbestimmungen. Von Regierungsassessor bei der Eisenbahndirektion Breslau Dr. **Ernst Blume.** 1909. 2 M. 50 Pf.

92. Gesetz, betr. den **Verkehr mit Kraftfahrzeugen.** Von Amtsrichter **R. Kirchner. 2. Ausgabe** ergänzt durch die Bundesratsverordnung vom 3. Febr. 1910 und das Internationale Uebereinkommen vom 11. Okt. 1909. 1910. 3 M.

93. Gesetz über die **Sicherung der Bauforderungen** von Justizrat Dr. **E. Harnier. 3. Aufl.** 1912. 1 M. 60 Pf.

94. **Haftpflicht der Reichs- und Staats-Beamten** von Dr. **H. Delius. 2. Aufl.** 1909. Mit dem Nachtrag, enth. das Gesetz über die Haftung des Reichs für seine Beamten vom 22. Mai 1910. 3 M. 50 Pf.

95. Die Berner Uebereinkunft über **internationales Urheberrecht** von Dr. **Herm. Dungs**, vortrag. Rat im Reichsjustizamt. 1910. 1 M.
96. **Branntweinsteuergesetz** vom 15. Juli 1909. Unter Berücksichtigung der für das Reich erlassenen Ausführungsbestimmungen. Von Geh. Reg.-Rat **Johs. Rath**, vortrag. Rat im Reichsschatzamt. 1910. 3 M. 50 Pf.
97. **Schutzgebietsgesetz** nebst der Verordnung betr. die Rechtsverhältnisse in den Schutzgebieten, dem Gesetz über die Konsulargerichtsbarkeit sowie den Ausführungsbest. und ergänzenden Vorschriften. Von **Johs. Gerstmeyer**, Wirkl. Legationsrat und vortrag. Rat im Reichskolonialamt. 1910. 3 M.
98. **Sechs Haager Abkommen** über **Internationales Privatrecht.** Von Dr. **Herm. Dungs**, vortrag. Rat im Reichs-Justizamt. 1910. 1 M. 50 Pf.
99. **Die Abkommen der Haager Friedenskonferenz** von Dr. jur. **Hans Wehberg.** 1910. 3 M.
100. Gesetz über den **Absatz von Kalisalzen.** Von Geh. Bergrat **Carl Voelkel.** 1910. 2 M. 40 Pf.
101. **Zuwachssteuergesetz** vom 14. Februar 1911. Von Dr. **W. Cuno**, Regierungsrat im Reichsschatzamt. 1911. 3 M. 60 Pf.
102. **Urheberrecht an Mustern und Modellen** u. Ges. betr. Schutz v. Gebrauchsmustern von Reg.-Rat **Johs. Neuberg**, Mitgl. d. K. Patentamts. 1911. 2 M. 40 Pf.
103. **Reichs-Viehseuchengesetz** vom 26. Juni 1909 nebst Ausführungsvorschriften u. dem preuß. Ausführungsgesetz. Von Landrat Dr. **Walter v. Hippel.** 1912. 3 M.
104. **Versicherungsgesetz** für Angestellte vom 20. Dez. 1911. Von Rechtsanwalt **O. Bernstein** und Dr. **J. Kupferberg.** 2. Aufl. 1912. 3 M. 50 Pf.

105. **Das Geldwesen in den deutschen Schutzgebieten.** Von **W. Hintze,** Geheimer exped. Sekretär im Reichskolonialamt. 1912. 2 M.

106—109. **Reichs-Versicherungs-Ordnung nebst Einführungsgesetz:** 4 Bände.

106. Erstes, fünftes und sechstes Buch. **Gemeinsame Vorschriften. — Beziehungen der Versicherungsträger zu einander und zu anderen Verpflichteten — Verfahren.** Bearbeitet von Dr. **K. Lippmann,** Reg.-Rat, Geh. Rat Dr. **L. Laß** und **H. Siefart,** vortrag. Räte im Reichsamt des Innern. 1912. Im Druck.

107. Zweites Buch. **Krankenversicherung.** Von Geh. Reg.-Rat **H. Siefart,** vortrag. Rat im Reichsamt des Innern. 1912. Im Druck.

108. Drittes Buch. **Unfallversicherung.** Von Geh. Reg.-Rat **A. Radtke,** Senatsvorsitzender im Reichsversicherungsamt. 1912. Im Druck.

109. Viertes Buch. **Invaliden- und Hinterbliebenenversicherung.** Bearbeitet von Geh. Ober-Regierungs-Rat **B. Jaup,** vortragender Rat im Reichsamt des Innern und **H. Follmann,** Geh. Reg.-Rat im Reichsversicherungsamt. 1912. 4 M.

Guttentag'sche Sammlung

Preußischer Gesetze.

Text-Ausgaben mit Anmerkungen. Taschenformat.

---

1. Die **Verfassungs-Urkunde** für den Preußischen Staat. Mit Einleitung, vollständigem Kommentar. Von Prof. Dr. **Adolf Arndt. 7. Aufl.** 1911. **4** M.

2. Preußische **Beamten-Gesetzgebung.** Enthaltend die wichtigsten Beamtengesetze in Preußen. Von **C. Pfafferoth. 4., neubearb. Aufl.** 1905. Mit Anhang: Abänderung vom 27. Mai 1907. 2 M.

3. **Die Aufnahme des Notteſtaments** durch die bestellten Urkundspersonen. Anweisung mit Musterbeispielen und Abriß des Erbrechts von Amtsgerichtsrat **C. Kurtz.** 1904. 1 M. 50 Pf.

4. **Gebührenordnung** für **Notare** vom 25. Juli 1910. **4. Aufl.** bearbeitet von Justizrat **Rausnitz.** 1910. 2 M. 20 Pf.

5. Gesetz vom **24. April 1854 (betr. die außerehel. Schwängerung).** Von Dr. **Schulze.** 1873. 75 Pf.
   Gültiges Recht siehe: Reichsgesetze Nr. 58.

6. Die Preuß. **Ausführungsgesetze und Verordnungen zu den Reichs-Justizgesetzen.** Von **R. Sydow. 3. vermehrte Aufl.** 1895. 2 M. 40 Pf. Siehe Seite 24, Busch-Eylau, Ausführungsgesetze.

7. Allg. **Gerichtsordnung** und Preuß. **Konkursordnung.** Von **F. Vierhaus.** Vergriffen.

8. **Vormundschaftsordnung.** Von **F. Schultzenstein.**
   Gültiges Recht siehe: Reichsgesetze Nr. 47.

9. Die Preußische **Grundbuchgesetzgebung.** Von Prof. Dr. **Fischer.** Vergriffen. Siehe: Reichsgesetze Nr. 42.

10. **Einkommensteuergesetz.** Von **A. Fernow,** Geh. Ober-Finanzrat. **7. Aufl.** 1908/9. Mit Nachtrag, enth. die Bestimmungen v. 22. März und 26. Mai 1909. 3 M. 25 Pf.

11. **Gewerbesteuergesetz.** Von **A. Fernow,** Geh. Ober-Finanzrat. **5., vermehrte Aufl.** 1910. 3 M.

12. **Allgemeines Berggesetz** für die Preußischen Staaten vom 24. Juni 1865. Von **W. Westhoff** und **W. Schlüter. 2. Aufl.** 1907. Mit Nachtrag von 1909. 5 M.

13. **Ergänzungssteuergesetz** (Vermögenssteuergesetz). Von **A. Fernow,** Geh. Ober-Finanzrat. **4. vermehrte Aufl.** 1907. 2 M. 40 Pf.

14. **Kommunalabgabengesetz.** Vom 14. Juli 1893 und Gesetz wegen Aufhebung direkter Staatssteuern. Von Dr. **F. Adickes,** Oberbürgermeister. **5. Aufl.** Bearbeitet von Stadtrat Dr. **Woell.** 1911. 2 M. 40 Pf.

15. Die **Kreisordnungen** für den Preußischen Staat. Von **O. Kolisch,** Landgerichtsrat. 1894. 4 M.

16. **Konzessionierung gewerblicher Anlagen.** Preuß. Ausführungs-Anweisung zu §§ 16 u. ff. der Gewerbe-Ordnung. Von Dr. **W. v. Rüdiger,** Geh. Regierungs- u. Gewerberat. **2. Aufl.** 1901. 2 M.

17. Preußisches **Gerichtskostengesetz.** Vom 25. Juli 1910. Mit Kostentabellen. Von Dr. **P. Simèon, Kammergerichtsrat. 6. Aufl.** 1910. 3 M. 60 Pf.

18. Preußisches **Stempelsteuergesetz** vom 30. Juni 1909. Mit sämtlichen Ausführungsbestimmungen. Von **P. Loeck,** Geh. Regierungsrat. **7. Aufl.** 8°. 1911. 7 M.

19. Das **Jagdscheingesetz.** Mit ausführlichen Erläuterungen. Von **F. Kunze,** Wirklichem Geh. Ober-Regierungsrat. **2. Aufl.** 1899. 2 M.

20. Die **preußischen Erbschaftssteuergesetze.** Unter Berücksichtigung der Novelle vom 31. Juli 1895. Von **U. Hoffmann,** Rechnungsrat im Königl. preuß. Finanzministerium. 1905. 4 M.

(**Reichs**-Erbschaftssteuergesetz s. Reichsgesetze Nr. 77).

21. Gesetz über die **Handelskammern.** Von **F. Lusensky,** Geh. Regierungsrat. **2. Aufl.** 1909. 3 M.

22. Gesetz, betr. **Anstellung und Versorgung der Kommunalbeamten.** Von Dr. **W. Ledermann,** Magistratsassessor zu Berlin. 1899. 1 M. 25 Pf.

23. **Ausführungsgesetz zum Bürgerlichen Gesetzbuche.** Von Kammergerichtsrat Dr. **P. Siméon. 2. Aufl.** 1905. 1 M. 80 Pf. Siehe auch Busch-Eylau S. 24.

24. Die **Hinterlegungsordnung** in der Fassung des Ausführungsgesetzes zum BGB. vom 20. Sept. 1899 nebst Ausführungsbestimmungen. Von Regierungsrat Dr. **Georg Bartels. 2. Aufl.** 1908. 2 M.

25. **Preußische Kommunalbeamtengesetzgebung.** Von Magistrats-Assessor Dr. **Fr. Kremski,** Berlin. 1901. 3 M.

26. Gesetze über das **Diensteinkommen der Lehrer und Lehrerinnen, Ruhegehalt und Fürsorge für Hinterbliebene.** Tabelle zur Berechnung der Ruhegehalts-, Witwen- und Waisenbezüge. Von Dr. **Ed. Cremer,** Beigeordneter. 1900. 2 M. 40 Pf.

27. Gesetz, betreffend die **Warenhaussteuer.** Von Geh. Ober-Finanzrat Dr. **G. Strutz.** 1900. 1 M. 20 Pf.

28. Gesetz über die **Fürsorgeerziehung Minderjähriger.** Von Landgerichtsdirektor Dr. **P. F. Aschrott. 2. umgearbeitete Aufl.** 1907. 2 M. 80 Pf.

29. Gesetz, betr. **die ärztlichen Ehrengerichte, das Umlagerecht und die Kassen der Aerztekammern.** Von Amtsgerichtsrat Dr. **F. Fidler.** 1901. 1 M. 50 Pf.

30. Das **Preußische Staatsschuldbuch** und **Reichsschuldbuch.** Von Wirkl. Geh. Ober-Finanzrat **J. Mücke.** 1902. 2 M.

31a. **Die geltenden Preußischen Gesindeordnungen.** Herausgegeben in zwei Bänden von **Stephan Gerhard,** Rechtsanwalt in Berlin. 1902.

Band I: Gesindeordnung für die altpreußischen Provinzen vom 8. Nov. 1810, mit Erläuterungen unter Berücksichtigung der Ergänzungsgesetze und der Rechtsverhältnisse der Gesindevermieter, sowie die Gesindeordnungen für Neuvorpommern und Rügen und für die Rheinprovinz. 2 M. 50 Pf.

31b. **Band II:** Gesindeordnungen für Hannover, Schleswig-Holstein, Hessen-Nassau und den Regierungsbezirk Hohenzollern. 2 M. 50 Pf.

Siehe auch Seite 25: Ratgeber von Grieben.

32. **Die Städteordnung für die sechs östlichen Provinzen** Preußens vom 30. Mai 1853. · Von Dr. jur. **Walter Ledermann,** Stadtrat zu Berlin. 8°. 1902. 6 M.

33. **Rentenguts- und Anerbenrechts-Gesetzgebung in Preußen.** Von Landgerichtsrat **M. Peltasohn** und Rechtsanwalt **Bruno Peltasohn.** 1903. 3 M.

34. Sammlung der wichtigsten **preußischen Strafgesetze** nebst Anhang: Gesetz betr. polizeiliche Strafverfügungen vom 23. April 1883. Von **Otto Lindemann,** Geheimen Justizrat. 1912. **2. Aufl.** 3 M. 50 Pf.

35. **Geschäftsordnung für Gerichtsvollzieher.** Gerichtsvollzieherordnung und Gebührensätze von Amtsgerichtssekretär **Emil Exner.** 1904. 3 M. 50 Pf.

36. **Polizeiverordnungen in Preußen.** Von **Otto Lindemann,** Geheimen Justizrat. 1912. **2. Aufl.** 2 M. 50 Pf.

37. Gesetz über die **Enteignung von Grundeigentum** vom 11. Juni 1874. Von Oberlandesgerichtsrat **O. Meyer. 2. Aufl.** 1911. 2 M. 25 Pf.

38. **Kreis- und Provinzial-Abgabengesetz.** Vom 23. April 1906. Von **Fr. Schmidt,** Gemeindevorsteher. 1906. 1 M. 25 Pf.

39. Gesetz, betr. die **Unterhaltung der öffentl. Volksschulen.** Von Dr. **A. Marcks,** Reg.-Rat. 1906. 2 M.

40. **Verwaltungsstrafverfahren** bei Zuwiderhandlungen gegen die Zollgesetze und indirekte Reichs- und Landesabgaben, sowie die Bestimmungen über die Schlacht- und Wildpretsteuer vom 26. Juli 1897. Von Dr. **Richard Katzenstein,** Gerichtsassessor. 1907. 3 M. 60 Pf.

41. Die **preußischen Jagdpolizeigesetze.** Von **Fr. Kunze,** Wirkl. Geh. Oberregierungsrat und **R. Kühnemann,** Rechtsanwalt. **2. Aufl.** 1907. 3 M. 60 Pf.

42. Die Gesetzgebung über die **Allgemeine Landesverwaltung** und über die **Zuständigkeit der Verwaltungs- und Verwaltungsgerichtsbehörden.** Von Rechtsanwalt Dr. **Karl Friedrichs.** 1908. 3 M.

43. Gesetz betr. die **Zulassung einer Verschuldungsgrenze** für land- und forstwirtschaftlich benutzte Grundstücke nebst Ausführungsvorschriften. Von Dr. jur. **R. Leweck,** Syndikus der Ostpreuß. Landschaft. 1908. 2 M. 40 Pf.

44. **Quellenschutzgesetz** nebst den Ausführungsbestimmungen von **Carl Voelkel,** Geheimer Bergrat. 1909. 1 M.

45. **Rechtsverhältnisse der Juden in Preußen** von Dr. jur. **Max Kollenscher,** Rechtsanwalt. 1910. 2 M. 40 Pf.

46. **Austritt aus der Landeskirche** vom 14. Mai 1873. Von Gerichtsassessor **Hrch. Chr. Caro.** 1911. 2 M. 40 Pf.

47. Gesetz, betr. die **Feuerbestattung** vom 14. Sept. 1911 nebst Ausführungsanweisung von Amtsgerichtsrat Dr. **W. Lohmann.** 1911. 1 M. 50 Pf.

48. **Zweckverbandsgesetz für Großberlin** vom 19. Juli 1911 nebst Abdruck des allgemeinen Zweckverbandsgesetzes. Von Magistratsräten Dr. **Ludw. Brühl,** Dr. **Kurt Gordan** und Stadtrat Dr. **Walter Ledermann** in Berlin. 1912. 4 M.

49. **Gesetze gegen die Verunstaltung landschaftlich hervorragender Gegenden** mit Ausführungsanweisuugen. Von Regierungsrat **Otto Goldschmidt.** 1912. 2 M. 50 Pf.

50. **Gesetz, betr. die Anlegung und Veränderung von Straßen und Plätzen in Städten und ländlichen Ortschaften** vom 2. Juli 1875 von Oberlandesgerichtsrat **O. Meyer.** 1912. ca. 3 M.

Guttentag'sche Sammlung von Text-Ausgaben mit Sachregister ohne Anmerkungen.

Taschenformat, elegant in Leinen gebunden.

Zivilprozeßordnung mit **Gerichtsverfassungsgesetz** und **Einführungsgesetzen.** Neue Fassung. Mit der Novelle vom 22. Mai 1910. 2 M.

Konkursordnung mit **Einführungsgesetz.** 80 Pf.

Bürgerliches Gesetzbuch nebst **Einführungsgesetz.** 10. Abdruck. 2 M. 50 Pf.

Handelsgesetzbuch nebst **Einführungsgesetz** und **Seerecht.** 8. Abdruck. 1910. 1 M. 80 Pf.

Reichsversicherungsordnung von 1911 (Kranken-, Unfall-, Invaliden- und Hinterbliebenenversicherung). ca 2 M. 50 Pf.

Militärstrafgerichtsordnung nebst **Einführungsgesetz** u. Gesetzen, betr. Dienstvergehen der richterlichen Militärjustizbeamten und unfreiwillige Versetzung derselben usw. mit **Militär-Strafgesetzbuch.***) **2. Aufl.** 1 M. 50 Pf.

*) Ist auch einzeln zu haben. Preis 1 M.

Wechselordnung in der neuesten Fassung mit Anhang: **Wechselprozeß und Ausführungsanweisung.** 1908. 1 M.

Die Preußischen Ausführungsgesetze zum Bürgerlichen Gesetzbuche und Nebengesetze. 5. Aufl. 1 M. 80 Pf.

Reichsfinanzgesetze von 1909 einschließlich der **Reichsstempelgesetze** und des **Erbschaftssteuergesetzes.** 1909. 2 M.

Zuwachssteuergesetz vom 14. Februar 1911. 80 Pf.

Ausführungsbestimmungen zum Zuwachssteuergesetz vom 27. März 1911. 60 Pf.

Versicherungsgesetz für Angestellte vom 20. Dez. 1911. 1 M. 25 Pf.

Strafgesetzbuch. Mit ausführl. Sachregister. 1912. 1 M. 20 Pf.

Struckmann-Koch, Zivilprozeßordnung für das Deutsche Reich nebst den auf den Zivilprozeß bezüglichen Bestimmungen des Gerichtsverfassungsgesetzes und den Einführungsgesetzen. In den neuen Fassungen mit der Novelle von 1910. Kommentar. Herausgegeben unter Mitwirkung von **K. Rasch**, Landgerichtspräsident in Altona, Dr. **P. Koll**, Senatspräsident beim Oberlandesgericht in Cöln, Dr. **Flechtheim**, Rechtsanwalt beim Oberlandesgericht in Cöln. **9., umgearbeitete Auflage.** 1910. Lex.-8°. 24 M., geb. 26 M.

Pinner, Kommentar zum Gesetz **gegen den unlauteren Wettbewerb** vom 7. Juni 1909. **2. Aufl.** Herausgegeben von Justizrat **Albert Pinner** und Rechtsanwalt Dr. **Erich Eyck.** 1910. Gr.-8°. 5 M. 50 Pf., geb. 6 M. 50 Pf.

Deutsches Nahrungsmittelrecht für Juristen, Mediziner, Chemiker und Gewerbetreibende von Dr. **Georg Lebbin,** Nahrungsmittelchemiker und Dr. **Georg Baum,** Rechtsanwalt. 1907. 8°. Zwei Bände. Erster Teil: **Handbuch des Nahrungsmittelrechts.** Von Dr. **Georg Lebbin** und Dr. **Georg Baum.** Preis geb. 8 M. Zweiter Teil: **Amtliche Untersuchungsmethoden für Chemiker.** Zusammengestellt von Dr. **Georg Lebbin.** Preis geb. 8 M.

Kommentar zum Börsengesetz. Im Auftrage des Centralverbandes des Deutschen Bank- und Bankiergewerbes bearbeitet von Dr. **H. Rehm,** Dr. **H. Trumpler, Heinrich Dove,** Dr. **Ernst Neukamp,** Dr. **R. Schmidt-Ernsthausen,** Dr. **James Breit.** Mit Vorwort von Dr. **J. Rießer.** 1909. Gr.-8°. 12 M., geb. 13 M.

Patentgesetz und Gesetz, betr. den **Schutz von Gebrauchsmustern.** Von Justizrat Dr. **A. Seligsohn. 4., neubearbeitete Auflage.** 1909. Gr.-8°. 12 M., geb. in Leinen 13 M.

Die Rechtsverhältnisse der öffentlichen Anleihen. Von Geh. Regierungsrat Dr. **G. S. Freund.** Gr.-8°. 7 M., geb. 8 M.

Die Preußischen Ausführungsgesetze, Verordnungen und ministeriellen Verfügungen zu dem Bürgerlichen Gesetzbuche und den Reichs-Justizgesetzen nebst anderen zugehörigen Gesetzen. Von **L. Busch. 2. Aufl.** von Landrichter **O. Eylau.** 8°. Preis geb. 4 M. 50 Pf.

Preußische Bürgerliche Gesetzsammlung. Sammlung der noch geltenden Landesgesetze privatrechtlichen Inhalts. Herausgegeben von den Gerichtsassessoren **D. Fischer** und Dr. **F. Schroeder.** 8°. 2 Bände Preis geb. in ganz Leinen 20 M.

Erster Band: **Das Allgemeine Landrecht mit den Einführungs-Patenten.** Preis 6 M.

Zweiter Band: **Gesetze von 1778—1902.** Preis 14 M.

Preußisches Baupolizeirecht. Mit Kommentar der Baupolizeiverordnung für die Vororte von Berlin. Vom 28. Mai 1907. Von Gemeindebaurat **Carl Saß.** 8°. Preis 6 M.

Straßen- und Baufluchtliniengesetz. Kommentar für den praktischen Gebrauch mit zeichnerischen Darstellungen von Gemeindebaurat **Carl Saß.** 8°. Preis kartonniert 3 M.

Fluchtliniengesetz. —Das Gesetz, betreffend die **Anlegung** und **Veränderung** von Straßen und Plätzen in Städten und ländlichen Ortschaften vom 2. Juli 1875 von Friedrichs. **6., völlig neu bearbeitete Auflage.** Von Senatspräsident Dr. jur. **Hugo von Strauß und Torney.** In Vorbereitung. S. auch Seite 21 Bd. 50.

Die Invaliden- und Hinterbliebenenversicherung nach der **Reichsversicherungsordnung.** Eine systemat. Zusammenstellung der gesetzl. Bestimmungen von Dr. **Richard Freund,** Vorsitzendem der Landes-Versicherungsanstalt Berlin. 1911. 2 M., geb. 3 M.

Wie leitet man eine Versammlung? Geschäftlicher Handweiser für Vorsitzende. Von einem Mitgliede des deutschen Reichstages und des preußischen Abgeordnetenhauses. **2. Aufl.** 1908. kart. 1 M.

Praktischer Ratgeber für Dienstherrschaften nach dem Preuß. Gesinderecht unter Berücksichtigung der neueren Entscheidungen bearbeitet von **H. Grieben,** Verwaltungsdirektor a. D. und Bürgermeister. 1908. 1 M.

Das Recht der Handlungsgehilfen und Handlungslehrlinge. Von Rechtsanwalt **Hugo Horrwitz. 2. Aufl.** Geb. 3 M.

Die Registratur. Von **Hermann Kollrack. 2. Aufl.** 1906. 8°. Kart. 1 M. 40 Pf.

Die Pflichten des Waisenrates. Ein praktischer Leitfaden für Waisenräte und Verwaltungsbeamte. Von **F. Baum,** Geh. Justizrat und Vormundschaftsrichter. 8. **vermehrte und verbesserte Auflage.** 1906. 8°. 60 Pf.

Der Vormund, Gegenvormund, Pfleger und Familienrat. Nach dem Bürgerlichen Gesetzbuch, dem Reichsgesetz über die Angelegenheiten der freiwilligen Gerichtsbarkeit und dem Ausführungsgesetz zum BGB. Ein praktischer Leitfaden. Von **F. Baum,** Geh. Justizrat und Vormundschaftsrichter. 1899. 8°. 50 Pf.

Schlagwort-Register.

R. = Nummer der Sammlung Deutscher **Reichs**gesetze.
P. = Nummer der Sammlung **Preußischer** Gesetze.
S. = Seite.

Schlagwort-Register. (R. = Reichsgesetz, P. = preuß. Gesetz.)

 Nr. 14. XI. 1912. 102 000

FSC
www.fsc.org
MIX
Papier | Fördert
gute Waldnutzung
FSC® C083411

Kolibri 360 GmbH
Ferdinand-Jühlke-Straße 7
99095 Erfurt, Deutschland
produktsicherheit@kolibri360.de